Die vielleicht wichtigste Veränderung unseres sozialen Lebens der vergangenen Jahre ist die permanente Selbstdarstellung in geschriebener Form. Um sich in der heutigen Dienstleistungsgesellschaft behaupten zu können, muss man die Kunst des geschriebenen Wortes beherrschen. Die deutsche Sprache hält jedoch eine ganze Reihe von Stolpersteinen bereit, und die Nachwirkungen der Rechtschreibreform haben die Probleme nur bedingt gelöst. Vielmehr herrscht heute – vielleicht mehr denn je – landauf, landab Verunsicherung. Durch schlechtes Deutsch kann man allerdings in Windeseile seine Ideen entwerten und sich selbst dauerhaft schaden.

Dabei ist es gar nicht so schwer, die gängigsten Fehler in puncto Rechtschreibung und Zeichensetzung zu umgehen sowie einen stringent aufgebauten, sachlich fundierten und formal einwandfreien Text zu verfassen.

Dr. Peter Kruck ist promovierter Medienwissenschaftler, freiberuflicher Publizist und Wissenschaftslektor sowie Lehrbeauftragter an der Ruhr-Universität Bochum. Er hat bisher sieben Bücher veröffentlicht.

Peter Kruck

Besseres Deutsch

Der Leitfaden
zum perfekten Text

Von Peter Kruck ist im DuMont Buchverlag außerdem erschienen:
Politik. Ein Schnellkurs

August 2010
DuMont Buchverlag, Köln
Alle Rechte vorbehalten
© 2010 DuMont Buchverlag, Köln
Umschlag: Zero, München
Gesetzt aus der Adobe Garamond und der The Sans
Gedruckt auf säurefreiem und chlorfrei gebleichtem Papier
Druck und Verarbeitung: CPI – Clausen & Bosse, Leck
Printed in Germany
ISBN 978-3-8321-6125-5

www.dumont-buchverlag.de

INHALT

1 ÜBER DIESES BUCH

1.1 An gutem Deutsch geht kein Weg vorbei

Die Welt hat sich, was die Kommunikation der Menschen untereinander betrifft, in den vergangenen zwei Jahrzehnten so stark verändert wie nie zuvor. Der Übergang von der Industrie- in die post-
moderne Informations- und Dienstleistungsgesellschaft ist in den
hoch entwickelten Staaten seit geraumer Zeit vollzogen. Dies bedeutet: Kommunizieren gehört wie selbstverständlich zu unserem täglichen Brot. Ob beruflich oder privat – wir verschicken permanent
eine Vielzahl von E-Mails[1], bloggen auf unserer eigenen Internetseite und pflegen unsere Kontakte und Freundschaften in Netzwer-
ken wie Xing, Stayfriends, MySpace oder Facebook.

Die vielleicht wichtigste Veränderung unseres sozialen Lebens der
vergangenen Jahre ist die permanente Selbstdarstellung, und zwar in
geschriebener Form. Früher kommunizierten wir entweder weitgehend formlos, beiläufig und unverbindlich mittels des gesprochenen
Wortes oder in der doch ziemlich regulierten, förmlichen und be-
dachten Form eines Briefes miteinander. Die heutige Kommunikation stellt einen Mix aus beidem dar. Die spontane und ungezwunge-
ne Art eines Telefonats und die Verbindlichkeit eines Briefes vereinen
sich in den elektronischen Kommunikationsformen der Gegenwart.

Was dabei allerdings zu beachten ist: Jeder digital getätigten Mei-
nungsäußerung wohnt quasi von Natur aus eine Archiv-Funktion
inne. Alles, was Sie heute in den Prozess der elektronischen Kommunikation einspeisen, kann (und wird nur zu oft) problemlos für lange
Zeit aufbewahrt und somit jederzeit gegen Sie verwendet werden.

[1] Warum nicht gleich hier der erste Hinweis? Hier kommt er: Genau so und nicht
anders schreibt man E-Mail. Nicht Email (das ist ein glasartiger Schmelzüberzug,
auch Emaille), nicht e-Mail und erst recht nicht eMail.

Wo sich auf der einen Seite die Erwartungen an formale Kriterien lockern, hat aber auch die Digitalisierung unserer täglichen Arbeit neue Ansprüche generiert.

Ein Blick in die Unternehmen der Gegenwart genügt: Wo früher Eisenerz verhüttet oder Schwerter geschmiedet wurden, werden heute fortgesetzt Ideen, Konzepte und Memoranden ausgetauscht. Und eine elementare Voraussetzung, um sich in der heutigen Dienstleistungsgesellschaft behaupten zu können und um sich nicht selbst zu disqualifizieren, lautet: Man muss, vielleicht sogar stärker als jemals zuvor, die Kunst des geschriebenen Wortes beherrschen.

Aber: Schwerer kann's nicht sein. Schreiben lernt man zwar schon in der Grundschule, aber *richtiges* Schreiben (und natürlich auch Reden) verlangt dem, von dem es erwartet wird, einiges ab. Denn – der Volksmund weiß das schon lange – die deutsche Sprache ist tatsächlich eine schwere Sprache. Die Qualität wirklich guter Texte beruht nicht nur auf der korrekten Verwendung des Regelwerks von Grammatik, Semantik, Orthografie und Interpunktion. Diese elementaren Voraussetzungen stellen nur das Pflichtprogramm dar – umso schlimmer, wenn man bereits dort Defizite aufweist. Denn die Kür bedeutet: den Text in ein nachvollziehbares, logisches Gerüst einzuweben, den roten Faden immer im Blick zu halten und Wichtiges von Unwichtigem trennen zu können. Eine klare Struktur, ein guter Stil und ein gebotenes Maß an Selbstvertrauen stehen für Lesbarkeit, Eindeutigkeit, Nachvollziehbarkeit und Präzision. Der Zusammenhang zwischen gutem sprachlichem Ausdrucksvermögen und der intellektuellen Potenz des Verfassers ist bei Weitem keine Erkenntnis der Neuzeit; schon der griechische Dramatiker Euripides (5. Jh. v. Chr.) wusste: »Verstand zeigt sich im klaren Wort«.

Das Beherrschen der Sprache – auch in ihren Feinheiten – ist eine wichtige Herausforderung, der Sie sich mit großem Ernst stellen sollten. Woher all diese teilweise komplexen Regeln stammen, wer uns wann genau diese Hürden in den Weg geräumt hat, ist nicht wichtig. Viel entscheidender ist: Wenn Sie sie beherrschen, dann gehören Sie zu dem illustren Klub der Eingeweihten. Fortan werden Sie nicht nur wesentlich selbstbewusster konzipieren und kommunizieren, sondern auch diejenigen identifizieren können, die sich bisher mit diesem Wissen noch nicht allzu sehr belastet haben. Gutes und vor allem richtiges Deutsch ist ein Mercedes-Stern, den man sich mit ein bisschen Interesse, Aufwand und gutem Willen selbst ans Revers heften kann – nicht zuletzt auch, um sich von denen abzuheben, die mit diesem Thema bisher eher nachlässig umgegangen sind.

Durch schlechtes (weil falsches, unsauberes oder unpräzises) Deutsch kann man in Windeseile seine Ideen entwerten und sich selbst dauerhaft schaden, sich vielleicht sogar die eigene Zukunft verbauen.

Beispiel Diplomarbeit. Hier gilt folgende Faustregel: Wenn eine Arbeit formal perfekt ist, aber inhaltliche Schwächen aufweist, wird sie mit ziemlicher Sicherheit eine Note besser ausfallen, als wenn sie inhaltlich perfekt, aber mit Rechtschreib-, Zeichensetzungs- und Formatierungsfehlern gespickt ist.

Auch wenn Sie nach einer beruflichen Veränderung von Ihrem neuen Chef aufgefordert werden, das, was Sie gerade gemeinsam besprochen haben, mal eben bis zum nächsten Morgen in einem fünfseitigen Konzept zusammenzufassen, sollten Sie gerüstet sein.

Und jetzt kommt die gute Nachricht: Wenn Sie dieses Buch gelesen haben, werden Sie es sein.

1. 2   An wen sich dieses Buch richtet

Bei der Konzeption dieses Buches stand eine ganz klar umrissene Zielgruppe im primären Fokus – allerdings nur als Muster, als Pars pro Toto sozusagen. Der Verfasser dieser Zeilen ist im Hauptberuf als Wissenschaftslektor tätig und veredelt tagtäglich Texte, die in Form von Abschlussarbeiten, Dissertationen oder Habilitationen an deutschen Universitäten produziert werden, aber auch solche, die in Unternehmen mit vergleichbarem Anspruch verfasst werden. Im Rahmen der jahrelangen Tätigkeit in diesem Bereich wurden die beliebtesten Fehler, immer wiederkehrende Stilbrüche und die am weitesten verbreiteten Defizite gesammelt. Von jungen Menschen, die sich auf dem Höhepunkt ihrer akademischen Karriere befinden und kurz vor dem Eintritt in das Berufsleben stehen, sollte man eigentlich erwarten dürfen, dass sie in der Lage sind, sich stringent, klar und weitgehend fehlerfrei schriftlich zu äußern. Das ist aber – zurückhaltend formuliert – nicht immer der Fall.

Wir begrüßen hier also herzlich den Studenten[2], der sich auf den (vorerst) wichtigsten Text seines Lebens vorbereitet. Und natürlich die Eltern, die ihrem Zögling auf dem Weg zum Schulabschluss beistehen möchten und mit ihren Tipps bei den Hausaufgaben nicht alles noch schlimmer machen möchten, als es ohnehin schon ist.

Wir begrüßen aber auch den ehemaligen Sachbearbeiter, der plötzlich zum Gruppenleiter befördert wurde und nun als Führungskraft mit Mitarbeitern und Vorgesetzten wesentlich mehr und mit gehobenen Ansprüchen schriftlich kommunizieren muss.

Doch dieses Buch richtet sich nicht nur an Jungakademiker und Berufstätige, die vor neuen Aufgaben stehen, sondern an alle, die die deutsche Sprache nicht nur in ihren Grundzügen beherrschen und die ihre Kenntnisse gern aufpolieren möchten.

Es ist also für all jene da, die immer schon einmal wissen wollten, warum man den bunten Hund kleinschreibt, aber die Rote Karte groß, warum man klein schneiden getrennt schreibt, aber eislaufen zusammen, und warum man unmöglich im Dezember diesen Jahres Weihnachten feiern kann, wohl aber im Dezember nächsten Jahres.

Besonderes Augenmerk wird im zweiten Teil dieses Buches auf die Grundzüge wissenschaftlichen Arbeitens gelegt. Aber dieser Teil

[2] Liebe Gender-FreundInnen, dieses Buch beschäftigt sich, wie schon der Titel besagt, mit dem Thema »Besseres Deutsch«. In dem Zusammenhang werden wir uns auch intensiv mit der zweigeschlechtlichen Darstellung befassen. Das wird noch geschehen, an dieser Stelle ein erster Hinweis: Ich rate davon ab – unter gewissen Einschränkungen.

soll ausdrücklich auch denen empfohlen werden, die mit der Uni nichts (mehr) am Hut haben. Denn jedes gute Konzept, jeder Projektantrag, jeder formelle Bericht und jedes Referat in der Schule sollte sich nach diesen Grundlagen richten.

1.3 Die gegenwärtige Situation: Reform, Reform der Reform, Duden-Empfehlung

Mein Gott, was war das für ein Gejohle, Geschmolle, Gezicke; was wurde protestiert und polemisiert, als es ernst wurde mit der Rechtschreibreform.

Ganze Verlagshäuser verweigerten sich, Dichter, Autoren und andere selbst ernannte Sprachschützer begehrten auf und waren – viele Jahrzehnte nach 68 – endlich mal wieder auf Protestkurs. Quer durch die Republik und durch alle politischen Lager wurde zum zivilen Ungehorsam aufgerufen. Und manche, ja auch (oder vor allem?) Professoren, schoben den angeblichen »Untergang der deutschen Kultur« nur vor, um sich der zweifellos gebotenen Auseinandersetzung mit dem Thema aus vermeintlich edlen Gründen zu entziehen.

Aber jetzt ist's, dem Himmel sei Dank, endlich vorbei. Das Land kann aufatmen, jetzt geht es wieder geradeaus.

Nun, sind wir mal ganz ehrlich: Es ist ja auch wirklich dumm gelaufen. Am Anfang war alles gut, und man schrieb kennenlernen zusammen. Dann kam die Reform und sagte per Edikt: Ein Verb, das sich aus zwei Verben zusammensetzt, wird getrennt geschrieben. Punkt. Das war natürlich Unsinn, denn kennen lernen auseinandergeschrieben – das ist nun wirklich gewöhnungsbedürftig.[3] Die Re-

---

[3] Die Getrenntschreibung ist nur dann sinnvoll, wenn die getrennt geschriebenen Begriffe auch wirklich in der Getrenntschreibung bei genauem Hinsehen verständlich sind. Man kann etwas stehen lassen, man kann schlafen gehen und man kann sitzen bleiben. Aber kann man auch wirklich etwas *kennen lernen*? Eher nicht. Daher: zusammen.

form war einfach nicht gut konzipiert und wurde viel zu früh lanciert. Es kam, was kommen musste: die Reform der Reform. Jetzt hieß es: Im Prinzip müsste kennen lernen getrennt geschrieben werden, aber wenn die Getrenntschreibung keinen Sinn ergibt, dann kann man auch zusammenschreiben, also sowohl kennen lernen als auch kennenlernen. Eine echte Nulllösung, denn plötzlich produzierte die reformierte Reform nicht Eindeutigkeit, sondern ein Mehr an Möglichkeiten – und damit hätte sie an die Stelle der alten Vieldeutigkeit lediglich eine neue Beliebigkeit treten lassen.

Doch dann nahm sich die Redaktion des guten, alten Duden – Nabel der Sprachwelt, Mutterschiff der Regelordnung, Schiedsinstanz und Moderator – ein Herz. Mit einer gewissen Eindeutigkeit wurde in der Auflage 2006 die Duden-Empfehlung eingeführt. Jetzt ist die aktuelle Situation folgende: Auch weiterhin ist sowohl kennen lernen als auch kennenlernen richtig, aber die Getrenntschreibung ist etwas weniger korrekt, und die Zusammenschreibung ist etwas richtiger. Das ist zwar auch keine Traumlösung, aber immerhin die beste Möglichkeit, das Desaster um die verfahrenen Reformen zu lösen.

So wie ein bisschen schwanger oder ein bisschen tot nur sehr schwer denkbar ist, sollte man sich auch von ein bisschen richtig entfernen. Also gilt für die folgenden Seiten: Ich empfehle dem geschätzten Leser dringend, immer und in jedem Fall der Duden-Empfehlung zu folgen. Aus diesem Grund weise ich nur in ganz besonders gebotenen Fällen auf Wahlmöglichkeiten hin.

Denn auch wenn zahlreiche Printmedien noch immer glauben, sich quasi per Selbstbedienung und je nach Gusto frei zwischen den Alternativen entscheiden zu können – Sie sollten das nicht tun.

Der Hauptgrund: Ein Text sollte in sich geschlossen, stringent, einheitlich sein. Wenn Sie nun anfangen, so dass getrennt zu schreiben, aber mithilfe zusammen, dann ist das streng genommen nicht falsch. Da es sich in beiden Fällen aber um dieselbe grammatische Konstruktion handelt und deswegen auch dieselbe Regel zur Anwendung kommt, sollte man das vereinheitlichen.

Zur Dynamik der Sprache

Sprache verändert sich, und das ist auch gut so. Alte Begriffe verlieren an Bedeutung und neue kommen hinzu, nicht selten aus anderen Sprachen. Auch das Regelwerk oder der Gebrauch bestimmter grammatischer Konstruktionen unterliegen einem stetigen Veränderungsprozess, und einige dieser Prozesse wurden in der bereits zitierten und nicht ganz unumstrittenen Rechtschreibreform berücksichtigt.

Allerdings ist die Veränderung des Regelwerks ein langwieriger Prozess, und man sollte auf keinen Fall der Illusion erliegen, selbst prägender Bestandteil dieses Prozesses zu sein oder, noch schlimmer, ihn aktiv mitgestalten zu dürfen. Der Einzelne zählt da gar nichts.

Die Rolle des Duden als oberste Instanz ist aber nicht ganz unumstritten. Seine Kritiker werfen ihm vor, immer mehr zum Protokollanten der Inkompetenz zu werden. Denn in seinen Ausführungen findet man häufig Hinweise, dass etwas neuerdings immer häufiger so, aber auch anders geschrieben wird. Angeprangert wird, dass der Duden an dieser Stelle versäumt, klare Regeln zu setzen, und dass etwas nur lange genug falsch gemacht werden muss, um irgendwann offiziell als richtig zu gelten. Aber das ist eine Diskussion, auf die hier nur kurz hingewiesen werden soll – geführt wird sie an anderer Stelle.

Auch wenn sich die gesprochene Umgangssprache allmählich verändert und an bestimmten Stellen vereinfacht, dann mag das in alltäglichen Gesprächen am Gartenzaun oder am Kneipentresen in Ordnung gehen. Wichtig ist aber, dass solche Usancen aus der Schriftsprache herausgehalten werden, sofern sie nicht dem Regelwerk entsprechen.

Dazu ein konkretes Beispiel: Wenn Sie am Telefon zu einem Freund sagen: »Gestern bin ich wegen dem schlechten Wetter zu Hause geblieben«, dann ist das zwar nicht korrekt, aber Sie werden sich mit dieser Formulierung im Gespräch nicht zwingend als Ignorant demaskieren, denn in diesem Fall ist tatsächlich der Dativ dabei, »dem Genitiv sein Tod« zu werden. Anders in einem geschriebenen Text. Wenn Sie dort auf die korrekte Verwendung des Genitivs – also »... wegen des schlechten Wetters ...« – verzichten, dann wäre das schon ein dickes Ding.

Aus Sicht der Freunde der deutschen Sprache wäre es sehr erfreulich, wenn Sie solche Feinheiten auch in Ihrer Alltagssprache berücksichtigen. Allerdings laufen Sie dann Gefahr, dass Menschen, die es in dieser Hinsicht nicht so genau nehmen, Sie für einen Besserwisser halten.

Aber das ist leider nur ein Beispiel für eine Fülle von Ausnahmen, die man insgesamt im Blick behalten sollte.

Daher hier noch einmal die dringende Empfehlung, vor allem an diejenigen, die für ihre Texte bewertet werden, sei es vom Chef, vom Professor oder vom Lehrer des Sprösslings: Folgen Sie konsequent und in jedem Fall der Duden-Empfehlung. Dann sind Sie nicht nur heute, sondern auch noch in fünfzehn Jahren garantiert auf der richtigen Seite.

1.4 Was man von sich erwarten sollte

Bitte machen Sie sich von dem Gedanken frei, jemals in der Lage zu sein, einen Text vollständig fehlerfrei hinzubekommen. Das wird wohl nie der Fall sein. Denn auch wenn Sie jede Regel beherrschen, aufpassen wie ein Schießhund und Ihren Text ein Dutzend Mal redigieren: Mit an Sicherheit grenzender Wahrscheinlichkeit werden noch immer Fehler darin verborgen sein. Denn je mehr man sich mit dem Inhalt auseinandersetzt, umso größer ist der Bezug zum Text. Er ist dann nicht mehr eine Ansammlung von Elementen, die es nach einer Vielzahl mehr oder weniger komplexer Regeln zu kombinieren gilt. Sondern er ist die Verschriftlichung von Ideen und Gedanken, er ist zu Papier gebrachte Kreativität oder mindestens eine Pflichtübung, die immer wieder auf vermeintliche inhaltliche Fehler abgeklopft wird.

Ein guter Text ist also quasi unmöglich? Falsch. Ein guter, sogar ein sehr guter Text kann von jedem verfasst werden, der ein bisschen Lust, Vorwissen und Engagement mitbringt. Nur perfekt wird er nicht sein, aber das erwartet ja auch wirklich niemand. Sehr gut – Sie dahin zu bringen, das soll unser gemeinsames Ziel sein.

Was das für Ihren Anspruch an besseres Deutsch bedeutet? Sie sollten versuchen, möglichst viele potenzielle Fehlerquellen zu kontrollieren, zu beherrschen, zu eliminieren. Und vor allem sollten Sie lernen, Ihren Kenntnissen in gebotenem Maße zu misstrauen und so oft wie möglich im Wörterbuch nachzuschauen – natürlich in einem, dessen Inhalt auch auf dem neuesten Stand ist.

Wenn Sie all das, was in diesem Buch steht, mehr oder weniger vollständig übernommen haben, können Sie mit gutem Gewissen Ihre Texte an Dritte, auch an mächtige Dritte, weitergeben. Und Sie sollten, Sie werden dann hoffentlich Ihre Ausführungen nicht mehr mit dieser typischen Generalentschuldigung flankieren: »Hier, das ist nur ein erster Rohentwurf, nur eine Vorversion.« Denn die wenigen Patzer, die dann noch darin stecken, sind ganz normal. Dafür muss man sich weder schämen noch entschuldigen.

Vielleicht noch ein bis drei Anmerkungen zu diesem Buch.

Erstens: Wenn Sie es gelesen haben, wird zweifellos eine Menge hängen bleiben. Aber natürlich nicht alles, und das ist auch gar nicht erforderlich.

Zweitens: Im Zweifelsfall wissen Sie natürlich, dass Sie hier zwischen diesen beiden Buchdeckeln schnell und mit ausreichender Erklärung nachschauen können.

Drittens: Sie werden, und das ist vielleicht das wichtigste Ziel, am Ende genau wissen, an welcher Stelle, in welchem Moment Sie am besten im Nachschlagewerk Ihrer Wahl nachschauen, damit Ihr Textdokument am Ende tipptopp[4] ist.

1.5 Geh(-H)ilfen

Bevor wir uns nun ins Zentrum des Geschehens[5] begeben und mit den harten Fakten befassen, hier nun ein paar Tipps zum richtigen Umgang mit Hilfen der unterschiedlichsten Art.

---

[4] Oder wie hätten Sie tipptopp geschrieben? Vielleicht tip-top? Merken: Auch orthografische Ringeltauben dieser Art stehen im Duden. Und dann sollte man sich daran halten, auch wenn es sich nicht unbedingt um Ausdrücke der Hochsprache handelt.

Die Rechtschreib-»Hilfe« in den gängigen Textverarbeitungsprogrammen ist mit allergrößter Vorsicht zu genießen, vor allem in Hinblick auf die obigen Ausführungen zu den Duden-Empfehlungen. Denn ist ein Wort nicht rot unterstrichen, so bedeutet dies nicht automatisch, dass es auch richtig geschrieben ist.

Drei Beispiele aus der Praxis:

- Wenn Sie die Aufgabe bzw. Stellung eines Menschen beschreiben wollen, dann ist der Begriff »Funkton« falsch, aber die Software ignoriert das Fehlen des i.
- Sie sollten besser nicht »Sie ist schlank wie eine Garzelle« schreiben. Bei einer »Garzelle« handelt es sich – mit viel Fantasie – um einen kleinen Raum, in dem gekocht wird; das anmutige Tier schreibt sich ohne r. Das Korrekturprogramm durchblickt diese Zusammenhänge natürlich nicht. Denn in der deutschen Sprache dürfen nach Herzenslust zwei eigenständige Begriffe zu einem neuen kombiniert werden, und das weiß auch die Rechtschreibhilfe. Zwischen Sinn und Unsinn wird dort nicht unterschieden, erst recht wird nicht der Zusammenhang des Textes bewertet.
- Wenn Sie darüber schreiben, dass etwas unter ständiger Beobachtung steht, sollten Sie nicht das n vergessen, denn die Rechtschreibhilfe weiß nicht, dass Sie in dem Moment nicht eine »Kotrolle« meinen.

Auch die folgenden, eigenwilligen Wortkreationen merkt kein Rechtschreibprogramm an: Aufgebe, Dienstleistungsbrachen, entstehet, genante, Maßnahem, Rahmend, standarisierten, unterteilet. Probieren Sie es ruhig mal aus.

Also bitte: Schauen Sie sich das an, was das Rechtschreibprogramm markiert, und schlagen Sie am besten im Duden nach. Aber glauben Sie nicht, der Rest wäre richtig. Und entwickeln Sie um Himmels wil-

---

[5] Der latein-affine Blender würde sich hier wohl für »in medias res« entscheiden – bitte sehr, kein Problem. Auch wenn es Kreative gibt, die glauben, derlei Latein-Lametta hätte seine besten Zeiten schon hinter sich.

len nicht die (leider weitverbreitete) Trotzigkeit zu glauben, voll im Recht zu sein, wenn Sie ausschließlich der Rechtschreibhilfe vertrauen. Denn je nach Programmversion sind diese Vorrichtungen auch mit der Duden-Empfehlung völlig überfordert, und nur allzu oft »korrigiert« man damit noch Fehler hinein.

Aber selbstverständlich gibt es eine Lösung für dieses vertrackte Problem. Sie legen sich einfach den »Duden Korrektor« in der neuesten Version zu, am besten mit dem Zusatz »Plus«, dann bekommen Sie noch ein paar weitere wertvolle Ergänzungswerke dazu. Dieses Softwarepaket beinhaltet alles, was das Herz begehrt, und die automatische Korrekturhilfe ist wirklich eine solche. Was die in Sachen Grammatik zu leisten vermag, ist kaum zu glauben. Sie hat schon so manchem Profi mit schöner Regelmäßigkeit die Schamesröte ins Gesicht getrieben. Also kurz gefasst: Diese Software gehört auf jeden Rechner, und wer sich dagegen entscheidet, ist selbst schuld.

Wann immer Sie das Gefühl haben, sich unnötigerweise zu wiederholen, nehmen Sie bitte die Softwareunterstützung mit dem Stichwort »Thesaurus« in Anspruch. Das ist im Gegensatz zur Rechtschreibprüfung auch bei den vorinstallierten Versionen der gängigen Textverarbeitungsprogramme nun wirklich ein sehr hilfreiches Werkzeug.

Die beste Onlinehilfe gibt es bei der Wikipedia-Tochter »Wiktionary«. Bitte richten Sie sich diesen Link am besten noch heute als Lesezeichen in Ihrem Browser ein.

Und wer sich neben dem Duden noch ein zweites Expertenwerk zulegen möchte – für den Fall, dass mal eine zweite Meinung gebraucht wird –, der darf sich gern den »Wahrig« anschaffen – teurer als der Duden, aber dafür auch dicker, schwerer und größer. Der Vorteil: Er ist wesentlich ausführlicher und war deswegen auch schon immer bei vielen Germanisten beliebter. Der Nachteil: Er ist eben nicht die Instanz schlechthin, Sie wissen schon, die mit den Empfehlungen, auf die man sich so herrlich berufen kann. Zudem folgt der Wahrig nach Meinung zahlreicher Experten im Vergleich zum Duden viel zu kompromisslos und unkritisch den neuen Regeln.

2 RECHTSCHREIBUNG

Los geht's – natürlich mit der korrekten Rechtschreibung. Hier werde ich selbstverständlich nicht bei Adam und Eva beginnen, sondern ein Destillat der beliebtesten Fehler und der wichtigsten Regeln anbieten. Denn wer schon viele Hundert Texte überarbeitet hat, kann relativ gut überblicken, was regelmäßig falsch gemacht wird und was auf der anderen Seite nahezu problemlos funktioniert. Und die zwei größten Baustellen entstehen rund um die Fragen »Groß oder klein?« und »Getrennt oder zusammen?«.

2.1 Groß oder klein?

Damit fängt doch schon alles an. Normalerweise haben wir alle, und das schon relativ früh, gelernt: Hauptwörter (oder Substantive oder auch Nomen) schreibt man groß. Aber: Erstens ist nicht immer klar, wann genau was genau eigentlich ein Hauptwort ist, und zweitens gibt es natürlich – wie sollte es auch anders sein – zahlreiche Ausnahmen von dieser Regel.

Hier ein Überblick, der die gängigsten Fehler auflistet und Ihnen hilft, diese zukünftig souverän zu umgehen.

2.1.1 Erstes Wort groß

Das erste Wort in einem Satz schreibt man groß, und das immer und überall. Ein Beispiel: Wenn Sie über Adlige schreiben, wie z.B. über Herrn von Kleist oder Frau von Sinnen, und Sie beginnen den Satz mit dem »von«, wird es groß geschrieben. Oder auch »d-Moll«: Warum das d kleingeschrieben wird, wird in Kapitel 2.1.2 erklärt, aber am Satzanfang schreibt man es groß. Und wenn Ihnen das nicht gefällt, dann müssen Sie nur Ihren Satz ein wenig umbauen.

Dasselbe gilt für Überschriften: Die schreibt man vorn immer groß.
Zu den Fußnoten: Eine Fußnote wird grundsätzlich wie ein ganzer Satz behandelt. Deswegen beginnt sie immer groß und endet immer mit einem Punkt. Und das sogar, wenn sie nur aus einer einzigen Abkürzung besteht, also wie in diesem Fall hier:

---

[1] Ebd.

Und auch nach einem Doppelpunkt schreibt man immer groß, wenn ein ganzer Satz folgt. Das ist also eine ganz einfache Regel, die Sie sich so merken können: Kommt ein ganzer Satz, bitte nach dem Doppelpunkt immer groß schreiben, sonst immer klein.

2.1.2 Bindestrich mit Hauptwort

Wenn man ein Hauptwort mit einem anderen Begriff per Bindestrich kombiniert, dann wird der gesamte Ausdruck vorn großgeschrieben, auch wenn der Teil vor dem Hauptwort normalerweise kleingeschrieben wird.

- Beispiel: die Ad-hoc-Entscheidung; den Begriff »ad hoc« schreibt man eigentlich klein, aber in Verbindung mit Entscheidung vorn groß. Aber nur vorn, »hoc« bleibt natürlich klein.
- Beispiel: der A-cappella-Chor; normalerweise wird »a cappella« kleingeschrieben, aber in dieser Kombination nicht.

Es gibt allerdings, wie von jeder anständigen Regel, auch hier Ausnahmen. Dieses Großschreibgebot gilt nicht, wenn vorn Abkürzungen o. Ä. stehen, die man normalerweise kleinschreibt; Beispiele sind km-Pauschale, y-Achse, ca.-Angabe.

Auch bei zitierten Wortformen (bei denen man also geneigt sein könnte, den zitierten Wortteil in Anführungszeichen zu setzen) wird es nicht angewendet: der dass-Satz, die wenn-dann-Klausel. Hierbei denken Sie sich einfach Anführungsstriche. Wenn die sinnvoll wären, dann müssen Sie den Teil davor kleinschreiben, sofern man das Wort normalerweise auch kleinschreibt.

Groß- und Kleinschreibung bei Anglizismen

Ein Riesenthema sind in puncto Groß- und Kleinschreibung auch Anglizismen. Und obwohl ich mich diesem Thema aus gegebenem Anlass noch in einem gesonderten Kapitel ausführlich widmen werde, hier ein paar Fakten, ohne über Sinn und Unsinn dieser sprachlichen Besonderheit zu referieren.

Man muss sich bei der Verwendung von Anglizismen zwischen zwei Prinzipien entscheiden. Zum einen kann man einen anderssprachigen Begriff den Regeln und Gepflogenheiten der deutschen Sprache unterordnen. Zum anderen kann man ihn auch als fremdsprachigen Begriff darstellen.

Im ersten Fall gilt: Wenn Sie einen fremdsprachigen Begriff – in der Regel wird es ein englischer sein – in Ihren Text einbauen, dann sollten Sie sich zuerst vergewissern, ob dieser im Duden steht. Ist das der Fall, haben Sie keine Wahl. Dann ist dort festgelegt, und zwar genau und unmissverständlich, wie Sie ihn zu verwenden haben. Also nicht nur, wie er korrekt geschrieben wird, sondern auch, welcher Artikel voranzustellen ist und ob Sie ihn beugen müssen – was nichts anderes bedeutet, als dass er den jeweiligen grammatischen Fällen angepasst wird. Dann schreibt man das Know-how, die Public Relations.

Verwenden Sie nun einen fremdsprachigen Begriff, beispielsweise einen englischen, der nicht im Duden steht und somit nicht quasi-offiziell in die deutsche Sprache eingeführt wurde, dann können, dann sollten Sie ihn wie in der Originalsprache verwenden, also englische Begriffe in der Regel kleinschreiben. Und um noch genauer darauf hinzuweisen, dass es sich hier um einen fremdsprachigen Begriff handelt, den Sie explizit aus der deutschen Grammatik herausnehmen, können Sie ihn auch per Formatierung hervorheben, indem Sie ihn entweder in Anführungszeichen setzen oder kursiv formatieren. Nur noch einmal zur Sicherheit: Dies sollten Sie aber nicht tun, wenn er bereits Eingang in den Duden oder in den Fremdwörter-Duden gefunden hat. Dann ist das, was dort steht, Trumpf.

Und nun folgt in logischer Konsequenz die Umkehrung des zuvor Festgestellten. Wenn ein Begriff, der eigentlich großgeschrieben wird, per Bindestrich mit einem Adjektiv kombiniert wird, das kleingeschrieben wird, dann schreibt man den ersten Teil groß und das Adjektiv klein. Zwei Beispiele: EU-verwaltungstechnisch, Champions-League-tauglich.

2.1.3 Substantivierung

Adjektive und Verben können auch wie ein Hauptwort verwendet werden. Und wissen Sie, woran man merkt, dass es so ist? Ganz einfach: daran, dass sonst weit und breit kein anderes Hauptwort in Sicht ist. In diesem Fall schreibt man den Begriff groß. Klingt einfach, ist es aber nicht. Denn es ist nicht immer leicht herauszufinden, wann genau dieser Umstand vorliegt. Deswegen werden wir uns diesem Thema in gebotener Ausführlichkeit widmen.

Hier nun einige Beispiele für den einfachsten Fall: Wenn stolze Eltern von ihrem Sohn sprechen, der erstaunlich gut gewachsen ist, dann nennen sie diesen umgangssprachlich gern »unseren Langen«. Vor langer, langer Zeit gab es einen Werbespot einer Suppenfirma, und dort wurde festgestellt: Etwas Warmes braucht der Mensch. Und wenn man darauf hinweisen möchte, dass man eine Aversion gegen hochprozentigen Alkohol hegt, dann sagt man: »Ich trinke grundsätzlich keine Kurzen!« – wie immer man darauf gekommen sein mag.

Schwierig (mit einem Hang zur Beliebigkeit) wird es, wenn es um Tätigkeiten geht. »Er lernt schwimmen«. In dem Fall haben Sie die freie Wahl, ob Sie schwimmen nun groß- oder kleinschreiben. Es sei denn, Sie schreiben »Er lernt das Schwimmen«, denn merke: Ein Artikel legt unmissverständlich fest, dass es sich hier um ein Substantiv handelt. Kleiner Tipp: Ich empfehle in solchen Fällen einfach grundsätzlich die Großschreibung, wenn nichts dagegenspricht. Das kann man sich einfacher merken.

Ganz wichtig ist allerdings die Frage, ob irgendwo im Text zuvor ein Bezug zu erkennen ist. Dieser Bezug muss nicht nur wenige Worte zuvor platziert sein, sondern kann durchaus auch drei bis vier Sätze zurückliegen.

Ein Beispiel:

*Das Hotel, das uns als Ersatz von unserem Reiseveranstalter zugewiesen wurde, war unsere Rettung. Die ganze Insel war ausgebucht, jede Pension war überbelegt. Wir hatten echt gedacht, es wäre keines mehr frei. Es war wirklich **das letzte**.*

Hier wird »das letzte« kleingeschrieben, weil es sich unmissverständlich um eine genauere Beschreibung des Hotels handelt: Es war das letzte Hotel auf der Insel.

Das Gegenbeispiel:

*Das Hotel, das uns als Ersatz von unserem Reiseveranstalter zugewiesen wurde, war eine Katastrophe. Im Bad stank es nach Kloake, die Matratzen waren versifft, und der Fernseher war kaputt. Es war echt **das Letzte**.*

Hier wird »das Letzte« groß geschrieben.

Und weil das so gern falsch gemacht wird, lassen Sie uns nun die folgende, leidlich amüsante Geschichte genauer betrachten.

Kommt ein Mann in die Metzgerei[6] und sagt: »Guten Tag. Ich hätte gern 100 g Leberwurst von der groben, fetten.« Sagt der Metzger: »Geht nicht, die hat heute Berufsschule!«

Die Pointe funktioniert nur im gesprochenen Zustand. Für die geschriebene Version gilt aus Sicht des der deutschen Sprache Kundigen: Hätte der Kunde den so pummeligen wie burschikosen weiblichen Azubi, also die Grobe, Fette gemeint, so hätten diese beiden Begriffe großgeschrieben werden müssen. Da sie aber kleingeschrieben sind, deuten sie eindeutig auf die Leberwurst hin.

Apropos Leberwurst, Folgendes zur Ehrenrettung: Diese Geschichte ist nicht frauenfeindlich; der Bezug auf ein weibliches Mit-

---

[6] Bitte beachten Sie den eigentümlichen Satzbau. Den finden Sie ausschließlich in einer Art sehr kurzer Kurzgeschichte, die der Volksmund »Witz« nennt. Die klassische Verwendung lautet eigentlich: Kommt ein Mann zum Arzt.

glied der Metzgerei-Besetzung findet allein aus dramaturgischen Gründen statt, da »die« Leberwurst das Geschlecht für das Objekt dieser launigen Verwechslung diktiert.

Mit Farben lässt sich der Unterschied auch gut memorieren:

- Ihn erinnerte Schwarz immer an den Tod.
- Seine Weste war weiß.
- Er war blau wie ein Usambaraveilchen.
- Das Rot ihrer Haare brachte ihn um den Verstand.

Hier wird klar: Immer, wenn man »Wie ist es?« fragen kann, ist die Kleinschreibung geboten. Immer, wenn ein Artikel davor steht (oder stehen könnte), schreibt man groß.

Anderes Beispiel: [D]deutsch.

- Meine Lieblingssprache ist Deutsch. (Denn es ist das Deutsche gemeint.)
- Sie spricht auf Deutsch. (Denn es ist das Deutsche gemeint.)
- Sie spricht deutsch. (Wie spricht sie?)
- Staatsangehörigkeit: deutsch (Wie ist seine Staatsangehörigkeit?)

Aber es gibt auch den umgekehrten Fall, wenn nämlich Hauptwörter plötzlich zu Adjektiven werden. Das erkennt man daran, dass es sich auch hier um eine Zustandsbeschreibung handelt:

- Das ist klasse!
- Du bist schuld!
- Die Läden sind pleite.

Bei den im Folgenden aufgeführten Beispielen gibt es häufig Unsicherheit in der Frage der richtigen Groß- bzw. Kleinschreibung:
- Als Erstes räumst du dein Zimmer auf!
- Die wohnen erst seit Kurzem hier.
- Ich begrüße Sie aufs Herzlichste.
- Randalieren oder Ähnliches wird hier nicht geduldet. (Abkürzung: o. Ä.)
- Superlative wie am heftigsten, am steilsten, am dümmsten, am

effektivsten schreibt man immer klein! Das wird sehr, sehr gern falsch gemacht.

- Bitte beachten Sie folgenden Spezialfall: Es fehlte ihr am Nötigsten. Damit ist das Nötigste gemeint, aber wie gesagt, das ist ein Einzelfall, den Sie sich nun wirklich nicht merken müssen.
- Wie bitte? Sie möchten wissen, wie man »Ich bin am (e)Essen!« schreibt? Die Antwort lautet: Schreiben Sie das niemals, und sagen Sie es auch niemals. Das ist nämlich ganz übles Deutsch. Sagen oder schreiben Sie stattdessen: »Ich esse!«
- Das hatte er sich von klein auf zu eigen gemacht, und das wird ihn über kurz oder lang in den Ruin treiben.
- So, das wäre das Wichtigste.
- Sie kamen von nah und fern.

2.1.4 Die Meisterstücke der Groß- und Kleinschreibung

Es gibt eine ganze Reihe von Knackpunkten, bei denen selbst der Profi gern einmal im Regelwerk nachschaut. Wirklich unlösbar schwierig sind aber auch diese Fälle nicht, das werden Sie gleich sehen. Aber Sie kennen das sicher: Fängt man erst einmal an zu überlegen, dann ist es meist schon zu spät, und man greift zum Duden.

Bei den Wörtern ernst, leid, recht, schuld und wert ist genaueres Hinsehen angeraten. Die Grundregel lautet: Wann immer eine Sache (auch im übertragenen Sinne, versteht sich) gemeint ist, dann schreibt man groß. Wenn hingegen ein Umstand beschrieben wird, den man im weitesten Sinne mit der Frage nach dem Wie näher untersuchen könnte, schreibt man klein.

Beispiel 1: [E]ernst

Großschreibung: Das ist mein Ernst! Ganz im Ernst! Aus Spaß wurde Ernst[7]! Jetzt macht er aber Ernst! Willst du allen Ernstes …?

---

[7] Sie haben doch jetzt hoffentlich nicht im Ernst geglaubt, es kommt nun dieser völlig abgegriffene Scherz aus den Achtzigern! Und wenn Sie diese Bemerkung nicht verstehen, fragen Sie bitte Ihre Eltern. Die können Ihnen sicher weiterhelfen.

Kleinschreibung: Man nimmt etwas ernst (wie?), es ist ein ernst zu nehmendes Problem, es ist mir ernst, dieser Rat ist wirklich ernst gemeint.

Beispiel 2: [L]leid

Großschreibung: Jemandem sein Leid klagen. Dir soll kein Leid angetan werden.

Kleinschreibung: Das tut mir wirklich leid, aber ich bin es leid! Kann man sich gut merken: Es tut mir weh, es tut mir leid.

Du hast mir also leidgetan, aber: Du hast mir Leid angetan. Denn hier ist es das Leid.

Beispiel 3: [R]recht

Großschreibung erfolgt in dem Fall hier: Er ist zu Recht durchgefallen. Ebenfalls groß schreibt man alles, was mit Recht im engeren juristischen Sinne zu tun hat: von Rechts wegen, mit Recht, Recht und Ordnung, der Richter spricht Recht, ich werde mein Recht bekommen.

Kleinschreibung: Jetzt erst recht! So ist es recht! Das soll mir recht sein. Man kann ihm nichts recht machen! Man hat recht, man behält recht, man bekommt recht und man gibt jemandem recht.

Hier muss man tatsächlich schon ganz genau hinschauen, der aufmerksame Leser wird es bereits bemerkt haben: Es tut sich eine ganz interessante Schnittstelle auf. Ich werde mein Recht bekommen – man schreibt Recht groß, weil davor ein sogenanntes Possessivpronomen, also ein besitzanzeigendes Fürwort steht. Und wann immer mein, dein, unser etc. davor steht, kann danach nur ein Hauptwort kommen. Und Hauptwörter schreibt man eben groß. Wenn ich allerdings recht bekomme, dann handelt es sich eher um eine Zustandsbeschreibung. Dann klein. Kompliziert? Und wie! Ich sagte es ja bereits zu Beginn: Da schaut selbst der Profi gern nach. Und das sollten Sie sich auch angewöhnen.

Beispiel 4: [S]schuld

Großschreibung: Das ist meine Schuld, auch wenn ich immer versuche, dir die Schuld zu geben.

Kleinschreibung: Also wer ist denn jetzt schuld? (Eselsbrücke: schuld sein)

Beispiel 5: [W]ert

Großschreibung: Auf korrektes Deutsch lege ich allergrößten Wert. Das hat doch keinen Wert!

Kleinschreibung: Das ist doch das Papier nicht wert, auf dem es geschrieben steht! Das ist doch nicht der Rede wert! Weil ich es mir wert bin.

2.1.5 Eigennamen

Ein weiteres interessantes Beispiel für das Problemfeld Groß- und Kleinschreibung sind Eigennamen, wenn sie zum Teil aus einem Adjektiv bestehen. Denn wenn dieses beschreibende Vor-Wort eigentlich keine wortwörtliche Bedeutung mehr hat, sondern mittlerweile vollständig als feste und etablierte Beschreibung in dem Namen aufgegangen ist, wenn also erfolgreich das zusammengewachsen ist, was zusammengehört, dann schreibt man es groß.

Beispiele: das Rote Kreuz, der Zweite Weltkrieg, die Goldenen Zwanziger, der Schwarze Kontinent (aber: die schwarze Magie), das Internationale Olympische Komitee, die Gelbe Karte, aber auch der Deutsche Bundestag, die Goldene Bulle, Karl der Große und August der Starke.

Wenn man sich das Rote Kreuz betrachtet, dann wird schnell klar, was gemeint ist. Die Farbe hat hier kaum eine Bedeutung, auch wenn das Kreuz auf dem Logo des Roten Kreuzes zweifellos rot ist. Mache ich mir allerdings ein rotes Kreuz hinter einen wichtigen Termin, dann wird es selbstverständlich kleingeschrieben. Die Gelbe Karte ist zwar gelb, aber die Farbe ist hier von nachrangiger Bedeutung, viel wichtiger ist die Bedeutung, die sich hinter dieser Art der Farbverwendung verbirgt. Der Schwarze Kontinent ist nicht wirklich schwarz, die schwarze Magie im Sinne von abseitig, negativ, unheimlich schon. Und der Deutsche Bundestag ist schlichtweg die Bezeichnung dieses Gremiums, dass er deutsch ist, spielt da nur eine untergeordnete Rolle.

Hier kommen nun ein paar Gegenbeispiele, bei denen man – analog zum Davorgesagten – glauben könnte, das Adjektiv würde großgeschrieben, doch das Gegenteil ist der Fall: das autogene Training, der bunte Hund, das ewige Licht, die höhere Kunst, der offene Brief.

Warum nun wird das Adjektiv hier kleingeschrieben? Ganz einfach: Hier steht tatsächlich die beschreibende Funktion stärker im Vordergrund. Wenn man bekannt ist wie ein bunter Hund, dann wäre dieser Hund, würde es ihn wirklich geben, tatsächlich bunt. »Autogen« bedeutet in der medizinischen Sprache »von sich selbst« beziehungsweise »aus sich selbst heraus«, und genauso funktioniert das so benannte Training zur Selbstentspannung. Die höhere Kunst wird tatsächlich auf einem höheren Niveau ausgeübt, und der offene Brief, nun, der steht im Prinzip jedem offen. Das ewige Licht wird zwar de facto sicher nicht ewig brennen, symbolisiert aber genau diesen Gedanken.

Auch wenn Ihnen dieser Ratschlag vielleicht mittlerweile zum Hals raushängt: Bitte schauen Sie im Zweifelsfall nach. Sie werden sich wundern, wie ausführlich der Duden Sie in diesem Zusammenhang betreut, aber leider auch, wie wenig sich die Frage der Groß- bzw. Kleinschreibung bei Eigennamen mit gesundem Menschenverstand beantworten lässt. Betrachten wir beispielsweise das Adjektiv »heilig«. Da schreibt der Duden Folgendes vor: Wenn der Heilige Vater, der das Amt des Heiligen Stuhls bekleidet, am Heiligen Abend in der Heiligen Stadt aus der Heiligen Schrift liest, dann wird das wohl im Rahmen einer heiligen Messe sein, in deren Verlauf auch des heiligen Petrus gedacht wird. Heiliger Bimbam, da soll einer durchblicken! Aber versuchen wir gar nicht erst, die Regel zu verstehen, sondern schauen besser gleich nach.

Eines ist jedoch ganz besonders wichtig, und daher weise ich an dieser Stelle explizit darauf hin: Wenn Sie sich ausführlich einem Thema widmen, sei es aus beruflichen Gründen oder im Rahmen beispielsweise einer wissenschaftlichen Arbeit, dann sollten Sie in jedem Fall der Versuchung widerstehen, Ihr eigenes Thema aufzuwerten. Die Neigung, eigenen Namensschöpfungen durch Großschreibung mehr Strahlkraft zu verleihen, sie sozusagen zu adeln, ist recht verbreitet. Dieser Versuchung sollten Sie in jedem Falle widerstehen. Zweifellos ist es so, dass sich im wissenschaftlichen Bereich derlei Begriffe schneller etablieren, als der Duden mit einer entsprechenden Registrierung nachkommen kann. Die Regel lautet also für Sie: Bitte übernehmen Sie die Großschreibung eines Adjektivs nur dann, wenn Sie in mehreren unabhängigen Quellen darauf stoßen. Eine allein genügt nicht, denn deren Autor kann genau diesem Trieb der Selbstaufwertung erlegen sein.

2.1.6   Feste Fügungen

Die folgenden festen Fügungen schreibt man groß: zum Besten geben, im Folgenden, auf dem Laufenden sein, als Nächstes, von Neuem, jedem das Seine, im Übrigen, wir haben das Unsere getan, des Weiteren, bis auf Weiteres.

Der Grund: Hier wird der Hauptbegriff eindeutig als Hauptwort verwendet.

Und jetzt kommt's: Wenn man in einem Satz etwas aufzählen möchte, verwendet man gern entsprechende Formulierungen. Etwa: Zum Ersten verstehe ich jetzt gar nichts mehr, und zum Zweiten ist es mir auch langsam egal. Hier schreibt man groß, weil »zum« die Abkürzung von »zu dem« ist, es sich bei »dem« um den Dativ von »das« handelt, und weil das »das« als bestimmter Artikel vor einem Hauptwort steht.

Aber: Verwendet man als Alternative »zum einen« und »zum anderen«, dann schreibt man das klein. Warum? Das kommt nun.

2.1.7   Unbestimmte Zahlwörter

Unbestimmte Zahlwörter wie z. B. andere, einige, viel(e), wenig(e) werden prinzipiell kleingeschrieben. Ein Beispiel:

*Nicht viele waren dieser Meinung; einige stimmten zwar zu, andere
hingegen nicht.*

Ausnahme: wenn der Schreiber ausdrücklich auf den substantivischen
Gebrauch hinweisen möchte:

*Zwei Männer betraten die Metzgerei. Es dauerte unglaublich lange, bis
der Eine fertig war und der Andere dran kam.*

Das bedeutet für Sie: Sie haben hier die Wahl. Sie sollten zwar grundsätzlich die Kleinschreibung wählen, können aber, wenn es die Um-
stände erforderlich machen, auf die Großschreibung ausweichen.
Nicht hingegen bei der Formulierung »zum einen – zum anderen.«

Verbale Aufzählungen
Wenn Sie dazu neigen, verbale Aufzählungen zu verwenden, dann sollten Sie folgende Grundregeln berücksichtigen:
   Wenn Sie mit erstens beginnen, sollte auch zweitens folgen und
nicht zum anderen oder andererseits. Es gehören zusammen: zum einen – zum anderen, zum Ersten – zum Zweiten, erstens – zweitens.
   Ersterer und Letzterer sind Sonderfälle. Hier ein Beispiel dafür, wann
man kleinschreibt:

*Sein Prof bot ihm zwei Alternativen an. Der erstere Vorschlag beinhal-
tete die vollständige Überarbeitung der Diplomarbeit, der letztere das
sofortige Durchfallen.*

Und hier ein Beispiel für die Großschreibung:

*Zur mittäglichen Konferenz waren alle Mitarbeiter aus Marketing und
Vertrieb geladen. Die Ersteren sollten sich um geeignete Kommunikationsmaßnahmen kümmern und Letztere um die richtigen Verkaufs-
strategien.*

Die Regel: Wenn Ersteres und Letzteres allein steht, schreibt man groß,
auch wenn ein unmittelbarer Bezug zum Satz zuvor besteht.
   Bitte übertreiben Sie es nicht damit. Wenn Sie solche Stilmittel auf
jeder Seite verwenden, eventuell sogar mehrfach, dann ist das kein guter Stil mehr.

Und bitte verzichten Sie im Fließtext gänzlich auf Aufzählungen wie 1), 2) und 3) oder a), b), c) oder – noch schlimmer – ad 1, ad 2, ad 3. Wenn Sie solche Satzstrukturierung für nötig erachten, dann entscheiden Sie sich doch bitte gleich für Spiegelstriche oder vergleichbare Formatierungen.

2.1.8 *Weitere Beispiele zur Verdeutlichung*

- Fremdsprachige Substantive werden immer großgeschrieben, wenn sie nicht ausdrücklich als Zitat gemeint und entsprechend gekennzeichnet sind. Das gilt auch, wenn sie in der Herkunftssprache kleingeschrieben werden.
- Der Artikel als fester Bestandteil eines Markennamens wird großgeschrieben: »… wie DER SPIEGEL berichtete.« Verändert sich der Artikel jedoch grammatisch, dann wird kleingeschrieben: »… Unterlagen, die dem SPIEGEL zugespielt wurden, …«
- Das gilt nicht, wenn der Artikel nicht explizit zum Namen gehört. Es geht zwar oft um die Deutsche Bank, aber hier schreibt man »die« klein, denn offiziell heißt das Unternehmen »Deutsche Bank AG« und nicht »Die Deutsche Bank AG«
- Ehrentitel wichtiger Würdenträger schreibt man so: Seine Eminenz, Hohes Gericht, Königliche Hoheit, Regierender Bürgermeister.
- Und vor allem für gläubige Menschen gilt: Wenn Gott gemeint ist, schreibt man seine[8] Platzhalter groß: Gott ist groß, Seine Güte ist unermesslich, aber Er kann auch richtig sauer werden.
- Für die direkte Anrede gilt: Sie und Ihre schreibt man groß, du und eure klein (außer in Briefen o.Ä., da kann man Du und Eure auch großschreiben).

[8] Ich bin Atheist, deshalb habe ich »seine« hier kleingeschrieben.

- Wenn berühmte Menschen etwas Wichtiges geschaffen haben, dann benennt man es häufig nach ihnen. Und das schreibt man dann so: die Darwin'sche oder darwinsche Evolutionslehre, die Hegel'sche oder hegelsche Philosophie. Klein und zusammen ist etwas eleganter.
- Geografische Ableitungen mit Originalbezeichnung und -er am Ende schreibt man immer groß: die Schweizer Regierung, der Bremer Roland, aber: die belgische Praline, der französische Urlaubsort.
- Wie schreibt man das Nicht-Existieren? Groß. Ebenso das Nicht-zuhören-Können, aber natürlich auch: Das ist zum Aus-der-Haut-Fahren.
- Um Himmels willen! Der Ehre halber (aber natürlich ehrenhalber).
- Es erfolgt eine Einteilung in Richtig und Falsch, in Schwarz und Weiß, in Jung und Alt.
- Und aus gegebenem Anlass hier und jetzt ein für allemal: Das »anderem« in »unter anderem« wird kleingeschrieben, und das wird sich in unserem Leben sicher nicht mehr ändern, bitte merken; und »vor allem« schreibt man auch klein.

2.2 Getrennt oder zusammen?

Neben der Frage nach der Groß- und Kleinschreibung hält die deutsche Sprache noch einen weiteren, nicht unerheblichen Stolperstein auch für erfahrene Anwender bereit: die Frage nach der Zusammenschreibung. Das war schon vor der Reform ein spannendes Thema und ist es danach, wie sollte es auch anders sein, geblieben. Das Besondere[9] an der deutschen Sprache ist, dass wir gern und ausführlich die unterschiedlichsten Wörter zusammenfügen, um ein neues ent-

[9] Warum das nun großgeschrieben wird, wissen Sie ja jetzt.

stehen zu lassen. Manchmal allerdings verselbstständigen sich solche Wortkombinationen, und es ist nicht immer klar, ob man nun die unterschiedlichen Wortteile zusammenschreibt oder getrennt.

Aber für Sie stellt das ab sofort kein Problem mehr dar, denn nach der Lektüre dieses Kapitels wissen Sie ganz genau, wie und warum man »getrennt schreiben« getrennt schreibt, »zusammenschreiben« aber zusammenschreibt.[10]

2. 2. 1 Richtung, Ort, Lage

Wann immer ein Verb mit einer Vorsilbe bedacht wird, die etwas mit Bewegung, Lage oder Richtung zu tun hat, schreibt man grundsätzlich zusammen: dazwischenhauen, durcheinanderkommen, durchsetzen, herausfallen, mitnehmen, nahebringen, niederkommen, umherstreunen, vorlegen, zusammenführen.

Aber: Es ist unbedingt darauf zu achten, inwiefern die Getrenntschreibung möglicherweise einen anderen Sinn ergibt.

*Die beiden Chaoten in der letzten Reihe haben sich intensiv mit ihren Modellflugzeugen **auseinandergesetzt**, daraufhin wurden sie von der Lehrerin **auseinander gesetzt**.*

*Diese Modellflugzeuge hatten sie gemeinsam **zusammengebaut**, den Unsinn in der Schule hingegen hatten sie **zusammen gebaut**.*

2. 2. 2 Ergebnis

Bitte merken Sie sich für alles, was nun kommt, folgende Grundregel: Man schreibt getrennt, wenn der getrennt geschriebene Begriff exakt dieselbe Bedeutung hat wie die Zusammenschaltung der Bestandteile und wenn er grammatisch einwandfrei ist.

Man schreibt eine Kombination aus Adjektiv und Verb grundsätzlich getrennt, wenn ein Resultat bei einer Tätigkeit herauskommen wird (oder dies wenigstens beabsichtigt ist).

---

[10] Witzig, gell? Stimmt aber tatsächlich. Und ist sogar logisch.

Man kann etwas blank polieren, kaputt machen, klein schneiden, leer trinken, sollte dabei allerdings beachten, ob der Begriff in der Zusammenschreibung nicht vielleicht eine neue, übertragene Bedeutung bekommt. So können Sie sich selbstverständlich jederzeit ein Fläschchen Bier kalt stellen. Tun Sie dies allerdings auf der Arbeit, und Ihr Chef mag das gar nicht, dann wird er Sie sicher eines Tages kaltstellen.

*Eine Frau zu ihrem Friseur: »Du brauchst das Ergebnis gar nicht **schönzu-färben**, auch wenn du versucht hast, mir die Haare **schön zu färben**«!*

2.2.3 Veraltete Begriffe

Es kommt auch vor, dass Bestandteile vor ein Verb gesetzt werden, die es als eigenständigen Begriff nicht mehr gibt. Irgendwann einmal hatten sie zwar auch eine autonome Funktion, aber überlebt haben sie nur in der Kombination mit einem anderen Begriff, sozusagen parasitär. In diesem Fall schreibt man grundsätzlich – und das wirklich ohne Wenn und Aber – zusammen. Hier kommt eine Auswahl der gängigsten Kombinationen: abhandenkommen, bevorstehen, darlegen, einhergehen, hintanstellen, irregehen, kundtun, vorliebnehmen, wetteifern.

Da Sie ja die Regel zu Beginn dieses Abschnitts bereits völlig verinnerlicht haben (nämlich nur dann getrennt zu schreiben, wenn das Ergebnis komplett sinngleich und grammatisch korrekt ist), stellt sich hier die Frage des Auseinanderschreibens nun wirklich nicht. Denn wenn es den ersten Teil isoliert nicht mehr gibt, dann ergibt sich die richtige Schreibweise von allein.

Apropos alleinstehend: Sie verstehen ja, warum man das zusammenschreibt, nicht war? Getrennt ergibt wirklich keinen wortwörtlichen Sinn, höchstens in dem Sinne hier:

*Ihm tat nach seiner Hämorrhoiden-OP so dermaßen das Hinterteil weh, dass er nicht mehr sitzen konnte. Es war **allein stehend** auszuhalten.*

2. 2. 4 Zwei Verben

Wenn zwei Verben miteinander kombiniert werden, schreibt man getrennt. Zum Beispiel rechnen lernen, schlafen gehen, schreiben üben.

Ausnahme 1: natürlich nicht, wenn sich eine neue Bedeutung im übertragenen Sinne ergibt. Wie bei diesen Beispielen:

> Er sollte das Feuerzeug auf dem Küchentisch **liegen lassen**. Doch als er nach Hause ging, hatte er es in der Werkstatt **liegenlassen** (wie »vergessen«). Daraufhin hat sie ihn am nächsten Tag links **liegenlassen** (im Sinne von »ignorieren«).

> Morgens am Frühstückstisch: »Du, Mami, ich glaube, ich möchte heute mal den ganzen Tag vor dem Fernseher **sitzen bleiben**«. »Aber wenn du wieder nicht zur Schule gehst, wirst du am Ende noch **sitzenbleiben**!«

Ausnahme 2: kennenlernen. Das fröhliche Juchhe rund um diesen Begriff war schon einmal kurz Thema, aber der Vollständigkeit halber hier noch einmal die Auflösung: Vergessen Sie alle Diskussionen. Können Sie im buchstäblichen Sinne etwas *kennen lernen*? Also lernen, etwas zu kennen? Nein, das ist Quatsch. Sie können maximal lernen, etwas zu *er*kennen. Deswegen: zusammen, also kennenlernen.

Ach ja, eines noch: Bitte lassen Sie sich bei der Arbeit am Computer von Ihrer Rechtschreib-»Hilfe« nicht ins Bockshorn jagen. Sogar der von mir so hoch gelobte Duden Korrektor will partout nicht verstehen, dass es für (links) liegenlassen und (in der Schule) sitzenbleiben eine übertragene Bedeutung gibt.

Oder … lassen Sie es uns doch ganz im Sinne des positiven Denkens so betrachten: Die rote Unterstreichung soll Sie wohl einfach dazu veranlassen, noch einmal genau hinzuschauen. Anfangs bedarf es einer gewissen Chuzpe, um die roten Unterstreichungen im Text zu ignorieren. Aber wenn man verstanden hat, wie die Regeln wirklich funktionieren, und ein bisschen Selbstvertrauen aufgebaut hat, dann klappt das am Ende ganz gut.

2.2.5 Hauptwort und Verb

Eine Kombination aus einem Hauptwort und einem Verb bedeutet meistens, dass hinten das steht, was man mit dem davor macht. Also Auto fahren zum Beispiel, Bier zapfen oder Musik hören. Hier wird es niemanden verwundern, dass man diese Begriffe getrennt schreibt.

Aber: Bei manchen Begriffen ergibt die Getrenntschreibung keinen Sinn, wie zum Beispiel bei eislaufen, kopfstehen, teilhaben. In diesen Fällen schreibt man selbstverständlich zusammen.

Wird allerdings aus einem solchen Begriff ein adjektivischer, also beschreibender Gebrauch abgeleitet, dann schreibt man wiederum zusammen, zum Beispiel angsterfüllt, blutdrucksenkend, hitzebeständig, kostensenkend. Wer dem aus dem Weg gehen möchte, kann selbstverständlich umformulieren: von Angst erfüllt, den Blutdruck senkend, gegen Hitze beständig, die Kosten senkend – dann schreibt man getrennt.

2.2.6 Weitere Beispiele

Noch ein paar Beispiele, die verdeutlichen sollen, wann etwas einen neuen, übertragenen Sinn ergibt und wann nicht.

*Ich gehe zum Arzt und lasse mich **krankschreiben**. Der kleine Junge hatte seine Hausaufgaben gemacht und sich auf ein Wort besonders gut vorbereitet. Er stürmte an die Tafel und wollte unbedingt **krank schreiben**.*

*Sie wollte Carlos unbedingt **wiedersehen**! Erst war Carlos fünf Jahre blind, jetzt kann er **wieder sehen**.*

*Der Chefredakteur zum kleinen Reporter kurz vor dem Interview: »Eines möchte ich **richtigstellen**: Nur ich kann die Fragen **richtig stellen**.«*

*Der Arzt zur nicht mehr ganz so rüstigen Rentnerin: »Es wird Ihnen nicht **schwerfallen**, sich an diesen Rollator zu gewöhnen. Benutzen Sie ihn nicht, werden Sie am Ende noch **schwer fallen**.«*

*Der Fahrlehrer zu seinem Schüler: »Lassen Sie mich zu Beginn der Fahrstunde eines **feststellen**: Wenn Sie am Hang nicht die Handbremse **fest stellen**, kann das ein teurer Spaß werden.«*

*Der Hautarzt zum Patienten: »Ich werde es nur einmal **wiederholen**. Wenn Sie sich nicht besser schützen, werden Sie sich das immer **wieder holen**.«*

So. Es folgt eine abschließende Frage, und bevor ich Ihnen gleich die Lösung präsentiere, denken Sie doch bitte ein paar Sekunden darüber nach. Die Person, die ohne Partner die Kinder aufzieht: Ist die jetzt »allein erziehend« oder »alleinerziehend«?

Doch bevor wir uns der richtigen Schreibweise widmen, noch ein paar Besonderheiten, denn selbst in der Duden-Redaktion scheinen echte Menschen zu arbeiten. Anders ist die folgende Ungereimtheit nicht zu erklären: Schaut man unter dem Stichwort »staubsaugen« nach, so gibt der Duden unumwunden zu, dass beide Schreibweisen möglich sind, und enthält sich jeglicher Empfehlung. Selbiges ist unter dem Stichwort »danksagen« zu finden. Aber wenn wir alles zuvor Gesagte berücksichtigen, kommen wir doch wohl gemeinsam zu folgendem Schluss: Staub saugen ist selbstverständlich getrennt zu schreiben, da gibt es eigentlich nichts zu diskutieren. Genauso wenig bei danksagen: Sagt man Dank? Nein, man sagt danke. Und wenn die Getrenntschreibung keinen Sinn ergibt, Sie wissen schon: dann schreibt man zusammen.

Zur Auflösung unseres kleinen Rätsels: Alleinerziehend wird selbstverständlich zusammengeschrieben. Denn dieses Wort beschreibt nicht die genaue Tätigkeit, die eine so benannte Person ausübt, sondern es ist mittlerweile zu einer feststehenden[11] Bezeichnung aufgestiegen. So wie

[11] Schauen Sie mal, das ist jetzt auch wieder so ein Ding. Gerade tippe ich »feststehenden« ein, und was passiert? Sogar meine Supersoftware kapituliert und unterstreicht das Wort. Und was würden Sie jetzt tun? Wahrscheinlich denken: Aha, dann schreib ich's mal getrennt. Und richtig: Dann ist es nicht mehr unterstrichen. Aber das ist falsch. Zwar gibt es Krabbenfischer, die auch bei Windstärke 8 auf ihrem Kutter noch fest stehen, aber bewiesene Fakten sind Dinge, die feststehen. Das ist dann auch nicht unterstrichen, also hat wohl die Rechtschreibprüfung offenbar ein Problem mit der Adjektivierung. Warum ich Ihnen das erzähle? Wenn Sie die Regeln beherrschen und wissen, wann Sie nachschlagen müssen, ignorieren Sie solche vermeintlichen Fehler.

man also alleinstehend ist, ist man also auch alleinerziehend. Natürlich nur, wenn man Kinder hat.

2.2.7 Fügungen

Die sogenannten festen Fügungen sind ein ganz spezielles Reizthema, da scheiden sich auch bei den Profis oft die Geister. Es geht dabei u. a. um Begriffe wie anhand, anstelle, aufgrund, aufseiten, bezeichnenderweise, imstande, infrage stellen, inmitten, mithilfe, sodass, vonseiten, zugunsten (und auch wenn es das Auge irritiert: zuungunsten), zulasten, zurate ziehen, zurzeit, zustande kommen.

Wann immer Sie eine Publikation Ihrer Wahl aufschlagen, ist es dem Geschmack des dort regierenden Chefredakteurs überlassen, ob in diesen Fällen getrennt oder zusammengeschrieben wird.

In diesem Fall wenden Sie bitte die altbekannte Regel an und fragen sich: Ist die Getrenntschreibung wirklich sinnvoll und grammatisch korrekt?

Greifen wir einmal den Begriff »mithilfe« heraus.

Ich konnte die Klausur nur mithilfe eines Spickzettels bestehen.

Ist hier wirklich eine Getrenntschreibung möglich? Nein, denn eigentlich müsste es heißen: mit der Hilfe. Aber das sagt man nicht. Das »der« ist im Laufe der Zeit verschwunden. Wenn sich ein Begriff so verändert, sich allmählich quasi verselbstständigt und eingedampft wird, dann nennt man das eine feste Fügung.

Nun ist es mal wieder (und wohl ein letztes Mal) soweit, auf die Bedeutung der Duden-Empfehlung hinzuweisen. Wie ich Ihnen ja bereits von Beginn an dringend nahegelegt habe, sollten Sie zukünftig prinzipiell der Duden-Empfehlung folgen. Und gerade hier wird nun besonders deutlich, warum. Denn wenn Sie mithilfe und vonseiten zusammenschreiben, sollten Sie das auch bei sodass und sogenannt tun. Gerade die beiden letzteren Beispiele sind nach unserer nun so oft eingeübten Regel nicht eindeutig zu beantworten. Fakt ist aber: Auch hier handelt es sich – offiziell anerkannt – um feste Fügungen, und in dem Fall sollten Sie sich konsequent verhalten. Sie sollten also nicht an der einen Stelle mithilfe schreiben und an der anderen so dass. Auch wenn beides streng genommen nicht falsch ist, so sollte ein Text, an den man gewisse Ansprüche stellt, in sich stringent, homogen, schlüssig sein. Also sollte man auf artverwandte Begriffe auch immer einheitlich dieselbe Regel anwenden. Und nun verstehen Sie vielleicht besser, warum die Duden-Empfehlungen so wichtig und hilfreich sind.

Nachfolgend noch einige Besonderheiten, die die festen Fügungen betreffen:

- Alle Kombinationen mit dem nachgestellten Wortteil »-einander« schreibt man zusammen: füreinander, miteinander, übereinander, voneinander etc. Und das, obwohl es das Wort »einander« allein sehr wohl gibt: Erst traten sie einander in den Hintern, dann fielen sie einander um den Hals.

- Grenzfall: Man kann einen Umstand »infrage« stellen, aber es können unterschiedliche Möglichkeiten »in Betracht« kommen; ebenso schreibt man »in Bezug auf«, »in Form von« und »in Höhe von« getrennt.

- Auch hier muss man aufpassen: »Aufgrund« und »zugrunde« (legen) schreibt man zusammen, aber »im Grunde« und »von Grund auf« getrennt.

- Auch diese beiden Verwendungen sollte man nicht verwechseln: Kritik an den Regierenden ist »zurzeit« erlaubt, aber »zur Zeit« Karls des Großen war das verboten.

- Die Regeln sind – wie das oft mit Regeln so ist – nicht in jedem Fall eindeutig. Es ist nicht ganz klar, wieso »nach wie vor« getrennt geschrieben wird, aber »inwiefern« und »nichtsdestotrotz« zusammen.

- Ganz interessant, aber wiederum nach der zentralen Regel lösbar: Wir haben »dasselbe« gesehen, aber »das Gleiche« an.

- Jemand kann »aufseiten« des Guten stehen, aber »auf Kosten« anderer leben.

- Man handelt den Anweisungen »zufolge«, aber: Du solltest meinen Anweisungen »Folge leisten«! Sonst hat das eine Strafe »zur Folge«!
- Das Gesetz tritt »in Kraft«.
- Hier ein Beispiel, das man sich merken muss: Ich bleibe heute mal »zu Hause«. Was ist »Hause«? Irgendwie passt das nicht zu der Superregel, wird aber empfohlen.[12]
- Und nun wieder etwas Einfaches: aufrechterhalten, offenlegen, umhinkommen, weiterführen – in diesen Fällen schreibt man zusammen.

Folgende drei Knackpunkte klingen selbstverständlich und banal, werden aber sehr häufig im Eifer des Gefechts falsch gemacht. Das Problem: Keine Rechtschreibhilfe dieser Welt kann das zurzeit lösen.[13]

- Knackpunkt 1 »so[?]eben«: Ich habe »soeben« (wie gerade eben) einen Anruf bekommen, aber: Das hat »so eben« noch hingehauen. Und natürlich: Schau mal, Schatz, das Meer ist »so eben«!
- Knackpunkt 2 »um[?]so«: Je größer der Arbeitsaufwand, »umso« besser das Ergebnis. Aber: Ich habe viel Arbeit aufgewendet, »um so« eine bessere Note zu bekommen.
- Knackpunkt 3 »in[?]dem«: Ich möchte nicht gern Karriere machen, »indem« ich mich bei meinem Chef anbiedere. Aber: Es ist mir wichtig, »in dem« Bereich erfolgreich zu sein.

[12] Kleine Wette gefällig? Spätestens in drei Auflagen wird der Duden hier die Zusammenschreibung empfehlen.

[13] An der Stelle schon einmal ein kleiner Hinweis. Am Ende dieses Buches, in Kapitel 6.9, werde ich Ihnen ein paar Tipps geben, wie Sie Ihr Dokument in der Schlussbearbeitung mit einer Reihe von Suchbegriffen noch einmal über die Rechtschreibprüfung hinaus kontrollieren können. Diese Begriffe hier gehören dazu, Sie sollten immer bei der Endbearbeitung soeben, umso und indem in Getrennt- und Zusammenschreibung drüberlaufen lassen.

Specials

• Mit

- Man schreibt grundsätzlich zusammen: miteinander, mitbringen, mitarbeiten. Als Faustregel können Sie sich Folgendes merken: Alles, was auf eine längere Dauer bzw. Absicht hindeutet, schreibt man zusammen.
- Und natürlich auch alle Wörter, bei denen sich diese Frage eigentlich nicht stellt: mitbestimmen, mitdenken, miterleben, mitgehen, mitgeben.
- Merke also: Man schreibt zusammen, wenn die Betonung auf »mit« liegt.
- Getrennt schreibt man, wenn beide Bestandteile gleich betont werden: Soll ich kurz mit rübergehen? Natürlich kann ich diese Aufgabe mit übernehmen. – Und dann würde man »sich mit einbringen« getrennt schreiben, wenn, ja wenn es sich dabei nicht um einen Pleonasmus[14] handeln würde!

• Selbst

- Wann immer man etwas allein in Handarbeit gemacht hat, also selbst, schreibt man getrennt. Man raucht (unvernünftigerweise) selbst gedrehte Zigaretten, isst selbst gebackene Kekse, trägt selbst gestrickte Pullis, und all das finanziert man mit selbst verdientem Geld.
- Aber wenn man einen solchen Begriff nun substantiviert, schreibt man immer groß und zusammen. Beispiel: »Oh mein Gott«, sagte sie, »will er sich umbringen? Jetzt raucht er Selbstgedrehte!«
- Zusammen schreibt man, wenn etwas von ganz allein funktioniert: selbstentzündlich, selbstklebend.
- Und dann, zur Unterscheidung: Ich lebe ein selbstbestimmtes Leben, das habe ich selbst bestimmt!
- All diese netten Eigenschaften bitte sämtlich selbstredend zusammenschreiben: selbstgefällig, selbstgerecht, selbstherrlich, selbstmitleidig, selbstmordgefährdet, selbstquälerisch, selbstschädigend, selbstverliebt, selbstzerstörerisch.

---

[14] Ein Pleonasmus ist das, was der Volksmund einen weißen Schimmel nennt. Mehr dazu folgt später. Hier reicht natürlich »sich einbringen«. »Mit« ist überflüssig.

- Hoch
  - Alles, was hoch betrifft, ist schrecklich kompliziert und kaum zu merken. Besser, Sie schauen in dem Fall reflexartig nach.
  - Nichtsdestotrotz ein paar Zeilen: Zusammen schreibt man, wenn es um die Richtung geht: Sie will sich die Haare hochstecken, der hat sich hochgearbeitet, er will die Leiter hochsteigen, er hat hochfliegende Erwartungen, der wird nie wieder hochkommen.
  - Zusammen auch, wenn es um eine Intensivierung einer ganz speziellen Eigenschaft geht: Ich bin hocherfreut, das ist hochglänzendes Druckerpapier.
  - Im Unterschied dazu: Getrennt schreibt man im Sinne von »sehr«: Das ist hoch kompliziert, er ist hoch motiviert, er wird hoch geschätzt, obwohl er hoch verschuldet ist.[15]
  - Auch hier hilft die Betonungsregel: Werden beide Teile betont, schreibt man getrennt, liegt die Betonung auf »hoch«, schreibt man zusammen.

- Hin und her
  - Bitte merken: Beim Italiener bin ich immer hin und her gerissen: Pasta oder Pizza? Und meine Kinder ermahne ich dort immer, sie sollen »Bei Luigi« nicht immer hin und her laufen.
  - Aber wenn Luigi, weil sein Restaurant voll ist, ständig zwischen Küche und Gastraum herumrannte, dann ist er den ganzen Tag hin- und hergelaufen. – Merke: Wenn die Bewegung ziellos ist, wird getrennt geschrieben, spielt sie sich zwischen zwei konkreten Punkten ab, wird zusammengeschrieben.

- Nicht
  - Es dominiert ganz eindeutig die Getrenntschreibung: Ein Fenster ist nicht schließend, eine Substanz nicht leitend, eine Sitzung nicht öffentlich, ein Kind nicht ehelich.

[15] Sie finden, das ist kaum auseinanderzuhalten? Da haben Sie absolut recht. Deswegen hier ein kleiner Hinweis: Sie kennen die Metapher vom Baum, der umfällt, und keiner ist dabei? Und die damit verbundene Frage, ob das dann auch ein Geräusch macht? Oder anders formuliert: Wo kein Kläger, da kein Richter, und wenn Sie sich hier mal vertun sollten, dann wage ich die (völlig unprofessionelle, aber hoffentlich sympathische) Prognose, dass das ohnehin kaum jemand Ihrer Leser besser weiß.

> – Einzige Ausnahme: Er ist ein völlig nichtssagender Typ. Der Grund:
> Na, Sie wissen schon, es ist ja hier die übertragene Bedeutung im
> Sinne von farblos, langweilig gemeint. Nur wenn er sich perma-
> nent verbaler Äußerungen enthalten würde, wäre er ein nichts sa-
> gender Typ.[16] Außerdem liegt bei der Zusammenschreibung wieder
> die Betonung auf »nicht«, bei der Getrenntschreibung auf beiden
> Bauteilen.

2.3 Zahl, Zeit und Datum

Wann immer Ziffern oder Zahlen in einen Text eingebaut werden,
wird es kompliziert. Und zwar oft nicht, weil man sich nicht entscheiden kann, wie man es schreiben soll. Sondern vielmehr, weil man
nicht weiß, wie es richtig geschrieben wird.

2.3.1 *Von Zahlwörtern und Ziffern*
Viele kennen die Regel, dass man prinzipiell Zahlen bis zwölf in
Worten schreibt, einige tun dies – und nicht zu Unrecht – sogar mit
Zahlen bis zwanzig.

Aber: Ganz so einfach ist es natürlich nicht. Hier kommen die wichtigsten Ausnahmen.

Genau genommen sagt man eigentlich, dass nur zweisilbige Zahlwörter ausgeschrieben werden. Diese Regel gilt aber nicht für Erzähl-
texte. Wenn man zum Beispiel in einer Geschichte von einem sehr
alten Herrn berichtet, dann sollte man ihn ruhig als den achtund-
achtzigjährigen Rentner beschreiben.

In Verbindung mit Abkürzungen (wie 5 km, 3° C, 7 t) verwendet
man grundsätzlich Zahlen. Wenn man allerdings die Abkürzung aus-
schreibt, hat man – wiederum bei allen maximal zweisilbigen Zahl-

---

[16] Aber das würde man natürlich niemals so schreiben, außer, man schreibt ein Buch
wie dieses hier.

wörtern – die Wahl. Ein Beispiel: Man schreibt also 30 EUR, 30 Euro oder dreißig Euro.

Und bei der Durchnummerierung von Bestandteilen eines Textes sollte man ebenfalls Zahlen verwenden. Denn schließlich benennen Sie Ihre Kapitel auch 1 Einleitung, 2 Definitionen etc. Deshalb sollten Sie im Text auch auf Kapitel 1 und nicht auf Kapitel eins verweisen. Dasselbe gilt selbstverständlich auch für Abbildungen, Tabellen und Fußnoten.

Bei technisch-wissenschaftlichen Texten, bei denen es auf die genaue Zahl ankommt, gern auch bei Kochrezepten, schreibt man in Ziffern. Es wurden 3 Achsen mit je 4 Reifen eingebaut; man braucht 2 Eier, 3 Liter Milch und 3 große Walnüsse.

Bei großen Zahlen trennt man in Dreierschritten am besten durch ein Leerzeichen (durch ein geschütztes, s. Kap. 3. 6): 423 400 Stück. Bei einer vierstelligen Zahl kann man durchaus darauf verzichten, ab fünf Stellen erhöht dieses aber die Lesbarkeit. Bitte fügen Sie hier nicht einen Punkt ein, auch wenn man das sehr häufig sieht. Denn im englischsprachigen Raum wird anstelle unseres Dezimalkommas ein Punkt gesetzt, und das könnte man daher verwechseln.

Aus gegebenem Anlass an dieser Stelle ein etwas vorgezogener Hinweis. Aus dem zuvor Gesagten leitet sich eine andere Vorschrift unmittelbar ab: In Deutschland werden Dezimalkommas verwendet. Auch wenn internationale Statistiksoftwarepakete wie beispielsweise SPSS ihre Ergebnisse sehr gern mit einem Punkt dazwischen auswerfen: 47.3 % gibt es im Deutschen nicht.

Zurück zu der Frage, wann Zahlen und wann Zahlworte verwendet werden. So etwas beispielsweise geht nicht:

Er hatte fünf bis 27 Pickel im Gesicht.

In diesem Fall schreiben Sie bitte beides in Ziffern.

Dasselbe gilt auch, wenn solche numerischen Kategorien im Text in unmittelbarer Nähe auftauchen. Ein Beispiel:

Im Alter von 25 bis 35 Jahren setzt bei vielen Männern der Haarausfall ein.

Das ist natürlich bei den 6 bis 10 Jahre alten Personen nicht zu beobachten.

Die 6 und die 10 werden hier aus Gründen der Einheitlichkeit nicht ausgeschrieben.

Dasselbe gilt, wenn aus dem Thema innewohnenden Gründen regelmäßig Zahlen auftauchen. Wenn Sie beispielsweise bei empirischen Studien oft zwischen vielen unterschiedlichen Altersklassen hin- und herspringen, dann nehmen Sie sich besser ein Herz und bleiben konsequent bei den Ziffern.

2. 3. 2 Groß- und Kleinschreibung

Zahlen unter 100 werden immer kleingeschrieben:

Es waren drei Weise aus dem Morgenland.

Schneewittchen lebte bei den sieben Zwergen.

Jesus folgten die zwölf Apostel.

Bei Ali Baba gab es vierzig Räuber.

Morgens um sieben ist die Welt noch in Ordnung.

Im Jahre neun haben wir es den Römern gezeigt (oder eben: Im Jahr 9 n. Chr. Oder: Im Jahre neun nach Christus. Oder auch: 9 nach Christus).

Wir sind jetzt vier (oder auch: zu viert).

Er holt regelmäßig alle neune.

Die Uhr schlägt sieben.

Sie ist Mitte dreißig.

Die ersten drei bekommen eine Medaille.

Es sei denn, die Zahl als »Ding« ist gemeint:

Er hat eine Acht im Fahrrad.

Der Lehrer schreibt eine Sechs in sein Notenheft.

Und diesen Unterschied hier merken Sie sich bitte unbedingt:

Das tendiert gegen null, du Null!

Bedeutet: Wann immer der Wert null gemeint ist, wird klein geschrieben. Also auch:

Das ist null und nichtig!

Das war die Stunde null.

Das Spiel endete drei zu null.

Dann merken Sie sich bitte noch das hier:

Die Aktie war dreifach überzeichnet. Aber: Die Aktie ist um das Dreifache (oder hier auch: um das 3-Fache) überzeichnet.

Das ist ein Drittel von einem Zentner. Aber: Das ist ein drittel Zentner.

Zwei Drittel der Befragten haben Ja gesagt. Aber: Man braucht ein drittel Liter Milch.

Übrigens: Brüche immer ausschreiben und niemals: Er war nur ½ so gut wie erwartet.

Zu 100 oder 1000: Groß schreibt man, wenn der Begriff als unbestimmtes Zahlwort Verwendung findet:

Es waren Hunderte und Aberhunderte von Fliegen auf dem Misthaufen.

Wir konnten ein paar Tausend Besucher zählen.

Klein schreibt man, wenn der genaue Wert gemeint ist:

Sein alter Kadett schaffte es in sagenhaften 26 Sekunden von null auf hundert.

Zwei von hundert sind durchgefallen.

Der Bankboss verdient hundert Millionen Dollar im Jahr, also exakt 100 Mio. Alle Banker dieses Landes hingegen verdienen Hunderte Millionen Dollar.

Und dann noch das: Konservative Kaufleute sprechen gern beispielsweise von »5 vom Hundert« (wie Prozent), denn »vom« heißt »von dem«, also ist Hundert ein Substantiv.

Million(en), Milliarde(n) etc. schreibt man immer groß. Zum Stichwort Million: Da sollten Sie aufpassen: Es heißt 1 Million Euro, aber 1,1 Million*en.*

Und zum Thema Milliarde zwei Anmerkungen. Erstens: Bei der Medaille, dem Bataillon, dem Billard und der Brillanz schraubt man schon mal gern ein i zu viel rein. Denn das spanisch-französische Doppel-l spielt ganz dezent in einen Ton hinein, der an ein i oder j gemahnt. Deswegen wird daraus schnell das »Batallion«, das »Billiard«, die »Brillianz« oder die »Medallie«.[17] Das ist falsch. Dieses i allerdings bei der Milliarde wegzulassen, auch. Denn da gehört es hin.

Zweitens: Wenn Sie in einem englischen Text etwas von »six billion dollars« lesen, dann sollten Sie das tunlichst nicht wörtlich übersetzen und daraus sechs Billionen Dollar machen. Denn die anglo-amerikanische »billion« entspricht der deutschen Milliarde, die deutsche Billion hingegen sind 1000 Milliarden. Bitte merken Sie sich das, wenn Sie es nicht ohnehin schon wussten. Gerade Wirtschaftswissenschaftler können mit solch einem fulminanten Schnitzer ihre ganze Diplomarbeit zugrunde richten, das lässt kein Prof ungestraft durchgehen. Und wenn Sie Banker sind … wer weiß, wie viele Ihrer Kollegen sich in den letzten Jahren schon so vertan haben!

2.3.3 Zeit

Das mit den Uhrzeiten hat sich mit dem zuvor Ausgeführten also weitgehend erledigt. Wenn Sie einverstanden sind, treffen wir uns also um zwei. Oder um zwei Uhr. »Terra X« kommt immer sonntags um halb acht. Aber die »Tagesschau« endet immer um Viertel nach acht. Zugegeben: An das große Viertel muss man sich gewöhnen. Aber man kann natürlich auch 20.15 Uhr schreiben.

---

[17] Freuen Sie sich schon jetzt auf die kommenden Olympischen Spiele. Sie werden garantiert irgendwo auf einen »Medaillenspiegel« treffen. – Übrigens, wo wir gerade bei den Olympischen Spielen sind: Warum »Olympische« großgeschrieben wird, wissen Sie ja. Bitte merken Sie sich aber dazu noch Folgendes: Die Zeit, in der die Athleten gegeneinander antreten, heißt Olympische Spiele und nicht Olympiade. Die Olympiade ist der vierjährige Zeitraum zwischen den beiden Eröffnungsfeiern. Das wird nicht nur heutzutage sehr gern falsch gemacht, angeblich musste sich darüber bereits der altrömische Geschichtsschreiber Herodot regelmäßig echauffieren.

Apropos: Es geht zur Not auch 20:15 Uhr und laut Duden auch 20^{15} Uhr. Übrigens: Uhr muss da nicht stehen, aber das sieht einfach besser aus. Bitte nicht 20.15 h, das ist ein unnötiger, versteckter Anglizismus und weder cool noch kosmopolitisch.

Da es sich um *den* Morgen, *den* Mittag, *die* Abend und *die* Nacht handelt, schreibt man diese Tageszeiten natürlich groß. Ebenso ähnliche Umschreibungen: am Morgen, gegen Mittag, morgen Abend, gute Nacht. Die Frist läuft übermorgen Mitternacht ab. Am Montagabend ist man noch müde vom Wochenende, und Freitagnacht geht dann turnusmäßig wieder die Post ab.

Aber sobald da ein s dranhängt, schreibt man klein, denn da zielt es doch eher auf Regelmäßigkeit, auf eine Umstandsbeschreibung: morgens, spätabends, wir treffen uns immer um acht Uhr abends, ich gehe immer dienstagabends zum Turnen. Aber natürlich: Bis morgen Mittag!

Das Mittagessen wird, das sagt schon der Name, zu Mittag gegessen.

Ich musste meinem Prof tagelang, wochenlang, ach, was sage ich, monatelang hinterherlaufen!

2.3.4 Datum

Wird ein Datum beispielsweise in einem Formular verwendet, schreibt man es in Zahlen: 16. 09. 1965. Nach jedem Punkt setzen Sie bitte ein geschütztes Leerzeichen. Wenn ein Datum im Fließtext auftaucht, schreibt man den Monat besser aus:

Der 16. September 1965 war wirklich einer der wichtigsten Tage in der westeuropäischen Literaturgeschichte.

In dem Fall setzen Sie bitte wieder zwischen der Zahl und dem Monat ein geschütztes Leerzeichen.

Und jetzt kommt ein Thema, das sollten Sie sich gut merken. Denn es wird Ihnen garantiert in nächster Zeit auffallen, dass irgendjemand in Ihrem Umfeld vom Mai diesen Jahres sprechen wird. Gut, es muss jetzt nicht unbedingt der Mai sein, Sie verstehen schon, es geht um dieses »diesen«.

Man sagt und schreibt gern, und das völlig zu Recht, im Mai letzten Jahres und im Mai nächsten Jahres. Denn das bedeutet, leicht verkürzt, im Mai »des« letzten (bzw. nächsten) Jahres. Nun haben wir uns angewöhnt, das »des« wegfallen zu lassen. Wer es nicht besser weiß, meint, wenn es Mai letzten und Mai nächsten Jahres heißt, dann wird das wohl auch für den Mai diesen Jahres zutreffen. Mehr noch: Es scheint so zu sein, dass viele Menschen glauben, Mai diesen Jahres wäre die elegantere, geschliffenere Formulierung. Doch weit gefehlt: Mai diesen Jahres müsste also vollständig »Mai des diesen Jahres« lauten. Und das ist natürlich Blödsinn. Der einzig zulässige Genitiv lautet: Mai dieses Jahres. Ohne Wenn und Aber. Und wenn es Ihnen nicht unangenehm ist, sich als Besserwisser zu entlarven, dann machen Sie doch denjenigen, der Ihnen diesen Patzer als Nächster präsentieren wird, einfach mal darauf aufmerksam. Die Wahrscheinlichkeit, dass Ihnen auf Anhieb geglaubt wird, ist nicht groß, ebenso wenig[18], dass man Ihnen dankbar sein wird. Es ist total verrückt: Dieser Fehler hat laufen gelernt, ist selbstständig geworden. Kürzlich las ich doch tatsächlich über »Kinder diesen Alters«, und nur wenig später ging es um »Künstler diesen Ranges«. Das lassen Sie besser.

Zurück zum Datum. Wann treffen wir uns? Wir treffen uns am Montag, dem 16. 5., um zehn Uhr. Hier geht auch »den«, aber »dem« wird gemeinhin bevorzugt. Aber: Wir treffen uns Montag, den 16. 5., um zehn Uhr. Hier haben Sie keine Wahl. Eselsbrücke: *m*it »am« mit m, oh*n*e »am« mit n.

Wenn man eine Jahreszahl schreibt, sollte man sie einfach ausschreiben. Ende des vergangenen Jahrhunderts hatte man sich irgendwie an 98, 99 usw. gewöhnt. Und das nicht zuletzt auch wegen der gesprochenen Sprache: Man sprach eben lieber von dem Jahr neunundneunzig (Kleinschreibung!) als vom Jahr neunzehnhundertneun-

---

[18] Bitte merken: »ebenso wenig« u. Ä. immer getrennt schreiben.

undneunzig. Hier standen schließlich vier Silben gegen acht! Aber als dann das dolle, neue Millennium[19] anbrach, wäre daraus 00 geworden. Da dieser Begriff aber bereits im Sanitärsektor Verwendung findet, bürgerte sich 2000 ein. Lassen Sie uns einfach dabei bleiben: Jahreszahlen bitte vierstellig.

Und weil wir ja nicht mit Zeichen geizen möchten, schreiben Sie doch besser auch den Monat aus oder kürzen ihn ab. Denn mal ganz ehrlich, was gefällt Ihnen besser: Der Wagen wurde 06/00 zum ersten Mal zugelassen? Oder: ... im Juni 2000 ...?

Das führt uns auch gleich zu einem dieser versteckten Anglizismen. Bitte schreiben Sie nicht: Der Wagen wurde »in 2000« zum ersten Mal zugelassen. Das ist ein US-Import, auf gut Deutsch (und zwar im wahrsten Sinne des Wortes) heißt es richtig »... im Jahr 2000 ...«.

Wenn Sie Jahrzehnte benennen möchten, bieten sich Ihnen die folgenden Möglichkeiten:
- Es war in den Achtzigern.
- Es war in den 80ern.
- Es war in den Achtzigerjahren.
- Es war in den 1980-ern.
- Es war in den 1980er-Jahren.

Es sind also nicht die achtziger Jahre, nicht die 80-er und nicht die 1980er.

Meint man einen bestimmten Zeitraum, beispielsweise den von 1990–1998, so setzt man zwischen die Jahreszahlen einen Gedankenstrich ohne Leerzeichen.

Lässt man die ersten beiden Stellen entgegen der obigen Empfehlung weg, setzt man – anders als im anglo-amerikanischen Raum üblich – keinen Auslassungsapostroph. Man schreibt also 90–98 und nicht '90–'98.

---

[19] Ja, ja, ist ja gut, natürlich fing das neue Jahrtausend tatsächlich erst im Jahr 2001 an, aber darüber sehen wir jetzt einfach mal hinweg.

Und schließlich noch zum Thema Zeit bzw. Datum ein beliebter Fehler, und zwar der Unterschied zwischen -lich und -ig. Wir treffen uns vierzehntäglich heißt: alle zwei Wochen. Es handelt sich um ein vierzehntägiges Seminar meint: Es dauert vierzehn Tage lang! Also bitte nicht verwechseln.

2.3.5 Statistiken und Prozentzahlen

Mit ihnen lässt sich alles nur Erdenkliche beweisen und natürlich auch widerlegen. Sie sind allgegenwärtig, keine Zeitung kommt ohne aktuelle Umfragedaten aus, und in nahezu jeder wissenschaftlichen Arbeit tauchen sie auf: Statistiken und Prozentzahlen. Aber: Schon Englands Kriegspremier Sir Winston Churchill wusste: Traue nie einer Statistik, die du nicht selbst gefälscht hast.

Schon wenn man bewusst Statistiken verfälscht, ist das nicht gut. Noch schlimmer allerdings ist es, wenn man es unbewusst und fahrlässig tut.

Man mag es eigentlich nicht glauben, aber offenbar scheint es unfassbar schwer zu sein, Prozentzahlen mit der gebotenen Präzision anzuführen. Dabei besteht eine Prozentzahl im Prinzip aus lediglich zwei Komponenten: Man setzt damit einen Anteil und eine Grundgesamtheit in Relation zueinander. Und genau da liegt, so sagte man wohl in den Siebzigerjahren, der Hase im Pfeffer.

Denn nur zu oft gehen Verfasser vor allem wissenschaftlicher Arbeiten viel zu lax mit der genauen Beschreibung der Grundgesamtheit um. Und genau dann verliert jede Prozentzahl an Bedeutung – im besten Fall. Noch schlimmer ist es, wenn man durch mangelnde Präzision schlichtweg falsche Fakten vorstellt.

Wenn Sie Prozentzahlen vorstellen, dann achten Sie bitte darauf, dass Sie auch die gesamte Skala ausnutzen. Schauen Sie sich einmal das folgende Originalfundstück an:

Hier gaben 37,2 % der befragten Personen an, die blaue Verpackung der roten vorzuziehen. Davon waren 41,5 % männlich und 31,5 % weiblich.

Fehler Nummer 1: Wenn 37,2 % die blaue Verpackung bevorzugen, dann ist davon auszugehen, dass wesentlich mehr die rote präferierten. Wenn keine neutrale Antwort wie »weiß nicht« oder »bevorzuge keine« zugelassen war, dann müssten es exakt 62,8 % gewesen sein. Warum wird dann der vermeintlich gute, aber tatsächlich nur knapp halb so große Wert der blauen Verpackung vorgestellt?

Fehler Nummer 2: Wenn 41,5 % männlich und 31,4 % weiblich waren, welches Geschlecht verbirgt sich dann hinter den verbleibenden 28,1 %?

Noch ein Beispiel gefällig?

Die Statistik besagt, dass nur 8 % der Mädchen einen niedrigen Schulabschluss erworben haben, wogegen 56 % eine höhere Schulbildung erzielt haben.

Und was ist mit den verbleibenden 36 %? Sie erkennen: Solche nachlässig aufgearbeiteten Statistiken werfen wesentlich mehr Fragen auf, als sie Antworten liefern.

Darüber hinaus sollte man bei Vergleichen, Änderungen, Wachstumsraten etc. niemals den Bezug vergessen:

Die Branche schaffte eine Umsatzsteigerung um 16 % im Jahr 2008.

Natürlich schwingt da irgendwie schon mit, dass dieser Umsatzzuwachs »im Vergleich zum Vorjahr« bemessen wird. Aber wenn Sie diese vier Worte noch ergänzen, wird die dafür zusätzlich verbrauchte Tinte Sie ganz sicher nicht ruinieren, dem Leser aber Gewissheit geben.

Vor dem Prozentzeichen steht übrigens selbstverständlich immer ein Leerzeichen. Und auch die folgenden Hinweise sollten Sie beachten:

Altersgruppen beschreibt man so und nur so: 15- bis 25-Jährige.

Bitte achten Sie ganz besonders auf verbale Quantifizierungen. Sie werden häufig unpräzise und damit falsch oder zumindest verwirrend verwendet. Zum Beispiel der Unterschied zwischen »Großteil« und »zum großen Teil«. Der Großteil ist absolut gesehen mehr als die

Hälfte, ein großer Teil ein relativer, wertender und somit oft schwammiger Begriff.

Oder regelmäßig: Er trinkt regelmäßig Alkohol. Das bedeutet nicht zwangsläufig, dass es sich um eine Person handelt, die dem Alkoholkonsum stark zugeneigt ist. Denn auch derjenige, der einzig jedes Jahr zu Silvester ein halbes Glas Sekt trink, trinkt regelmäßig Alkohol.

Auch die folgenden Formulierungen sind bei genauem Hinsehen für fundierte Aussagen nicht tauglich, weil unpräzise und somit durch den Leser noch zu interpretieren: vor Kurzem, in letzter Zeit, meistens, die meisten, die wenigsten, nur wenige, viele, vor vielen Jahren, lange vor …

Besonders gefährlich sind auch wertende Präfixe, vor allem, wenn sie mehr oder weniger beliebig verwendet werden. Denn ob ein Anteil von 72 % überwältigend viel oder doch erfreulich wenig ist, ist eine Interpretation, die Sie besser dem Leser überlassen sollten.

Ein anderer Punkt: Bei mehr als, mindestens oder ungefähr sollte man runde Zahlen vorgeben und nicht so etwas hier:

Die Vereinbarung wurde von mehr als 178 Staaten unterschrieben.

Also von wie vielen? 179? Mehr als 170 wäre hier besser.

Auch andere Einschränkungen werden häufig ungenau verwendet:

Der Konzern ist weltweit in 190 Ländern vertreten und hat nur in Deutschland 125 Standorte.

Der Begriff »nur« hat eine Doppelbedeutung. Er meint einmal »ausschließlich« (also nirgendwo sonst) und einmal »allein«. Hier ist ausschließlich »allein« sinnvoll.

Ob man nun zweimal oder zwei Mal schreibt, ist auch relativ einfach auseinanderzuhalten.

Man schreibt zusammen, wenn nur der numerische Teil betont wird.

»Mama, ich möchte noch einmal auf die Rutsche!«

Man schreibt getrennt, wenn beide Wortteile betont werden:

> *»Auf keinen Fall, du warst da jetzt schon sechs Mal drauf!«*

Oder anders: Der zweimalige deutsche Meister war natürlich zweimal deutscher Meister. Hier steht die Zahl im Vordergrund und nicht der Akt.

> *Ich habe jetzt schon drei Mal versucht, bei ihr zu landen und werde es auch weiter versuchen.*

2.4 Beliebte Fehlerquellen

2.4.1 *Dass und daß und Fass und Fuß*

Seit der Rechtschreibreform wurde das daß mit ß abgeschafft und durch dass mit ss ersetzt. Das bedeutet aber noch lange nicht, dass das ß an sich abgeschafft worden wäre, auch wenn das viele zu glauben scheinen. Das ß ist uns sehr wohl erhalten geblieben, und mit ihm ganz simple Regeln, wie es zu verwenden ist beziehungsweise wann ss an seine Stelle tritt:

Nach einem langen Vokal setzt man grundsätzlich das ß: Buße, fließen, Fuß, groß, Maß, Muße, Soße und natürlich Straße.

Nach einem kurzen Vokal setzt man ss: das Fassbier, die Gosse, der Hass, die Flagge hissen, die Masse der Menschen (aber: die Maße von Giselle Bündchen), das Ross, vermissen.

Wann immer ein sogenannter Diphthong auftaucht, also zwei Vokale, die zu einem neuen verschmolzen sind (wie ai, äu, ei, eu, oi), wird immer ein ß gesetzt. Denn ein solcher Diphthong gilt quasi qua Amt als langer Vokal. Beispiel:

> *Ja, ich weiß, es ist äußerst heiß heute.*

Auch wenn man zum Beispiel im Falle von »heiß« (und »weiß«) wirklich darüber diskutieren kann, ob das jetzt ein kurzer oder langer Vokal ist – die Regel sagt: beim Diphthong immer ß.

Bitte aufpassen: Verwechseln Sie nicht im Überschwang den Diphthong mit dem Umlaut. Bei ä, ö, ü gilt die Ursprungsregel. Kurz ausgesprochen erfordern sie ss (hässlich, Nüsse), lang ausgesprochen hingegen ß (Größe und müßig).

Jetzt fragen Sie sich vielleicht: Warum liest man dann immer mal wieder in Adresszeilen: Goethestrasse 14? Das wird wohl daher kommen, dass Straßennamen – zum Beispiel zu Werbezwecken – schon mal in Großbuchstaben geschrieben werden. Und dann gilt die Regel: Aus ß wird dann – grundsätzlich und nur in dem Fall! – ss. Bitte schreiben Sie immer GOETHESTRASSE und nicht so etwas hier: GOETHESTRASSE, auch wenn man das leider viel zu oft sehen muss.

Die zweite Ausnahme betrifft die Korrespondenz mit dem Ausland. In dem Fall, und nur dann, bitte grundsätzlich mit ss arbeiten, insbesondere bei E-Mails, Internetadressen etc. Das ß hat außerhalb des deutschsprachigen Raums in den Zeichensätzen keinen Platz oder wird von der elektronischen Datenverarbeitung dann in lustige Zeichen verwandelt – ohne jeden tieferen Sinn.

2.4.2 Wider und wieder

Ich wette, den Unterschied zwischen wider und wieder haben Sie mal gelernt, das haben wir alle einmal. Aber sehr viel von dem hier Niedergeschriebenen haben wir alle schon mal irgendwann gelernt, man muss nur beizeiten[20] einmal daran erinnert werden. Und so einfach die Unterscheidung eigentlich ist, sooft passieren hier Fehler.

Grundsätzlich gilt: Wieder mit ie bedeutet »zurück«, »erneut«, wie etwa bei wiederbeschaffen, wiedererkennen, wiedergeben, wiederherstellen, wiederholen, wiederkommen, wiedersehen.

Wider mit einfachem i bedeutet »gegen«, wie zum Beispiel bei widerborstig, mir ist ein Unglück widerfahren (es richtete sich gegen

---

[20] Aha, siehe da, und schon wieder fällt eine feste Fügung einfach so vom Himmel. Zusammen, versteht sich!

mich), Widerhaken, Widerhall, widerlich, widerrechtlich, widersetzen, widersprechen, zuwider.

Und hier kommt nun ein Knackpunkt, und wenn man sich dieses Beispiel als Trennlinie merkt, kann einem nichts mehr passieren: widerspiegeln. Nun könnte man sagen, dass ein Spiegelbild eine erneute Abbildung ist, die das eigene Bild zurückwirft. Und ganz ehrlich: So falsch wäre das aus logischer Sicht auch nicht. Aber um im Bild zu bleiben: Wenn ich vor dem Spiegel stehe, wirft der mir mein eigenes Abbild »entgegen«, denn es handelt sich um eine Reflexion, mich gibt es nämlich nur einmal. Folglich schreibt man »widerspiegeln«. Nicht vergessen, denn das ist ein ziemlich wichtiges Wort, man sollte es sich gut merken. Gerade in wissenschaftlichen Arbeiten spiegelt die Meinung einer wichtigen und deswegen zitierten Person in der Regel etwas ziemlich Wichtiges wider. Und oft sind die beiden Wortbestandteile dann genauso weit auseinandergerissen wie in dem Satz zuvor, und das erhöht die Fehlerwahrscheinlichkeit offenbar erheblich.

Ich fasse zusammen: Es wird etwas widergespiegelt, aber wiedergegeben.

2.4.3 Als und wie

Wann immer Michael Schumacher, der mehrfache Formel-1-Weltmeister, etwas sagt, tut er's, und ich weiß nicht warum. Wovon ich rede? Von solchen Sätzen hier: »Wir müssen einfach schneller sein wie die anderen.«

Als, Schumi. Es heißt schneller als.

Dabei ist das doch eigentlich ganz einfach, aber offensichtlich schwerer, als man glaubt. Wann immer eine Steigerung im Spiel ist (im grammatischen Sinne, sachlich könnte es sich auch um eine Einschränkung handeln), wenn es also um eine Abweichung geht, verwendet man als. Wenn hingegen etwas auf Gleichheit zielt, dann wird wie verwendet. Diesen Unterschied zu beherrschen, ist ganz wichtig, denn Verfehlungen in dieser Disziplin gelten als echte Prolosünden – mit kaum einem anderen Fehler kann man sich so leicht bei denjenigen disqualifizieren, die auf so etwas Wert legen. Bitte denken Sie unabhängig von Ihrer Herkunft immer daran, dass es bei gehobenem Schriftdeutsch keine Rolle spielt, ob man aus Stuttgart, Leipzig, Emden oder Wien (oder auch Istanbul, Kopenhagen oder Miami) stammt und wie man sich mit seinen Nachbarn am Gartenzaun oder mit den Kumpels in der Kneipe austauscht: Die Regeln gelten für alle in gleichem Maße.

Merke also: Etwas oder jemand ist ärmer oder reicher, dümmer oder schlauer, größer oder kleiner, schöner oder hässlicher als etwas oder jemand anderes.

Aber, und das weiß jedes Kind: Schneewittchen hatte eine Haut weiß wie Schnee, einen Mund rot wie Blut und Haare so schwarz wie Ebenholz.

Manche glauben, zur Sicherheit nimmt man einfach beides, dann ist ja sicher die richtige Variante dabei. Aber »als wie« ist völlig tabu. Oder – halt, doch, eine Konstruktion ist denkbar, korrekt und leider nur zu oft auch zutreffend: Ich finde, du siehst eher aus wie Heidi Kabel als wie Heidi Klum.[21]

Ein paar Feinheiten:

- Es heißt doppelt so oft wie, auch wenn es dem Sinn nach eine Steigerung ist. Faktisch steht hier ein Vergleich.
- Bitte schreiben Sie immer: so lange wie möglich, auf keinen Fall so lange als möglich.
- Das ist nichts anderes als …
- Sie ist sowohl meine beste Freundin als auch meine härteste Kritikerin. (Mit sowohl bitte kein wie.)
- Ohne sowohl verwendet man wie statt als: Er wurde – wie auch sein Komplize – zu einer Haftstrafe verurteilt.

---

[21] Zur Ehrenrettung: Ich mag Frau Klum nicht besonders und finde sie wesentlich anstrengender als attraktiv. Ihr Erscheinen in dieser Allegorie ist allein der Pointe geschuldet.

- Mehr als die Hälfte.
- Er ist mehr als dumm: Er ist dämlich.
- Als er sich bückte, platzte ihm die Hose.

2.4.4 Einzigste und optimalste

Mit Superlativen sollte man in sachlichen Texten generell geizen, denn fast immer handelt es sich bei genauerem Hinsehen um eine unangemessene und subjektive Verzerrung oder Übertreibung. Und Superlative bergen eine ganz besondere Gefahr in sich: nämlich dass man Begriffe steigert, die nicht zu steigern sind. Prominentestes Beispiel: Dass es die einzigste Lösung nicht geben kann, ist ja hoffentlich bekannt.[22] Aber es gibt noch wesentlich mehr Adjektive, die man nicht steigern sollte[23]: endgültig, erstklassig, flächendeckend, ideal, leblos, maximal, minimal, optimal, rund, tot, universal, voll.[24] Streng genommen gilt es auch für: Ich war der Allererste! – der Erste reicht völlig. Hier kann man aber aus stilistischen Gründen Gnade vor Recht ergehen lassen.

Zu den Begriffen, die häufig falsch gesteigert werden, gehört auch optimal: Das war der optimalste Lösungsansatz. Optimal bedeutet: Es geht nicht besser, größtmöglich, unerreicht, maximal und lässt sich deshalb nicht steigern. Man sollte wirklich sehr sparsam damit umgehen, denn in den seltensten Fällen passt der Begriff auch. Wesentlich optimaler[25] ist der Begriff »optimiert«. Denn das bedeutet (zumindest im mathematischen Sinne): die günstigste Lösung für bestimmte Zielsetzungen. Aber oft reicht auch schlicht »der beste Lö-

---

[22] Wenn nein, dann hat sich die Anschaffung dieses Buches spätestens an dieser Stelle richtig gelohnt!

[23] Wenn Sie mal jemanden beeindrucken möchten: Diese Begriffe nennt man Elative. Aber immer dran denken: Solche gut gemeinten Erklärungen machen, im Plenum vorgetragen, nicht zwangsläufig beliebt.

[24] Natürlich lässt sich »voll« umgangssprachlich steigern. So wird nach einem Kegelabend am nächsten Tag gern per Manöverkritik eruiert, wer denn nun am vollsten war, aber diese Verwendung klammern wir hier einfach mal aus.

[25] Kleiner Scherz, damit Sie mir nicht einnicken.

sungsansatz«. Merke: Optimal ist nicht die elegantere Lösung von best(-er, -e, -es), sondern ein völlig anderer Begriff mit anderer Bedeutung.

Es gibt aber ein Beispiel, da kann paradoxerweise der Verzicht auf eine unangemessene Steigerung sogar gefährlich sein. In Zeugnissen werden gern Formulierungen wie »zu unserer vollsten Zufriedenheit« verwendet. Schreibt Ihnen Ihr Chef das nun in Ihr Zeugnis hinein, sollten Sie besser nicht Ihr neu gewonnenes Wissen einsetzen und eine Korrektur in »zu unserer vollen Zufriedenheit« fordern. Auch wenn Sie nun wissen, dass man »voll« eigentlich nicht steigern kann: Wenn da nicht »vollsten« steht, könnte man in der Personalabteilungs-Geheimsprache eine versteckte, relativierende Botschaft zu Ihren Ungunsten vermuten.

2.4.5 *Singular und Plural*

Das Problem der Lokalisierung von Singular und Plural ist ein ganz massives – kaum ein Text, in dem nicht mindestens ein derartiger Fehler vorkommt. Selbst Profis haben manchmal ihre liebe Last mit diesen populären Unregelmäßigkeiten.

Aber auch wenn man selbst gern darüber hinwegliest, bedeutet das nicht, dass wir über dieses Thema oberflächlich hinweggehen. Vielmehr geschieht nun das Gegenteil: Sie finden in der folgenden ausführlichen Aufstellung einige typische Fehler in diesem Bereich.

Schauen Sie sich bitte einmal die folgenden beliebten Formulierungen an: eine Reihe von Autoren, eine Vielzahl von Gegnern, ein Bündel von Maßnahmen, eine Gruppe von Wissenschaftlern, ein kleiner Teil der Befragten, eine große Anzahl Mitglieder. Ihnen allen ist gemein, dass immer eine Mehrzahl von Subjekten gemeint ist.

Aber: Bezieht man sich darauf, muss man in den Singular schwenken. Es lautet also richtig: Eine Reihe von Autoren hat etwas bestätigt – und nicht »haben«, auch wenn es mehrere sind. Denn das Verb »bestätigen« zielt unmissverständlich auf die Reihe, und das ist eben nur eine.

*Eine Vielzahl von Gegnern **wurde** geschlagen.*

*Ein Bündel von Maßnahmen **wird** auf der morgigen Sitzung verabschiedet.*

*Ein kleiner Teil der Befragten **stimmt** der Aussage zu.*

*Eine große Anzahl Mitglieder **verließ** aus Protest die Versammlung.*

Das hier geht also nicht:

*Bei der Beurteilung einer Straftat **sind** eine Reihe von Motiven zu berücksichtigen.*

*Ein Großteil dieser Einrichtungen **waren** privat organisiert und finanziert.*

Die zweite ganz wichtige Regel lautet: Wann immer Sie etwas aufzählen, müssen Sie in den Plural wechseln. Dabei gilt es natürlich, den Begriff Aufzählung nicht zu eng zu fassen. Das hier ist falsch:

*Ohne eine entsprechende Beleuchtung **ist** das Gesicht und die Figur nicht richtig zu erkennen.*

Es muss natürlich »sind« heißen.

Dasselbe gilt selbstverständlich auch, wenn anstelle von »und« eine andere Konjunktion wie zum Beispiel »oder« verwendet wird.

*Die Oberflächlichkeit oder die Nachlässigkeit **ist** ein wichtiger Punkt bei der Bewertung.*

Auch hier müsste es »sind wichtige Punkte« heißen. Eine Ausnahme: wenn zwei Begriffe annähernd synonym verwendet werden.

*Ihre Grazie und Anmut **war** einzigartig.*

Das geht, weil die beiden Begriffe in ihrer Bedeutung so eng beieinanderstehen, dass sie quasi dasselbe beschreiben.

Hier wiederum muss der Plural verwendet werden:

*Die Illusions- und die Manipulationstechnik **dienen** schließlich einem Zweck, nämlich der Überlistung der Verbraucher.*

Denn Illusion und Manipulation liegen – trotz Ähnlichkeit – tatsächlich zu weit auseinander, um darunter einen einheitlichen Begriff zu verstehen.

> *Die subjektive Gesundheit bzw. die gesundheitsbezogene Lebensqualität der Kinder **unterscheidet** sich je nach sozioökonomischem Hintergrund.*

Falsch, es muss natürlich »unterscheiden« heißen.

Auch das hier ist falsch:

> *Es **wurde** der maximal zu erwartende Erfolg und der minimal zu erwartende Aufwand ermittelt.*

Es muss lauten: »wurden«.

Was halten Sie denn von diesem Satz hier?

> *Die Kenntlichmachung der eigenen Gruppe und der Differenz zur anderen Gruppe **beruht** dabei auf festen Strukturen.*

Die Antwort lautet: Das ist korrekt. Hier müssen Sie selbstverständlich den Singular verwenden, denn es geht allein um die Kenntlichmachung. Und was ist hiermit?

> *Die Kenntlichmachung der eigenen Gruppe und **die** Differenz zur anderen Gruppe **beruhen** dabei auf festen Strukturen.*

Merken Sie was? Wir verändern nur ein einziges Wort und kaum den Sinn, aber schon sind wir in einer reinrassigen Aufzählung gelandet und müssen daher den Plural verwenden.

> *Betrunkene sagen gern die Wahrheit und fallen meist durch ihr impulsives Verhalten auf. **Dieses** führt oft zu körperlichen Auseinandersetzungen.*

Wenn Sie sich dieses »Dieses« genau betrachten, fällt Ihnen auf: Dieses »Dieses« ist Singular und würde somit nur auf ein mögliches Problemverhalten zielen. Entscheidet man sich hingegen für »Dies« – eine etwas biegsamere Variante –, so ist der Fehler eliminiert. Denn mit »dies« kann man sich sowohl auf Begriffe in der Einzahl wie in der Mehrzahl beziehen.

Und wieder ein etwas einfacheres Beispiel:

*Hier **wird** mithilfe von Marktforschungsdaten und Sekundärliteratur die wirtschaftliche Situation der betroffenen Unternehmen dargestellt und mögliche Entwicklungs- und Marketingpotenziale geprüft.*

Richtig oder falsch? Falsch. Es muss »werden« lauten, weil zwei unterschiedliche Aktionen beschrieben werden.

***Das Ziel** dieses Konzepts ist die Förderung persönlicher und sozialer Kompetenzen der Studierenden und eine Vermittlung von allgemeinen Lernstrategien, um ein Gelingen des Studiums zu garantieren.*

Hier müssen es natürlich zu Beginn »Die Ziele« sein, denn es werden ja schließlich zwei genannt und nicht nur eines.

*Es wird klar, dass ein schlechtes Verhältnis zwischen Chef und Mitarbeiter sowie Stress mit den Kollegen die Lust an der Arbeit erheblich beeinträchtigen **kann**.*

Eben nicht. Es muss heißen: »können«.

*Somit **wurden** die Zwischenprüfung durch den Bachelor und das Diplom durch den Master ersetzt.*

Richtig? Richtig. Es sind zwei Änderungen, die durchgeführt »wurden«.

*Leiharbeiter wurden zu einer billigen, flexiblen Arbeitsmarktreserve, die jederzeit kündbar **war**.*

Oder doch »waren«? Sagen wir es mal so: Auf jeden Fall ist »war« richtig, weil es auf die Reserve zielt. Auf der anderen Seite würde »waren« auf die Leiharbeiter zielen, und daran könnte sich ein kritischer Leser stoßen.

*In der letzten Szene des Films **steigt** gewöhnlich die Spannung und der Verbrauch an pyrotechnischem Material noch einmal an.*

Falsch. Es muss lauten: »steigen«.

*Sie wollte gerichtlich durchsetzen, dass sie sich nicht mehr dem Willen ihrer Familie beugen muss und dass ihr das Recht auf Selbstbestimmung und freie Entfaltung **zusteht**.*

Das ist korrekt, denn »zusteht« zielt auf das Recht.

*Im Laufe der Jahre **haben** sich die eine oder andere Erfahrung angesammelt.*

Falsch, denn »Erfahrung« steht im Singular. Deswegen »hat«, auch wenn eigentlich die Mehrzahl gemeint ist.

*Sie übernahm wirklich sehr viel mehr Aufgaben im Haushalt. Dieser Aspekt – gepaart mit ihren Forderungen, dass er seine Socken aufheben und seine Bartstoppeln aus dem Waschbecken entfernen soll – **machen** für ihn ein Umdenken erforderlich.*

Falsch, hier muss es »macht« heißen, denn dies zielt auf den Aspekt. Der Einschub in Parenthese spielt grammatisch gesehen keine Rolle.

*Die Deutlichkeit ihrer Worte und die Tragweite der Drohungen **machte** ihm deutlich: Er bewegte sich auf sehr dünnem Eis.*

Falsch, »machten«, denn es sind zwei böse Omen.
Wo ist hier der Fehler?

Ein charakteristischer Gegenstand ist beispielsweise die Einstellungen der Interviewpartner zu bestimmten Themen und die Bewertung der Erhebungssituation.

Er liegt schon am Satzbeginn: Denn es folgt nicht nur ein charakteristischer Gegenstand, sondern es werden zwei unterschiedliche Aspekte genannt.

*In seinen kläglichen schriftlichen Entschuldigungen **kam** das Gefühl der Hilflosigkeit und der Wunsch zur Besserung regelmäßig vor.*

Falsch, es muss heißen: »kamen«.

Letztes Beispiel:

An dieser Stelle wird noch einmal die Auswirkung einzelner ausgewählter Faktoren auf das Antwortverhalten näher analysiert.

Das ist mit an Sicherheit grenzender Wahrscheinlichkeit falsch, denn unterschiedliche Faktoren werden garantiert auch unterschiedliche Auswirkungen haben. Richtig ist also:

*An dieser Stelle **werden** noch einmal die Auswirkung**en** einzelner ausgewählter Faktoren auf das Antwortverhalten näher analysiert.*

Vielleicht an dieser Stelle ein paar relativierende Bemerkungen zu dieser Königsdisziplin. Sie haben recht, es ist schon schwer genug, hier die Fehler zu erkennen, selbst wenn man mit der Nase darauf gestoßen wird. In einem fließenden Text – erst recht, wenn es der eigene ist – ist es wirklich nicht einfach, solche Schnitzer zu finden. Und manchmal wirkt der Plural tatsächlich unecht und vielleicht sogar falsch. Dies liegt aber leider oft nur daran, dass wir uns an die unkorrekte Verwendung gewöhnt haben.

Und auch wenn der strenge Oberlehrer in mir sagt, dass man sich grundsätzlich keine Fehler erlauben sollte (und erst recht seinem Leser keine derartigen Tipps geben sollte): Rutscht Ihnen einer von diesen hier mal durch, dann wird Ihnen in dem Fall garantiert niemand den Kopf abreißen.

2.4.6 Kongruenz und Ellipsen

Keine Angst, wir verlassen jetzt nicht die Gefilde der deutschen Sprache und tauchen in die Geometrie ein. Vielmehr handelt es sich bei diesen beiden aus der Mathematik entlehnten Begriffen um einen mindestens ebenso komplizierten Fall wie den vorherigen, tatsächlich sind beide Themengebiete artverwandt.

Unter einer Ellipse versteht man in der Sprachwissenschaft einen unvollständigen Satz, in dem bestimmte, eigentlich erforderliche Satzteile fehlen. Man unterscheidet zwei Formen von Ellipsen. Zum einen solche hier: Rasen betreten verboten! Korrekt müsste dieser Satz eigentlich heißen: Den Rasen zu betreten ist verboten. Oder: Kommt darauf an! Korrekt müsste es heißen: Es kommt darauf an. Zum anderen solche, bei denen in bestimmten Sätzen ähnliche beziehungsweise identische Formulierungen ausgespart werden, oft, um sich nicht unnötig zu wiederholen – und hier tauchen häufig Schwierigkeiten auf.

Der Präsident begrüßte die Freunde und Förderer des Vereins.

Hier könnte vor »Förderer« auch noch ein »die« stehen, aber man kann eben auch darauf verzichten.

Und das führt uns zum Stichwort der Kongruenz: Denn solche Aussparungen dürfen nur vorgenommen werden, wenn die beiden so verbundenen Begriffe beziehungsweise Satzteile in allen drei wichtigen Determinanten übereinstimmen: in Genus, Kasus und Numerus, oder auf Deutsch: im Geschlecht, im Fall und in der Zahl. Wohl gemeint: kumulativ, das bedeutet, alle drei Merkmale müssen übereinstimmen, zwei genügen nicht.

Und weil sich dieses Problem kaum in derartigen Trockenübungen beschreiben und erst recht nicht erklären lässt, folgt nun, wie im Kapitel zuvor, eine erkleckliche Reihe an Beispielen.

Es wird der Prozess der Gesetzgebung, der im Parlament stattfindet, kurz durchleuchtet und speziell daraus Kriterien abgeleitet, die der jeweilige Ausschuss erfüllen muss.

Das ist falsch. Denn hier teilen sich »der Prozess« und »die Kriterien« das »wird«. Das funktioniert nicht. Korrekt muss es heißen: »Es werden der Prozess …« Oder die elegantere Lösung:

Es wird der Prozess [...] kurz durchleuchtet, und speziell daraus werden Kriterien abgeleitet, die der jeweilige Ausschuss erfüllen muss.

Nächstes Beispiel:

Bei Problemen mit einer wissenschaftlichen Abschlussarbeit ist der Prüfer rechtzeitig und umfassend zu unterrichten und die geplanten Maßnahmen mit ihm zu beraten.

Auch hier lautet die Lösung: … zu unterrichten, und die geplanten Maßnahmen »sind« mit ihm zu beraten.

Mehr als die Hälfte der Nachwuchsspieler, die den Sprung in die erste Mannschaft geschafft haben, stammt aus dem Verein bzw. Organisation selbst.

Es ist der Verein, aber die Organisation. Und deswegen muss vor der Organisation das »der« als direkter Artikel eingefügt werden. Ohne ist falsch.

Besonders gern treten derartige Fehler bei Aufzählungen auf.

Grundlage für gutes Deutsch ist ein angemessener Wissensstand über die Grammatik, Orthografie und Stil.

Da am Ende der »Stil« auftaucht, sollte man sich entscheiden: Entweder wird jeder der drei Begriffe mit dem passenden Artikel versehen oder man verzichtet ganz darauf.

Überhaupt sollte man, das hier vielleicht schon einmal als Zwischenfazit, mit der Aussparung von derartigen Satzteilen sparsam umgehen; die Gefahr, einen Fehler zu fabrizieren, ist sehr groß. Gönnen Sie sich doch einfach ein bisschen Ausführlichkeit, und haben Sie nicht allzu viel Angst vor unangemessener Wiederholung.

Neben ihrem Glauben an und Wissen um die richtige Verkaufsstrategie zeichnen sich gute Vertriebler durch grenzenlose Schmerzfreiheit aus.

Mal ganz ehrlich: »Wissen« ohne ein erneutes »ihrem« davor wirkt doch irgendwie verwaist, oder nicht? Sehen Sie: Hier stellt sich eigentlich nur peripher die Frage, ob diese Aussparung nun grammatisch richtig ist, weil es eigentlich doch der Glaube, aber das Wissen ist. Vielmehr drängt sich ein zweites »ihrem« regelrecht auf, einfach aus ästhetischen Gründen!

Seine Aufgaben als Teamleiter umfassen insbesondere die Kontrolle der Qualität, Zeiten und Termine.

Das ist nun wirklich ein wunderbares Beispiel. Es handelt sich hier um die Qualität, die Zeiten und die Termine. Auf den ersten Blick glaubt man, das wäre hier derselbe bestimmte Artikel. Da es sich aber einmal um einen Begriff im Singular und zweimal um Begriffe im Plural handelt, ist die Verwendung lediglich eines Artikels falsch. Richtig lautet es: »… die Kontrolle der Qualität, der Zeiten und der Termine«. Hier würde ich Ihnen nicht empfehlen, im letzten Fall noch einmal auf den Artikel zu verzichten, auch wenn das regelgerecht wäre.

Fraglich ist, wer die Gewinnverteilung zwischen den Anteilseignern und Management der Gesellschaft regelt.

Auch hier gilt: Entweder wird kein Artikel gesetzt (»zwischen Anteilseignern und Management«) oder in beiden Fällen (»zwischen den Anteilseignern und dem Management«).

Im Fokus stehen hier nun die strafbaren Handlungen, die von oder unter Beteiligung interner Mitarbeiter begangen wurden.

Das geht so nicht. Korrekt müsste es lauten: »…, die von internen Mitarbeitern oder unter Beteiligung interner Mitarbeiter begangen wurden.« Und das hört sich natürlich katastrophal an. Deswegen sollte man diesen Satz, anstatt in eine Ellipse auszuweichen, auch umformulieren: »…, die von internen Mitarbeitern oder unter ihrer Beteiligung begangen wurden.«. Problem gelöst.

Manchmal sind die Ellipsen zwar grammatisch zulässig, aber nicht eindeutig:

Sein Fachgebiet war deutsche Politik und Geschichte.

Hier wird nicht deutlich, ob er nun ein Experte für Geschichte allgemein oder nur für die deutsche Geschichte ist.

Ich könnte hier noch eine Menge weiterer Beispiele und zusätzlicher Regeln aufführen, aber das soll uns nicht weiter belasten, denn die obige Aufstellung zeigt die wichtigsten und vor allem häufigsten Fehler und hat Sie hoffentlich für diese Problematik sensibilisiert.

2.4.7 Der Imperativ: Los, sprich!

Zu einem besonderen Problem vor allem der gesprochenen und weniger der geschriebenen Sprache gehört die Befehlsform, der sogenannte Imperativ. Derartige Formulierungen sind oft in der Grauzone zwischen resthöflicher Autorität und Beleidigung angesiedelt. Und wenn man jemanden schon so angeht, dann sollte man sich wenigstens korrekt ausdrücken. In einer solchen Situation sollte man sich von seinem Gegenüber besser nicht korrigieren lassen. Das würde nur unnötig den sprichwörtlichen Spieß umdrehen.

Wenn eine Mutter ihr Kind mit Nachdruck auffordern möchte, seinen Teller leer zu essen, dann sagt sie nicht: »Los, esse!«, sondern »Los, iss!«. Und wenn sie es zum Reden bringen möchte, sagt sie selbstverständlich auch nicht: »Los, spreche!«, sondern »Los, sprich!« Wenn jemand seinen bisherigen Posten aufgeben soll, sagt man besser: »Tritt zurück!« als »Trete zurück!«. Beim Abschied von einer geliebten Person ruft man ihr am Bahnhof mit dem weißen Taschentuch in der Hand nicht hinterher: »Vergesse mich nicht!«, sondern »Vergiss mich nicht!«. Weitere geläufige Imperative sind: gib!, hilf!, nimm!, lies!, sieh!, stiehl!, stirb!, verdirb!, wirf!

Verwendet man einen Imperativ in der Schriftform, sollte man am besten den korrekten Abschluss wählen, um die Sache rund zu machen. Am Ende sollte das autoritärste und entschiedenste aller Satzzeichen stehen: das Ausrufezeichen.

Die Bildung des Imperativs ist eigentlich ganz einfach: Man benutzt die Verbversion der 2. Person Singular, die da lautet: Du isst zu wenig, du trittst ins Fettnäpfchen, du vergisst zu viel. Und dann streicht man einfach die Endung. Eigentlich nicht so kompliziert, aber da man im gesprochenen Deutsch in der Regel nicht viel Zeit hat, über diese Regel nachzudenken, sollte man die wichtigsten Imperative kennen.

2.5 Von Photograph und Fotograf und Portemonnaie und Portmonee

Nun lassen Sie uns ganz kurz ein Thema streifen, das zwar bei der Konzeption und der ersten Durchführung der Rechtschreibreform unglaubliche Wellen geschlagen hat, das aber in der täglichen Praxis etwas an Bedeutung verloren hat. Was war das für ein Geschrei, dass man Delfin von nun an mit f schreiben sollte! Es stellt sich natürlich die Frage, wie oft man das Wort Delfin schreibt, wenn man nicht gerade Schwimmmeister ist oder Pressesprecher des Duisburger Zoos. Aber da sind wir auch schon bei einem der großen Knackpunkte: An einigen Stellen wurde nämlich aus dem ph ein f, und an anderen Stellen nicht. Das ist leider nicht schlüssig gelöst worden und deswegen auch ein unangenehmes Thema. Die Grafik schreibt man nun mit f, ebenso den Grafiker, die Soziodemografie, die Geografie und alle anderen -grafien auch. Nur der vor allem in der Mathematik bekannte Graph hingegen wird weiterhin mit ph geschrieben. Der Fotograf wird nun vorne und hinten mit f geschrieben, die Euphorie bleibt, wie sie war, und die Phobie natürlich auch, ebenso die Amphibie, das Aphrodisiakum, die Atmosphäre. Also bitte merken: Schauen Sie besser nach, wenn Sie sich nicht sicher sind. Denn tatsächlich: Auch die Fantasie wird nun mit f geschrieben, ob es uns gefällt oder nicht. Auf die Rechtschreib-»Hilfe« Ihrer Textverarbeitung würde ich mich nicht verlassen, Spezialsoftware löst dieses Problem hingegen hundertprozentig verlässlich.

Außerdem wurde in zahlreichen Fällen auch t gegen z ausgetauscht, und zwar immer dann, wenn ein entsprechend eindeutiger z-Zischlaut vorliegt: Aus Potential wurde Potenzial, aus existentiell wurde existenziell, und essentiell heißt nun essenziell. Aber prätentiös bleibt prätentiös, und weiß der Henker, ob das nun eine echte Begründung hat oder einfach nur vergessen wurde.

Selbiges gilt für die teilweise »Ent-Französisierung« der deutschen Sprache. Auch hier muss man nicht jede Änderung logisch finden. Das Resümee wird nun so und nicht anders geschrieben, ebenso das Amüsement (früher waren keine Pünktchen auf dem u). Unser Geldbeutel soll eigentlich neuerdings Portmonee geschrieben werden, aber der Duden steuert dem entgegen: Er empfiehlt weiterhin das schöne alte Portemonnaie. Die Sauce schreibt man jetzt Soße, nur in der Fachsprache ist es die Sauce. Logisch? Nein, kein bisschen. Immerhin: Baguette bleibt Baguette und wird nicht etwa »Bagett« geschrieben. Und beim Duft des Weines beziehungsweise bei einem Strauß Blumen kann sich nicht einmal der Duden entscheiden, ob er nun die Schreibung Bouquet oder Bukett empfehlen möchte.

Und wer meint, ganz weit vorne zu sein, weil er weiß, dass der Friseur jetzt Frisör geschrieben wird, liegt auch falsch. Der Duden empfiehlt, beim gewohnten Friseur zu bleiben, wohl um uns nicht auch zum Montör, Massör oder zum Amatör zu verführen.

Dass man Stängel nun mit ä schreibt, weil das Wort von der Stange abstammt, und Gämse auch (wegen Gams), das muss man sich nicht unbedingt merken. Ebenso wenig, dass wir um ein Haar Paket mit ck hätten schreiben müssen, weil es sich von Packen herleiten lässt. Dazu ist es Gott sei Dank nicht gekommen.

Und bitte beachten, das ist nun wirklich wichtig, weil ich es ungefähr in jeder fünften Arbeit korrigieren muss: Aufwendig schreibt man weiterhin mit e. Zwar wollten uns die Reformer weismachen, es müsse mit ä geschrieben werden, weil es schließlich von Aufwand abstammt, aber diese Reform wurde wieder einkassiert. Also bitte merken: Alles aus dem Bereich Grafik und -grafie (Demo-, Geo-, Foto- etc.) sowie Fantasie schreibt sich mit f, alles, was aus dem Französischen übernommen wurde, nachschauen, und aufwendig immer mit e schreiben.

3   ZEICHENSETZUNG

So wichtig die regelkonforme Rechtschreibung für einen gelungenen Text auch ist, mindestens genauso wichtig ist die korrekte Zeichensetzung. Die Erfahrung, die ich bei dem Lektorat von unzähligen Arbeiten bis hin zur Habilitation gemacht habe, ist die hier: Es ist eindeutig das schwierigere und somit fehleranfälligere Thema. Und die Königin unter den Fehlerquellen ist zweifellos die richtige Kommasetzung. Aus diesem Grund werden wir nun auch damit starten.

3.1 Das Komma

Wie gesagt: Auch hier handelt es sich um eine Königsdisziplin. Die Kommasetzung ist ein zugegebenermaßen nicht ganz einfaches Thema. Aber die Schwierigkeit steht tatsächlich in keiner Relation zu den Lücken, die ein durchschnittlicher Universitätsabsolvent in der Regel aufweist. Spricht man die Betroffenen darauf an, bekommt man meistens eine amüsierte, sich selbst gegenüber relativ nachsichtige Erklärung: »Ja, ja, ich weiß, da hab ich so meine Probleme!«.

Ganz ehrlich? Die Tatsache, dass offensichtlich kaum jemand diese Regeln in ausreichendem Maße beherrscht, ist wirklich nur ein schwaches Argument dafür, diese Defizite auch zu rechtfertigen oder sie einfach hinzunehmen. Richtig ist, dass es vor der Rechtschreibreform teilweise enorm komplizierte Regeln für die Zeichensetzung gab, die bis in den letzten Winkel wirklich nur von ein paar Auserwählten beherrscht wurden. Aber sie wurden dann erheblich überarbeitet, und nun sind die Regeln wirklich für jeden, der nur ein bisschen guten Willen mitbringt, nachvollziehbar.

Bitte glauben Sie dem Profi: Ihre Rechtschreibung kann sein, wie sie will: Wenn die Interpunktion – und hier natürlich vor allem die

Kommasetzung – nicht stimmt, dann sieht das wirklich nicht gut aus. Oder lassen Sie es uns positiver formulieren: Beherrschen Sie die Regeln der Kommasetzung einigermaßen sicher, können Sie, weil es ja sonst kaum einer kann, bei kritischen Lesern richtig punkten.

3.1.1 Kommasetzung leicht gemacht

Zu allererst: Bitte verabschieden Sie sich von dem Gedanken, eine korrekte oder auch nur akzeptable Art und Weise der Kommasetzung wäre das Vorgehen nach Gefühl oder mit der Gießkanne. Das geht in 100 % der Fälle in die Hose. Und auch wenn Sie nach sechs, sieben oder acht Wörtern allmählich nervös werden und glauben, es würde jetzt allmählich Zeit für ein Komma: Es gibt auch Sätze mit 20 oder 25 Wörtern, die kein Komma benötigen. Belege dafür folgen gegen Ende dieses Kapitels.

In der Schule haben wir gelernt, dass ein Komma immer dann gesetzt wird, wenn man beim Sprechen eine Pause macht. Und das ist eine verdammt gute Regel. Nur leider liest man sich in den seltensten Fällen einen Text, den man schreibt, auch laut vor. Manchmal neigt man in Gedanken dazu, das Komma nicht dorthin zu setzen, wo man eine Sprechpause machen würde, sondern man legt eine Pause ein, wo man gern ein Komma setzen würde. Und dann verliert diese griffige Regel natürlich völlig an Bedeutung. Ebenso, wenn man bei besonders langen Sätzen glaubt, einem würde gedanklich der Atem ausgehen und man müsse eine kleine Pause einlegen, um Luft zu holen. Diese Pausen sind nicht gemeint. Aber diese Regel ist wirklich nur dazu da, damit Sie Ihr Gefühl walten lassen. Da das aber erfahrungsgemäß nur in den seltensten Fällen tatsächlich klappt, kommen nun die wichtigsten Grundsätze, die man beherrschen sollte.

3.1.2 Nebensätze

Eine der gängigsten Konstruktionen der Kommasetzung ist der eingeschobene Nebensatz. Hier drei Beispiele:

Die Hoffnung, die Klausur bestanden zu haben, wurde leider nicht erfüllt.

Er sagte, dass er nur eben Zigaretten holen wolle, und kam nie zurück.

Die Biersorte, die mir am besten schmeckt, steht in meinem Kühlschrank.

Und woran erkennt man einen eingeschobenen Nebensatz? Ganz einfach: Er unterbricht den Fluss des Satzes und erklärt den Begriff, der davor steht, etwas präziser. Würde dieser Einschub dort nicht stehen, so würde das kommunikative Gegenüber sofort fragen: Welche Hoffnung? Was sagte er denn? Welche Biersorte?

Bei dem ersten Komma tauchen in der Regel kaum Probleme auf. Allerdings das zweite, das den eingeschobenen Nebensatz wieder schließt, das wird sehr gern vergessen.

Bitte denken Sie immer daran: Eingeschobene Nebensätze müssen immer mit zwei Kommas eingegrenzt werden.

Aber manchmal kann die falsche Kommasetzung auch dazu führen, dass sich der Leser vor den Kopf gestoßen fühlt.

Der erste Bundeskanzler der Bundesrepublik Deutschland Konrad Adenauer trug gern Hut.

Setzen Sie vor und nach dem Namen keine Kommas, so denkt der Leser, Sie halten ihn für so blöd, dass er nicht in der Lage ist, von allein zu wissen, wer der erste Kanzler der Republik war. Sie halten also den Namen für eine wichtige Info, die Sie dem Leser mitteilen möchten. Das impliziert: Sie war auch für Sie neu – ein heißes Eisen, vor allem in wissenschaftlichen Arbeiten. Anders mit Kommas:

Der erste Bundeskanzler der Bundesrepublik Deutschland, Konrad Adenauer, trug gern Hut.

Hier wird klar: Sie wissen, dass das jeder weiß, und erwähnen es nur der Vollständigkeit halber. Auf diese Kommas sollten Sie nicht verzichten, wenn zum einen für den Begriff davor nur eine einzige Person infrage kommt, und wenn zum anderen jeder durchschnittliche Leser Ihrer Arbeit wissen sollte, um wen es sich dabei handelt.[26]

Hier würden die Kommas nicht funktionieren: »Der zweimalige Formel-1-Weltmeister, Fernando Alonso, hat …«, denn u. a. auch Mika Häkkinen konnte in der Königsklasse des Motorsports zweimal als Weltmeister die Saison beenden. Daher müsste man in dem Fall auf sie verzichten.

Manchmal ist aber eine solche Kommasetzung quasi unverzichtbar, um eindeutig zu sein.

Hubert tötete den Sohn des Fürsten Karl und gelangte selbst an die Macht.

Wer war denn nun Karl? Der Sohn, der getötet wurde? Oder der Vater desjenigen, der ins Jenseits befördert wurde? Mit zwei Kommas ist plötzlich alles klar:

Hubert tötete den Sohn des Fürsten, Karl, und gelangte selbst an die Macht.

Karl ist also der Sohn!

3.1.3 Das unbeliebteste Komma aller Zeiten: Infinitiv und zu
Bei dem nun folgenden Themenkomplex handelt es sich, ich wage diese extreme Formulierung, um den verbreitetsten Fehler überhaupt.

Es dreht sich hier alles um das Thema »Infinitiv und zu«. Gleich hier ein einfaches Beispiel:

Er hielt an, um zu tanken.

Ein anderes:

Diese Ziele gilt es, ökonomisch effizient im Sinne eines günstigen Input-Output-Verhältnisses zu erreichen.

Die Regel lautet: Wann immer man einen Infinitiv, wie hier »tanken« oder »erreichen«, mit »zu« kombiniert, wenn daraus also eine Erklä-

---

[26] Oder natürlich, wenn Sie die Chuzpe haben, das einfach mal vorauszusetzen.

rung oder eine Folgerung resultiert, oft eine Aufgabe, ein Plan oder Ähnliches, dann muss man ein Komma setzen. Und das wird so unfassbar oft falsch gemacht, dass ich Ihnen nun eine ganze Batterie von Beispielen zeigen werde. Und ganz am Ende widmen wir uns dann den wenigen Fällen, bei denen Sie auf ein Komma verzichten sollten.

Die Regel lautet erst einmal: Bitte in dem Fall immer ein Komma setzen. Die einzige Herausforderung wird sein, die richtige Stelle zu finden. Hat man sich aber einmal entschlossen, eines zu setzen, ist es ein Kinderspiel, es auch korrekt zu platzieren.

Die starken kollektiven Bedürfnisse des Volkes und die daraus abgeleiteten Ansprüche versuchte die Regierung, mittels eines Bündels von Maßnamen zu befriedigen.

Manchmal kommt es auch schon sehr früh:

Es gilt, die Marktzugangsschranken durch gezielte Marketingaktivitäten zu sprengen.

Das gilt natürlich auch, wenn »zu« in den Infinitiv eingefügt wird:

Wegen des akuten Getränkemangels versuchen diverse Partygäste, sich durch eine billige Ausrede abzusetzen.

Dieses Komma kann auch zweimal nacheinander erforderlich werden:

Hier ergibt sich die Möglichkeit für das Management, die Hierarchien zu reorganisieren, um zu großen Verwaltungsaufwand zu vermeiden.

Manchmal treffen auch die Regel von den eingeschobenen Nebensätzen und die des »Infinitivs mit zu« aufeinander; wurscht, nach welcher Regel Sie dann die Kommas setzen, Hauptsache, Sie tun es:

Seine Anregung, die Kneipe zu wechseln, traf bei seinen Freunden nicht auf Gegenliebe.

Wir fassen zusammen: Wann immer Sie eine solche Konstruktion verwenden, setzen Sie bitte ein Komma.

Aber dann gibt es noch die Grauzone. Und zwar, wenn nur ein Wort folgt.

Er beschloss, abzuhauen.

Wenn das Komma da jetzt nicht stehen würde, wäre es kein Drama, aber setzen kann man es auch. Vielleicht sollten Sie sich einfach angewöhnen, es immer zu setzen. Denn würde der Satz etwas eleganter lauten: »Er beschloss, sich zu entfernen«, so würden Sie es ja auch setzen, nicht wahr?

Einzige Ausnahme: wenn sich wirklich alles in Ihnen dagegen sperrt, weil es beim besten Willen sinnlos ist.

Du hast mir gar nichts zu sagen!

Die Folgen der durchzechten Nacht waren ihm deutlich anzusehen.

Das brauchst du nicht wegzuräumen.

Hier wäre das Komma falsch. Aber ich wette, Sie wären auch niemals auf die Idee gekommen, hier eines zu setzen.

3.1.4 Aufzählungen

Bei einer Aufzählung mehrerer ähnlicher Begriffe verbindet man alle einzelnen Komponenten mit einem Komma und setzt den letzten Bestandteil der Aufzählung beispielsweise mit einem »und« ab, nicht zuletzt, um dem Leser klarzumachen, dass die Aufzählung beendet ist.

Bei einer Ampel finden die Farben Rot, Gelb und Grün Verwendung.

Im Bundestag sind fünf Fraktionen vertreten: die CDU/CSU, die SPD, die FDP, BÜNDNIS 90/DIE GRÜNEN und DIE LINKE.

Dasselbe gilt auch, wenn anstelle der Konjunktion »und« eine andere wie »sowie«, »beziehungsweise« oder »oder« verwendet wird. Gerade im Fall von »sowie« wird fälschlicherweise gern noch ein zusätzliches Komma verwendet.

Manchmal ist es sinnvoll, in solchen Aufzählungen auch die Konjunktionen zu variieren. Denn es ist möglich, dass in einer verschachtelten Aufzählung das »und« schon Verwendung findet, dann sollte man mit »sowie« beenden:

Dazu zählen technische Anlagen und Maschinen, Betriebs- und Geschäftsausstattung, betriebliche Immobilien sowie Grund und Boden.

Hier ein etwas komplexeres Beispiel:

Die Marktforschung wurde bei der Konzeption der neuen Schokoladensorte eingesetzt, um ihren Geschmack und ihr Design und ihre Verpackung zu analysieren.

Diese doppelte Verwendung von »und« sollte man meiden. Hier hat der Verfasser nun zwei Möglichkeiten: Wenn er alle drei Kriterien für gleich wichtig und ähnlich differenziert voneinander darstellen möchte, empfiehlt sich: »… ihren Geschmack, ihr Design und ihre Verpackung …«. Wenn er allerdings zum Ausdruck bringen möchte, dass Verpackung und Design als Einheit auf der einen Seite und der Geschmack auf der anderen Seite stehen, wenn es sich also nur um zwei zu untersuchende Kategorien handelt, sollte er sich für »… ihren Geschmack sowie ihr Design und ihre Verpackung …« entscheiden. Dadurch wird herausgestellt, dass das Design und die Verpackung als einheitliches Thema betrachtet werden.

Man kann aber aus stilistischen, um nicht zu sagen aus dramaturgischen Gründen eine Aufzählung auch ohne abschließende Konjunktion konzipieren:

Das Licht verlöschte, der Vorhang hob sich, die Bühne wurde in gleißendes Licht getaucht.

Er war ein Halunke, ein Schwein, ein richtiger Mistkerl!

Wenn man Beispiele anführt, also eine unvollständige Liste von dem, was man mit einem Überbegriff beschreiben möchte, dann schließt man diese gern mit einem abgekürzten Hinweis ab, dass eigentlich noch mehr Einträge in dieser Aufstellung möglich wären. Gängig sind »usw.« und »etc.«. Hierbei beachten Sie bitte, dass vor dem »etc.« beziehungsweise dem »usw.« kein Komma steht.

In geisteswissenschaftlichen Fächern, also Anglistik, Germanistik, Soziologie, Philosophie etc., sind korrekte Fußnoten sehr wichtig.

Dazu ein kleiner Hinweis: Wenn Sie zu Beginn einer solchen Aufzählung schon ausdrücklich darauf hinweisen, dass es sich um Beispiele handelt, brauchen Sie am Ende nicht auch noch ein »etc.« oder »usw.« anzufügen. Besser wäre also:

In geisteswissenschaftlichen Fächern wie Anglistik, Germanistik, Soziologie und Philosophie sind korrekte Fußnoten sehr wichtig.

Denn durch »wie« oder »zum Beispiel« ist bereits festgelegt, dass es sich um eine Auswahl handelt. Würden Sie die Aufzählung zusätzlich durch ein »etc.« abschließen, wäre das eine unnötige Wiederholung. So etwas sollte man tunlichst meiden.

Und dann gibt es noch den Fall, dass man einen Begriff wiederholt, um seine Bedeutung zu unterstreichen. In dem Fall trennen Sie sie bitte auch durch Komma:

Es ist sehr, sehr wichtig, die Kommas an die richtige Stelle zu setzen.

So ein dummer, dummer Mensch.

3.1.5 Zwei Hauptsätze

Wenn zwei Hauptsätze mit einem »und« oder einer vergleichbaren Konjunktion (wie »oder« oder »sowie«) verbunden werden, sollten Sie vor dem »und« grundsätzlich ein Komma setzen.

Er war ein Schuft, und er war sich dessen auch bewusst.

Entweder du räumst deine Socken weg, oder du kannst dir eine neue Bleibe suchen.

Der Professor war ein stinkfauler Typ, und jeder Student wusste das.

Was nun folgt, ist ganz wichtig, denn es wird überdurchschnittlich oft falsch gemacht. Bei Konstruktionen mit »das heißt« gilt die Regel: Folgt danach ein ganzer Satz, wird dies durch Komma gekennzeichnet, folgt ein unvollständiger Satz, setzt man keines.

> *Der Professor war ein stinkfauler Typ, das heißt, er war nie da.*
>
> *Der Professor war ein stinkfauler Typ, das heißt über alle Maßen arbeitsscheu.*

3.1.6 Erklärung oder Aufzählung

Probleme bei der Kommasetzung entstehen oft in der Unterscheidung, ob es sich bei einem Satzteil um einen eingeschobenen Nebensatz handelt oder um eine Aufzählung. Denn der eingeschobene Nebensatz (oft eine Erklärung des Begriffs vor dem Komma) wird mit einem zweiten Komma eingeschlossen, die Aufzählung eben nicht.

> *Er beschloss, sich zu entfernen und sich so der Strafverfolgung zu entziehen.*
>
> *Er beschloss, sich zu entfernen, und bestieg den Zug in Richtung Süden.*

Im ersten Fall handelt es sich um eine Aufzählung, denn er hat zwei Sachen beschlossen, und die stehen dann gleichberechtigt nebeneinander. Ergo: kein Komma.

Im zweiten Beispiel endet der eingeschobene Nebensatz nach »entfernen«, dadurch bekommt der Satz eine neue Wendung. Das ist nicht zuletzt daran zu erkennen, dass im zweiten Satzteil ein neues Verb (besteigen) auftaucht. Das ist in der Regel ein sicheres Indiz dafür, dass dieser Satzteil durch ein erneutes Komma abgetrennt wird. Apropos neue Wendung …

3.1.7 Wenn ein Satz die Kurve kriegt

Bei manchen Wörtern wird dem erfahrenen Leser schon klar, dass ein Komma fällig ist, wenn man sie nur liest. Dazu gehören zum Beispiel: aber, allerdings, dass, denn, hingegen, jedoch, weil, wenn.

Bitte merken Sie sich: Wenn in Ihrem Satz ein Richtungswechsel stattfindet, wenn man beispielsweise eine Einschränkung, Präzisierung, einen Widerspruch, eine Bedingung oder eine Weiterführung einbaut, dann spricht in der Regel sehr viel für ein Komma.

Er ist durch die Prüfung gefallen, **weil** *er lieber in Clubs ging als zu lernen.*

Seinen Kommilitonen war klar, **dass** *er durchfallen musste.*

Diese Niederlage war ein großes Problem für ihn, **allerdings** *konnte er die Prüfung wiederholen.*

Er würde also kein Semester verlieren, **wenn** *er es im zweiten Anlauf schaffen würde.*

Dies war seine letzte Chance, **jedoch** *würde es nicht leicht für ihn.*

3.1.8 Unterschied gleichrangige – nicht gleichrangige Adjektive

Zugegeben, jetzt folgt ein schwieriges Thema, wieder eine Königsdisziplin für alle diejenigen, die es wirklich genau wissen wollen. Aber: Diese Regel zu beherrschen, ist sehr, sehr wichtig. Wenn nämlich vor einem Hauptwort zwei oder manchmal sogar mehr Adjektive stehen, hängt der Sinn des gesamten Ausdrucks nicht unerheblich von der richtigen Kommasetzung ab.

Stellen Sie sich vor, Sie waren einkaufen, kommen nach Hause und zeigen Ihrem Lebenspartner stolz Ihre fette Beute. Nehmen wir an, Sie haben sich nur ein Teil gekauft, eine Bluejeans. Dann zeigen Sie »Ihre neue blaue Hose«. Haben Sie sich aber zwei Buxen zugelegt, nämlich neben eben jener noch eine rote, dann zeigen Sie Ihre »neue, blaue Hose«. Denn es gibt ja noch eine andere, die neue, rote.

Merke: Sie setzen kein Komma, wenn die beiden Adjektive gleichrangig sind, wenn sie also in der Reihenfolge beliebig angeordnet werden können.

Sie müssen eines setzen, wenn die beiden Adjektive nicht gleichrangig sind, wenn also das erste das zweite präzisiert.

Es gibt aber auch zahlreiche[,] nicht beabsichtigte Folgen.

Mit Komma bedeutet dies: Es gibt auch Folgen, die beabsichtigt sind.

»Es gibt neue[,] wirksame Medikamente.«

Ohne Komma wohnt diesem Satz keine weitere Bedeutung inne, aber mit sehr wohl: Denn dann inkludiert dies fatalerweise, dass es auch neue, unwirksame Medikamente gibt.

Sie merken, so kompliziert dies ist, so weitreichend kann die Missachtung dieser Regel wirken. Die folgende Eselsbrücke erleichtert die Anwendung: Das Komma steht hier bei nicht gleichrangigen Adjektiven als Ersatz für das »und« – wie in einer Aufzählung: Bei der »neuen, blauen Hose« sind beide Bestandteile zur Unterscheidung wichtig: Die eine, die Sie meinen, ist blau und neu, nicht wie die andere neue, denn die ist rot.

3.1.9 Wenn ein Komma den Sinn eines Satzes auf den Kopf stellt

Manchmal kann ein Komma den Sinn eines Satzes völlig auf den Kopf stellen. Schauen Sie mal hier:

Wichtig ist, auch an dieser Stelle einen Blick auf die Regeln der Kommasetzung zu werfen.

Das meint: Es gibt auch andere Stellen, wo das wichtig ist.

Genau dasselbe gilt hier:

Wichtig ist auch an dieser Stelle, einen Blick auf die Regeln der Kommasetzung zu werfen.

Steht das Komma aber hier:

»Wichtig ist auch, an dieser Stelle einen Blick auf die Regeln der Kommasetzung zu werfen«,

so bedeutet dies, dass es hier noch ganz andere wichtige Dinge zu berücksichtigen gilt. Und das ist nun wirklich nicht dasselbe.

Ein anderes Beispiel:

Ich mag dich unglaublich. Ich freue mich über einen Brief, über eine SMS, einen Anruf. Ich freue mich auch, wenn du persönlich vorbeischaust.

Anders: Mir geht es richtig gut, ich freue mich eigentlich ständig, den ganzen Tag, so ein fröhlicher, lebensfroher Mensch bin ich. Und meine Freude lasse ich mir nicht verderben, selbst dann nicht, wenn du mir auf die Nerven gehst.

Ich freue mich, auch wenn du persönlich vorbeischaust.

Sie merken schon, nicht immer hat man schon gewonnen, wenn man erkannt hat, dass in einer bestimmten Konstruktion ein Komma gesetzt werden muss, oft muss man sich auch noch für die richtige Stelle entscheiden, um dem Satz den rechten Effet zu geben. Aber dabei kann Ihnen niemand helfen, da hilft nur gesunder Menschenverstand. Ich möchte Sie jedoch dafür sensibilisieren, denn nur zu oft verkehrt sich eine beabsichtigte Aussage durch einen falsch gesetzten Akzent in ihr Gegenteil.

3.1.10 *Eine Kann-Regel: Floskeln zu Beginn*
Zur Abwechslung betrachten wir nun einmal einen Fall, in dem es Ihnen als Autor freigestellt ist, ein Komma zu setzen.

Manchmal verwendet man zu Beginn eines Satzes eine Floskel, gern, um einen roten Faden oder Ähnliches anzudeuten (mehr dazu im Kapitel »Stil«):

Wie bereits erwähnt, setzt sich die vorliegende Arbeit mit ...

Ich empfehle: setzen. Immer. Denn man sollte sich immer einheitlich verhalten, und es ist sicherer, sich anzugewöhnen, es immer zu setzen. Zwei Argumente sprechen dafür:
- Erstens: Man macht beim Sprechen eine komma-typische Pause.
- Zweitens: Man könnte ohne Probleme auch ein Verb einfügen, und dann müsste man ein Komma setzen: Wie bereits erwähnt wurde, setzt sich ...

3.1.11 Kommasetzung bei als

Aus gegebenem Anlass folgt nun eine kleine Aufstellung, wann man vor dem Wörtchen »als« ein Komma setzt und wann eben nicht. Denn das wird sehr gern durcheinandergebracht.

Man setzt ein Komma in den folgenden Fällen:

> *Es war für ihn eine Erlösung, als er endlich die Kommasetzung beherrschte.*
>
> *Er war größer, als sie erwartet hatte. Aber: Er war größer als erwartet.*
>
> *Er gab sich gern so, als hätte er wirklich etwas zu sagen.*

Und hier setzt man kein Komma:

> *Du kannst mir mit nichts mehr auf den Geist gehen als mit deinen ständigen Kommentaren.*
>
> *Sie war ihm sowohl in Hinsicht des Teamgeistes überlegen als auch in Bezug auf die Führungsqualitäten. (Merke: kein Komma bei sowohl – als auch)*
>
> *Lieber reich und gesund als arm und krank.*

3.1.12 Adverbiale Bestimmung

»Adverbiale Bestimmung« – schon wieder ein komplizierter Begriff, aber was sich dahinter verbirgt, ist relativ einfach zu verstehen.

Ob das nun stilistisch gutes Deutsch ist oder nicht – Sätze werden gern mit Formulierungen wie folgenden begonnen:

> *Nach intensiven Recherchen und einer umfassenden Analyse des aktuellen Standes in der wissenschaftlichen Diskussion ...*
>
> *Bei der Durchführung ausdifferenzierter Marketingkampagnen zur Ankurbelung der Nachfrage in branchenfremden Betrieben ...*
>
> *Innerhalb der gewohnheitsmäßig gesteckten Grenzen zur Aufrechterhaltung einer Trennung von Rauchern und Nichtrauchern in öffentlichen Gebäuden ...*

Und exakt an der Stelle, an der hier die drei Auslassungspunkte stehen, setzt der unsichere Interpunktionist gern ein Komma. Man kann sich gut vorstellen warum. »Auweia«, wird er denken, »schon so viele

Wörter, da ist aber endlich mal ein Komma fällig!« Und dann setzt er eines. Aber das wäre falsch. Denn hier fehlt das Prädikat, also das Verb, und solange man die Frage nach dem »Ja was denn nun …?« nicht beantworten kann, setzt man auch kein Komma. Normalerweise würde man es selbstverständlich vermeiden, einen Satz mit einem solchen Wortungetüm zu beginnen. Diese Beispiele dienen nur als Hinweis, dass theoretisch sehr umfangreiche Formulierungen möglich sind, in guten Texten sind sie wesentlich kürzer. Aber ein Komma setzt man natürlich auch dann nicht.

3.1.13 Unglaublich, aber wahr: Sätze ohne Kommas

Und nachdem wir uns nun ganz ausführlich mit dem Thema beschäftigt haben, wann Kommas gesetzt werden müssen, möchte ich Ihnen nun ein paar Beispiele für wirklich lange Sätze liefern, bei denen nur der sichere Kommasetzer genug Selbstvertrauen hat, um keins zu verwenden. Schauen Sie mal hier, es gibt sie tatsächlich – Schlangensätze ohne Kommas:

Ganz besonders gefreut hat er sich über ihren Besuch und dass sie ihm eine Flasche Schnaps mitgebracht hat.

Entsprechend der allgemeinen Lage und der konkreten Bedrohung im Besonderen wurde die Beauftragung eines externen Spezialisten zur Klärung aller offenen Sicherheitsfragen beschlossen.

So entscheidet der Schiedsrichter im Spiel der beiden Fahrstuhlmannschaften 1. FC Köln und VFL Bochum in einer von allen beteiligten Parteien heftig diskutierten Strafraumszene kurz vor dem Ende der regulären Spielzeit zugunsten des in der 38. Minute eingewechselten Verteidigers aus dem westlichen Teil der Iberischen Halbinsel.

Der Erzbischof von Köln verleiht mit dieser Urkunde seinen getreuen Bürgern dieselben Rechte wie denen der Stadt Neuss und erteilt ihnen den Auftrag zur Befestigung der eigenen Siedlung.

Was du zur Schlussbearbeitung deines Theorieteils an Literatur für die Bearbeitung des Textes benötigst sowie die ausreichende Menge Kaffee für die Nachtschicht besorgst du dir am besten rechtzeitig.

Der Aufbau von Vertrauen durch die einseitige Verpflichtung und das Ver-
meiden von opportunistischem Verhalten fördert die Allianzentwicklung
und vermeidet zusätzliche Kosten zum Aufbau von Schutzmechanismen.

Warum das zwar richtig, aber auch richtig schlechtes Deutsch ist, werde ich Ihnen im nächsten Kapitel erklären. Eines nur: Bitte glauben Sie nicht, es wäre eine Leistung, solche Gebilde zu kreieren. Im Gegenteil: Kommas sind dazu da, Sätze für den Leser zu strukturieren. Das bedeutet im Umkehrschluss, dass bei langen Sätzen, in die kein Komma gehört, nun wirklich etwas nicht stimmt.

3.1.14 *Wenn möglich: Komma ersetzen*

Das Komma ist eigentlich ein völlig überfrachtetes Satzzeichen. Es wird für zahlreiche unterschiedliche Konstruktionen verwendet, und das macht Sätze oft unübersichtlich. Aber der gut informierte Schreiber weiß, dass es Möglichkeiten gibt, um das Komma durch andere Satzzeichen zu ersetzen.

So kann man beispielsweise präzisierende Erklärungen in Klammern setzen.

Er hatte wirklich unglaubliche Klamotten in seinem Schrank, und einige
von ihnen, vor allem T-Shirts, Unterwäsche und Socken, stammten offen-
bar noch aus den Achtzigern.

Besser: Er hatte wirklich unglaubliche Klamotten in seinem Schrank, und
einige von ihnen (vor allem T-Shirts, Unterwäsche und Socken) stammten
offenbar noch aus den Achtzigern.

Wenn man innerhalb eines Satzes abschweift, also Gedanken einschiebt, kann man die Kommas, die man zur Kennzeichnung dieser Parenthese verwenden würde, durch Gedankenstriche ersetzen.

Als er sie zum ersten Mal am Strand sah, mein Gott, was für eine Figur,
verschlug es ihm den Atem.

Besser: Als er sie zum ersten Mal am Strand sah – mein Gott, was für eine
Figur –, verschlug es ihm den Atem.

Bemerkenswert ist an dieser Stelle die wundersame Kommavermehrung, die es zu berücksichtigen gilt. Wenn nur Kommas gesetzt werden, muss zwischen »Figur« und »verschlug« aus zwei Gründen ein Komma gesetzt werden: einmal wegen des gedanklichen Einschubs, und dann wegen der normalen Nebensatzkonstruktion. Aber natürlich setzt man in dem Fall nicht zwei Kommas. Ersetzt man allerdings die Kommas durch Gedankenstriche oder Klammern, sollte man das Komma natürlich nicht vergessen, das den Nebensatz markiert. In dem Fall setzt man zwischen Klammer bzw. Gedankenstrich und Komma kein Leerzeichen.

Und zum Thema Gedankenstrich: Den kann man natürlich nicht nur paarweise gebrauchen, sondern auch solitär.

Wenn er heute daran zurückdenkt, wie er von dieser Wahnsinnsfrau abserviert wurde, da wird ihm richtig elend.

Besser: Wenn er heute daran zurückdenkt, wie er von dieser Wahnsinnsfrau abserviert wurde – da wird ihm richtig elend.

Man kann, nein, man sollte einen Doppelpunkt setzen, wenn nach dem Komma eine Fortführung, eine Pointe oder eine Steigerung kommt.

Akzeptabel: Im Briefkasten lag ein blauer Umschlag, und sie wusste genau, wenn der vom Personalchef kommt, hat sie ein Problem.

Besser: Im Briefkasten lag ein blauer Umschlag, und sie wusste genau: Wenn der vom Personalchef kommt, hat sie ein Problem.

Auch bei nachgeschobenen Ergänzungen, die mit Formeln wie »das bedeutet«, »das heißt« oder »mit anderen Worten« eingeleitet werden, empfehle ich grundsätzlich, mit einem Doppelpunkt weiterzuarbeiten. Es gilt die Faustregel: Wann immer Sie ein Komma in einem längeren Satz durch Doppelpunkt, Klammer oder Gedankenstriche ersetzen, erhöht das die Übersichtlichkeit.

3.1.15 Ein wichtiger Tipp zum Schluss

Wenn Sie einiges von dem, was Sie hier nun gelesen haben, verblüfft hat, oder wenn Sie sich wirklich nicht hundertprozentig sicher fühlen, dann möchte ich Ihnen den folgenden guten Tipp geben, wie Sie die Kommasetzung ganz einfach üben können.

Sie begeben sich im Internet auf die Seite einer etablieren Meinungsführer-Publikation. Ob das nun das Online-Angebot vom SPIEGEL, der FAZ, der WELT, der SZ, der ZEIT, der taz oder der FR ist, überlasse ich gern Ihrer politischen Prädisposition. Dann suchen Sie sich einen längeren Artikel Ihrer Wahl heraus, markieren und kopieren ihn und fügen ihn in Ihr Textverarbeitungsprogramm ein. Das drucken Sie dann aus und legen es beiseite. Dann schmeißen Sie in einem Arbeitsschritt alle Kommas aus dem Text. Das geht so:

- Sie wählen den Menüpunkt BEARBEITEN – ERSETZEN.
- Dort tragen Sie in das Feld SUCHE NACH ein einzelnes Komma ein.
- Das Feld ERSETZE DURCH bleibt leer.
- Dann führen Sie den Befehl aus und drucken den Text aus, aus dem nun alle Kommas getilgt sein sollten.
- Anschließend nehmen Sie sich einen Stift und fügen überall da ein Komma ein, wo Ihrer Meinung nach eines hingehört.
- Das vergleichen Sie dann am Ende mit dem Original, wundern sich, lesen dieses Kapitel hier noch einmal durch und wiederholen den Arbeitsschritt, bis Sie zufrieden sind oder bis Ihnen alles egal ist.

3.2 Der Doppelpunkt

Das Komma ist selbstverständlich nicht das einzige Satzzeichen, doch bei den anderen liegt die Latte für die korrekte Verwendung bei Weitem nicht so hoch. Lassen Sie uns nun den Doppelpunkt betrachten, auf den als Ersatz für das Komma ja bereits eingegangen wurde. Ihn setzt man bevorzugt vor einer Aufzählung ein, die nicht durch vorangestellte Begriffe (wie das heißt, nämlich, z. B.) eingeleitet wird, sondern die unmittelbar auf die Ankündigung folgt.

Seine Lieblingsschriftsteller waren drei Schweden: Henning Mankell, Stieg Larsson und Arne Dahl.

Ich mag eigentlich alle Biersorten, aber meine Favoriten sind: Pils, Weizen und Bockbier.

Wichtig ist: Im ersten Fall kann man auf den Doppelpunkt verzichten, müsste dann aber ein Komma setzen. Aber da wir ja bei den Tipps zur Kommasetzung beschlossen haben, diese möglichst oft durch andere Satzzeichen zu ersetzen, empfiehlt sich in solchen Fällen der Doppelpunkt.

Im zweiten Fall könnte man auf den Doppelpunkt ganz verzichten, aber man sollte nicht. Der Grund: Satzzeichen sind dazu da, um einen Satz zu strukturieren, dem Leser sinnvolle Einheiten zu liefern und so das Verstehen zu erleichtern. Und der Doppelpunkt ist prima zu gebrauchen, um zu sagen: Aufpassen, jetzt kommt's!

Im folgenden Fall müsste allerdings schon ein Doppelpunkt gesetzt werden:

Schmuck, Geld, Handys: Die Einbrecherin raffte alles in Windeseile zusammen und flüchtete.

Das gilt auch für diesen Fall hier:

Sein Lebensmotto lautet: Tue Recht und scheue Niemanden.

Oder bei einer pointierten Hervorhebung:

Eines würde er nie begreifen: wieso Serien wie »Hausmeister Krause« über viele Jahre zur besten Sendezeit ausgestrahlt wurden, wohingegen »Seinfeld« kaum jemand kennt.

Und eine weitere Verwendung des Doppelpunktes: Wenn man einen Satz unterbricht, um beispielsweise in einer Spiegelstrich-Aufzählung oder mit einem eingerückten Text, gern auch einem Zitat, fortzufahren, weist man mit einem Doppelpunkt darauf hin, dass der Satz noch nicht beendet ist.

Zu den wichtigsten Voraussetzungen für gutes Deutsch zählen:
- *die richtige Rechtschreibung,*
- *eine korrekte Interpunktion,*
- *ein guter Stil und nicht zuletzt*
- *die richtige Wortwahl.*

Zur Groß- und Kleinschreibung beachten Sie bitte eine ganz simple Regel. Wenn nach dem Doppelpunkt ein im grammatischen Sinne vollständiger Satz folgt, schreibt man das erste Wort groß.

Er hatte sich ein präzises Ziel gesetzt: Irgendwann würde er wahrscheinlich mit dem Rauchen aufhören.

Für sie war klar: Sie würde aus Prinzip niemals ein Fußballspiel anschauen, erst recht nicht während einer WM!

Das gilt auch für Ellipsen, also im grammatischen Sinne unvollständige Sätze, die aber wie vollständige behandelt werden.

Auf dem Schild stand: Nicht den Rasen betreten!

Seine Antwort war: Nichts zu danken.

Klein schreibt man weiter, wenn eben kein vollständiger Satz folgt.

Mit einer bestimmten Gattung von Menschen kam er überhaupt nicht klar: mit solchen, die seinen Humor nicht vertrugen.

Und dann gibt es für den Doppelpunkt noch eine weitere wichtige Funktion: Er leitet die wörtliche Rede ein.

Rivarol formulierte einen Satz, der ist so schön, wie er zum Sinnieren verführt: »Die Sprache ist äußeres Denken, das Denken innere Sprache.«

Ach ja, eines noch: Man kann – rein technisch gesehen – in einem Satz zwei Doppelpunkte nacheinander verwenden, sollte es aber nicht unbedingt tun, da es verwirrt und unstrukturiert wirken kann.

Eines wurde ihm klar: Das, was er sich da anhören musste, gefiel ihm gar nicht, und er sagte sich: Du musst dich wehren!

3.3 Das Semikolon

Wir verfügen über eine ganze Reihe von Satzzeichen, und in einem guten Text sollten möglichst viele unterschiedliche vorkommen – und möglichst auch richtig verwendet werden. Ein wichtiges Satzzeichen ist das Semikolon, eben weil es von sehr vielen so stiefmütterlich behandelt wird. Deswegen ein kleiner Tipp: Echte Profis schauen darauf, ob man das Semikolon beherrscht. Denn wer das drauf hat, weist sich schon mal per se als tendenziell geübter Schreiber aus. Ich habe einmal die letzten Schriftstücke, die mir zur Überarbeitung vorgelegt wurden, untersucht. Das Ergebnis: Ungefähr 15 % der Texte enthalten ein Semikolon im selbst verfassten Fließtext (also exklusive wörtlicher Zitate und Fußnoten), und ausnahmslos alle diese Texte waren auch sonst von deutlich überdurchschnittlicher Qualität. Bitte verdrehen Sie jetzt aber nicht die Kausalkette und glauben, allein durch die korrekte Verwendung des Semikolons würde auch Ihr Deutsch insgesamt besser. Aber: Es deutet auf gewisse Fertigkeiten hin, wenn Sie es verwenden.

Stellen Sie sich Folgendes vor: Sie stellen einem wichtigen Menschen einen wichtigen Text – Diplomarbeit, Marketingkonzept, Buchmanuskript – in elektronischer Form zur Verfügung. Der ist zufällig Semikolon-Fetischist und lässt sich, bevor er mit der Lektüre beginnt, per Suchbefehl alle Semikolons anzeigen. Glauben Sie mir: Es gibt solche Menschen, und greift deren Suche ins Leere, haben Sie schon Federn gelassen.

Das Semikolon dient zum einen der Abgrenzung zweier Sätze. Es trennt stärker als ein Komma, aber weniger als ein Punkt; das legt schon seine Form – eben eine Kombination aus Punkt und Komma – nahe. Oft präzisiert das, was auf das Semikolon folgt, das, was davor steht.

> *Seine Freundin hatte ihr Handy drei Stunden lang abgeschaltet; deswegen machte er ihr eine Szene.*

> *Peter träumte von einem Eintrag in die Bestsellerlisten; alles unter Platz fünf wäre aber eine Enttäuschung.*

Zum anderen verwendet man das Semikolon in Aufzählungen, um besser zu strukturieren, zum Beispiel, indem man sinnvolle Gruppen voneinander trennt.

> *In den Schubladen in Kinderzimmern findet man Puppen, Figuren oder Teddys; Farbkästen, Pinsel oder Malblocks; Bauklötze, Legosteine oder Fischertechnik.*

3.4 Am Satzende

Um einen Satz zu beenden, stehen uns im engeren Sinne drei Satzzeichen zur Verfügung: das Fragezeichen, das Ausrufezeichen und der Punkt. Betrachtet man die drei Auslassungspunkte (…) als ein Satzzeichen, so wäre das Variante 4.

3.4.1 Der Punkt

Der Punkt ist der Standard, und es wird Sie nicht überraschen, dass ein durchschnittlicher Satz so beendet wird. Überraschen würde Sie hingegen, wenn Sie wüssten, wie oft der aus Nachlässigkeit fehlt.

Eine Überschrift, ein Titel oder Vergleichbares sind (Zeitungen mal ausgenommen, aber auch dann gilt diese Regel) so gut wie nie als ganzer Satz geschrieben. Deswegen enden sie auch niemals mit einem Punkt.

Endet ein Satz auf eine Abkürzung, so übernimmt der zur Abkürzung gehörende Punkt auch die Aufgabe des Punktes, der den Satz beschließt. Bitte niemals einen zweiten Punkt setzen.[27]

Bettet man einen vollständigen Satz in einen Satz ein, wird der eingefügte Satz nicht mit einem Punkt abgeschlossen. Ein Beispiel hierfür:

Er erklärte Stendhals Weisheit »Nur ein großer Mensch hat Mut zum einfachen Stil« zur obersten Maxime seines Schreibens.

Wenn man eine Reihe von Merkmalen in einer gesonderten Formatierung auflistet, wird nicht mit einem Punkt abgeschlossen. Hier ein Beispiel:

Die Marktforschung hat herausgefunden, dass die folgenden vier Merkmale die wichtigsten Kriterien beim Autokauf sind:

– der Kraftstoffverbrauch

– die Ausstattung mit Airbags

– das Vorhandensein einer Klimaanlage

– die PS-Zahl

Ganz wichtig: Das ist die einzig denkbare Konstruktion, bei der am Ende kein Satzzeichen steht.

Es ist aber auch möglich, den Satz über die Spiegelstrich-Aufzählung fortzusetzen. Dann gelten für die Zeichensetzung dieselben Regeln, als wenn man auf die gesonderte Formatierung verzichtet:

Laut Marktforschung sind die wichtigsten Kriterien beim Autokauf

– der Kraftstoffverbrauch,

– die Ausstattung mit Airbags,

– das Vorhandensein einer Klimaanlage und

– die PS-Zahl.

---

[27] Das machen ca. 10 % aller Verfasser falsch, interessanterweise fast immer in einer Fußnote, wenn diese im Fall einer Literaturangabe auf »… München 2006, S. 16 f.« endet. Daraus wird dann schon mal »… München 2006, S. 16 f..«. Das geht natürlich nicht.

In dem Zusammenhang ein paar Tipps für Aufzählungen in Spiegel-strichen:

- Wenn Sie die Aufzählung als Satz mit entsprechender Zeichen-setzung regeln, sollten Sie darauf achten, dass der Satz auch tat-sächlich mit dem letzten Spiegelstrich endet.
- Bitte konzipieren Sie die Aufzählung im Grundentwurf immer einheitlich: Entweder entscheiden Sie sich für stichwortartige Aufzählungen oder für ganze Sätze (an deren Ende selbstver-ständlich immer ein Punkt steht). Das sollten Sie nicht vermi-schen.
- Bei einzeiligen Aufzählungen können Sie auf Abstände verzich-ten, wenn aber mindestens eine Eintragung über eine Zeile hi-nausläuft, sollten Sie einen entsprechenden Abstand einplanen.
- Bitte achten Sie darauf, dass Sie alle derartigen Elemente ein-heitlich formatieren. Das bedeutet nicht nur, dass Sie das Auf-zählungszeichen nicht wechseln sollten, sondern auch, dass Ab-stände, Einzüge etc. immer gleich gestaltet sind.

3.4.2 Das Ausrufezeichen

Bitte gehen Sie mit Ausrufezeichen in sachlichen Texten so sparsam wie möglich um. Am besten verwenden Sie gar keine. Das Ausrufe-zeichen verleiht einem Satz Nachdruck. So können Aufforderungen kenntlich gemacht werden (»Lass uns gehen!«), Befehle (»Räum das weg!«), Behauptungen (»Das geht doch gar nicht!«), Bitten und Wün-sche (»Bitte zieh die Tür hinter dir zu!«), Verbote und Warnungen (»Betreten der Baustelle verboten! Eltern haften für ihre Kinder!«) oder rhetorisch verbrämte Plädoyers (»Es ist wirklich kaum zu glau-ben, dass diese Frage noch niemand beantwortet hat!«) sowie über-schwängliche (»Das ist ja wohl sensationell!«) und andere Ausrufe (»Vorsicht, Hochspannung!«, »Schade!«). Alle diese Stilmittel haben in sachlicher Unternehmenskommunikation und erst recht in wis-senschaftlichen Arbeiten keinen Platz.

3.4.3 Das Fragezeichen

Durch das Fragezeichen wird ein Satz als Fragesatz kenntlich gemacht. Im Hinblick auf sachliche Texte gilt für das Fragezeichen im Prinzip dasselbe wie für das Ausrufezeichen: Fragen haben darin nichts zu suchen, denn ihnen wohnt immer zumindest latent der Verdacht inne, es könne sich um eine rhetorische Frage handeln.

Zur Erinnerung: Eine rhetorische Frage ist eine Frage, auf die man eigentlich keine Antwort verlangt, sondern die als Stilmittel, oft als verbales Mahnmal, im Raum stehen soll.

> *Ist es wohl möglich, dass du deine Socken nur ein einziges Mal selbst wegräumst?*

> *Wie kann es sein, dass Sie immer wieder vergessen, Ihre Spesenabrechnung rechtzeitig einzureichen?*[28]

Und Rhetorik hat in einem sachlichen Text – genauso wie Andeutungen, Ironie, Zynismus – absolut nichts zu suchen. Weil man da wirklich sehr auf der Hut sein sollte, verzichtet man am besten komplett auf die Verwendung des Fragezeichens.

In wissenschaftlichen Arbeiten ist es üblich, irgendwann seine Forschungsfragen vorzustellen, also die zentralen Fragestellungen, die die Arbeit leiten und die im Zuge der schriftlichen Ausarbeitung beantwortet werden sollen. Aber es ist natürlich möglich, Fragen zu formulieren, ohne den Satz unbedingt mit einem Fragezeichen beenden zu müssen.

- Im Rahmen der vorliegenden Arbeit wird die Frage analysiert, ob ...
- Somit stellt sich die Frage, warum ...
- Fraglich ist, wie ...
- Diese Arbeit geht der Frage nach, warum ...

---

[28] Und dann gibt es noch rhetorische Fragen, die sind so weit von einer auf Informationsgenese gerichteten Erkundigung entfernt, dass man nicht einmal auf die Idee kommen würde, da ein Fragezeichen zu setzen. Beispiel: »Was würde ich jetzt für ein kaltes Bier geben ...«.

In dem Fall handelt es sich selbstverständlich nicht um Fragen, denn die wollten wir ja auf diesem Weg umgehen. Deswegen enden Sätze dieser Art grundsätzlich mit einem Punkt.

Diese Fragephobie findet ihre natürlichen Grenzen, wenn Sie beispielsweise im Rahmen einer empirischen Arbeit (Uni) oder einer Marktforschungsstudie (Betrieb) echten Menschen echte Fragen gestellt haben. Diese bleiben unbedingt genau in der Form, in der sie auch zum Einsatz kamen: vorne ein »W« und hinten ein »?«.

Ein letzter Hinweis zu Ausrufe- und Fragezeichen: Wenn eine Frage oder ein Satz mit Ausrufezeichen in Form eines wörtlichen Zitats in einen Text eingebettet werden, dann gehören auch die Schlusszeichen genau da hin, und das, obwohl man, wie kurz zuvor dargestellt, einen Punkt an dieser Stelle weglässt. Zwei Beispiele:

> *Kain fragte Gott: »Bin ich der Hüter meines Bruders?«, bekam aber auf solch eine freche Frage logischerweise keine Antwort.*

> *Das berühmte Zitat des Götz von Berlichingen: »Man sage ihm, er könne mich am Arsche lecken!« hat bis heute kaum an Popularität verloren.*

Bitte beachten Sie bei solchen Einschüben die folgende Regel: Wann immer innerhalb eines Satzes ein Ausrufezeichen oder ein Fragezeichen auftaucht, sollten Sie besser den dazu gehörigen Satzteil in Anführungszeichen kleiden.

3.5 Leerzeichen

Mit den Leerzeichen verhält es sich in der Sprache wie mit den Nullen in der Mathematik: Isoliert betrachtet sind sie nicht besonders eindrucksvoll, aber wenn sie an der richtigen Stelle fehlen, dann kann das ziemliche Probleme hervorrufen.

Immer, wenn mich ein Kunde fragt, wie viel meine Dienstleistung als Lektor kostet, so antworte ich: X, YZ Euro je 1000 Zeichen – inklusive Leerzeichen und Fußnoten. Und ungefähr jeder Zehnte fragt

dann: »Aber warum zählen Sie denn die Leerzeichen mit?« Meine
Antwort: »Löschen Sie doch mal alle Leerzeichen in Ihrem Text, dann
wissen Sie, warum.«

Aber im Ernst: Leerzeichen an der richtigen Stelle – das bedeutet
nicht nur entscheidende Vorteile beim Thema Getrennt- und Zusammenschreibung, sondern es gibt noch zahlreiche andere wichtige
Regeln, die es in diesem Zusammenhang zu berücksichtigen gilt.

3.6 Sonderzeichen und geschützte Leerzeichen

Beginnen wir mit den Sonderzeichen, von denen vier regelmäßig
zum Einsatz kommen: € für Euro, § als Paragraf, $ wie Dollar und
vor allem % gleich Prozent.[29] Sie sollten sich so oft wie möglich
dieser Sonderzeichen bedienen, denn dafür sind sie ja schließlich
da. Juristen würden niemals schreiben: »Nach Paragraf 33 Absatz 1
Satz 2 Nummer 1 WpHG …«, sondern entscheiden sich immer für:
»Nach § 33 Abs. 1 S. 2 Nr. 1 WpHG…«. Das ist griffiger, kürzer und
professioneller. Der Statistiker schreibt immer 37,8 % und niemals
37,8 Prozent, und der Ökonom niemals 430 Mio. US-Dollar, sondern immer 430 Mio. US-$. Grundsätzlich gilt dabei Folgendes: Bit-
te verfahren Sie mit dem Zeichen exakt so, wie Sie es mit dem Wort
tun würden. In puncto[30] Leerzeichen bedeutet dies: Stehen vor dem

[29] Auf der Tastatur finden Sie auf den Zifferntasten über der »6« noch eines, das »&«.
Das vergessen Sie bitte ganz schnell. Das ist kein Ersatz für ein »und«, und wenn ein
Buch von Fritz Müller und Karin Schulze geschrieben wurde, dann spricht man von
Müller und Schulze oder Müller/Schulze, aber niemals von Müller & Schulze. Dieses Zeichen verwenden Sie bitte ausschließlich bei Unternehmensbezeichnungen, und
dann auch nur, wenn die Inhaber tatsächlich so firmieren. Und in dem Fall umgeben
Sie dieses Zeichen besser auch mit geschützten Leerzeichen. In manchen Fachbegrif-
fen findet es auch Verwendung, wie bei »Drag & Drop« oder »F & E«, auch hier verwenden Sie bitte geschützte Leerzeichen.
[30] Wenn Sie mögen, merken Sie sich doch auch das hier. Immer wieder muss ich
lesen: »In Punkto Übersichtlichkeit gilt es …«. Das »in puncto« stammt aus dem Ita-
lienischen, deswegen schreibt man es klein und mit c.

€-, $- und %-Symbol oder nach dem §-Zeichen Zahlen – und nur dann sollte man sie verwenden (schreiben Sie also niemals »11,3 Prozent«, aber natürlich auch niemals »Die %-Zahlen haben belegt«) –, so setzen Sie bitte ein Leerzeichen. Und nicht genug: Bitte nehmen Sie ein geschütztes Leerzeichen. Sie fügen es in Ihren Text ein, indem Sie STEUERUNG und UMSCHALTEN gleichzeitig gedrückt halten und dann die Leertaste betätigen.

Ob Ihnen das gelungen ist, erkennen Sie bei Microsoft Word so: Wenn Sie die Sonderzeichen sichtbar machen (indem Sie in Ihrer Menüleiste auf dieses Zeichen hier klicken: ¶), steht anstelle des mittigen Punktes für ein normales Leereichen das Zeichen für Grad: °. Die Macher von Open Office zeigen Ihnen an der Stelle ein graues Rechteck an, das selbstverständlich nicht mit ausgedruckt wird.

Das geschützte Leerzeichen hat zwei Vorteile. Zum einen wird ein so verknüpfter Terminus am Zeilenende nicht getrennt. Das bedeutet: 37,6 % wird am Ende der Zeile nicht so auseinandergerissen, dass die 37,6 am Ende und das % am Beginn der neuen Zeile steht. Und zum anderen wird ein fester Abstand gesetzt. Dies wiederum bedeutet Folgendes: Wahrscheinlich werden Sie Ihren Text als Blocksatz formatiert haben, denn der linksbündige Flattersatz stammt noch aus Schreibmaschinenzeiten und ist gemeinsam mit den Geräten aus der Mode gekommen. Beim Blocksatz werden ja die Leerzeichen je nach Bedarf gleichmäßig auf die ganze Zeile verteilt in die Breite gezogen. Das geschützte Leerzeichen verhindert dies dort, wo es steht, indem der Abstand festgesetzt wird. Beides – Trennschutz und Festabstand – ist typografisch gesehen absolut korrekt, und wenn Sie Ihrem Text über die absolut nötigen Mindestanforderungen hinaus etwas Gutes tun möchten, gönnen Sie ihm das.

Es gibt über die Sonderzeichen hinaus noch zahlreiche Stellen in einem Text, an denen man besser das geschützte Leerzeichen verwenden sollte, so beispielsweise bei Abkürzungen. Bei allen Abkürzungen, die durch Punkte getrennt sind, setzt man auch ein Leerzeichen, wiederum eine Regel, die nur eine verschwindende Minderheit berücksichtigt. In dem Fall sollten die einzelnen Bestandteile der Abkürzung auf diese Weise dauerhaft verbunden werden: Bitte setzen Sie bei z. B., i. d. R., i. H. v., m. E., i. S. v., d. h. (und was es da sonst noch alles gibt) immer nach den Punkten ein geschütztes Leerzeichen.

Ganz wichtig an dieser Stelle: Auch in Literaturangaben sollte man mit geschützten Leerzeichen arbeiten. Zwischen der Abkürzung für Seite (S.) und der folgenden Seitenzahl kommt eines, ebenso hinter vergleichbaren Abkürzungen wie Abs. (für Absatz) oder Az. (für Aktenzeichen), Nr. (für Nummer), Rn. (für Randnotiz). Auch vor die Kürzel f. (für die folgende Seite) und ff. (für mehrere folgende Seiten) setzen Sie bitte ein geschütztes Leerzeichen, wenn Sie wirklich alles richtig machen wollen.

Folgen nach Zahlen Abkürzungen (3 km, 6 t, 4 min) oder umgekehrt (A 1, B 224, ISO 9001, DIN 5008), wenden Sie diese Regel bitte ebenfalls an. Für den Juristen gilt für das Beispiel »§ 33 Abs. 1 S. 2 Nr. 1 WpHG« Folgendes: Als Minimum sollte der § mit dem darauffolgenden numerischen Wert verbunden werden. Die De-luxe-Lösung aber wäre, nicht nur nach dem §, sondern auch nach Abs., nach Nr. und nach S. ein geschütztes Leerzeichen zu setzen.

Doch keine Sorge: Gegen Ende dieses Buches werde ich Ihnen ein paar Tricks verraten, wie Sie Ihren Text erst einmal ganz normal schreiben können und dann in einem Arbeitsschritt – quasi wie von Zauberhand geleitet – die geschützten Leerzeichen dahin bringen, wo sie hingehören. Und in dem Zusammenhang werden wir auch besprechen, wie Sie ganz locker mit einem Mausklick alle versehentlich doppelt gesetzten Leerzeichen eliminieren.

Bei einem Datum gilt: In der Schreibweise »16. 09. 1965« kommt ein geschütztes Leerzeichen nach jedem Punkt, hier kann man aber auch gänzlich auf Leerzeichen verzichten. Bei der Schreibweise »16. September 1965« das Leerzeichen nur nach dem Punkt schützen.

Erstaunlich, was alles offiziell geregelt ist, nicht wahr?

3.7 Der Schrägstrich

Wieder eines von den Sonderzeichen, mit denen man geizen sollte. Der wichtigste Grund: Die typografischen Regeln sagen, dass man vor und nach einem Schrägstrich (/) kein Leerzeichen setzt. Das disqualifiziert ihn für eine seiner gängigsten Anwendungen. Denn viele Wissenschaftler benutzen ihn gern, um zwei Autoren eines Werkes miteinander zu verbinden. Wenn also Fritz Müller und Karin Schulze gemeinsam ein Buch geschrieben haben, dann könnte man schreiben: »Wie Müller/Schulze in ihrem Text erwähnen, …«

Das würde allerdings nahelegen, im Literaturverzeichnis und in den Fußnoten zu schreiben: Müller, Fritz/Schulze, Karin: … Das finde ich persönlich aber unschön und empfehle daher Folgendes: Im Text schreibt man »Müller und Schulze«, und in den Quellenangaben verbindet man mit dem Semikolon: Müller, Fritz; Schulze, Karin: …

Auch über die Verwendung des / anstelle von »und«, »oder« sowie »bzw.« kann man streiten. Man sollte darauf verzichten, wenn man den Schrägstrich ohne Probleme – und ganz nebenbei auch wesentlich präziser – mit dem korrekten Begriff »und«, »oder« sowie »bzw.« ersetzen kann.

Zu gebrauchen ist er, wenn in festen Begriffen ein »und«, »oder« sowie »bzw.« nur unnötig für Verwirrung sorgen würde: die Nah-/Fernbildhypothese, die CDU/CSU, die Herbst-/Winter-Kollektion.

Und wo er wirklich hingehört:

- Der Wagen fuhr 60 km/h, auf dem U-Boot lastete ein Druck von 6 t/m² (also in seiner Bedeutung von »pro«).
- Am meisten Schnee fällt hier Ende Januar/Anfang Februar. Er war Sieger der Formel-1-Saison 08/09 (in seiner Funktion von »bis«).
- Aktenzeichen KR/007-3435, Rechnungsnummer 27/2010 (als Sortierhilfe für Bürokraten).

3.8 Binde-/Gedankenstrich

Leider gibt es im Segment »kleine, waagerechte Striche« zwei Kandidaten, die miteinander um die korrekte Verwendung konkurrieren. Beherrschen Sie diese Regel nicht, so ist das – anders als bei der Kommasetzung – keine Katastrophe. Beherrschen Sie sie jedoch, können Sie beim erfahrenen Leser unzweifelhaft punkten.

Also: Es gibt den Bindestrich (-). Er ist kurz, und Sie finden ihn auf der Tastatur neben dem Punkt. Dann haben wir noch den Gedankenstrich (–). Er ist etwas länger, und Sie finden ihn – welch ein Ärgernis – nicht auf der Standardtastatur. Bei MS Word ist er unter der Tastenkombination STEUERUNG mit - erhältlich. Open Office setzt ihn, wenn Sie zweimal - drücken. Und Sie erhalten ihn, indem Sie im ASCII-Code die 0150 wählen (ALT gedrückt halten und 0150 eingeben) oder ihn über den Menüpunkt SYMBOLE bzw. SONDERZEICHEN einfügen.

Kleiner Hinweis: Word verhält sich da manchmal etwas eigenartig – mal setzt es ihn automatisch, mal nicht. Das ist großer Mist und verursacht unschöne Fehler, und deswegen sollten Sie sich grundsätzlich manuell darum kümmern.

3.8.1 Der Bindestrich

Der Bindestrich verbindet, das sagt schon der Name. Wie zum Beispiel bei Namen (Leutheusser-Schnarrenberger) oder bei Begriffen, die man miteinander kombiniert: die Ad-hoc-Entscheidung, das Indie-Tasche-Lügen, das Kosten-Nutzen-Verhältnis. Er steht auch bei der x-Achse, bei d-Moll und bei den 17-Jährigen.

Wichtig ist: Bitte setzen ihn immer in ausreichender Anzahl: Schreiben Sie nicht Kosten-Nutzenverhältnis, denn das würde die Kosten von dem Nutzenverhältnis absetzen. Korrekt lautet es Kosten-Nutzen-Verhältnis.

Bei längeren Wörtern kann man den Bindestrich setzen, wenn es wirklich erforderlich ist, wenn also die Zusammenschreibung die

Lesbarkeit deutlich erschweren würde. Man sollte damit aber nicht übertreiben. Denn auf der einen Seite möchten Sie Ihrem Leser zwar eine Hilfe anbieten, auf der anderen Seite möchte dieser natürlich nicht wie ein Bedürftiger oder wie ein Minderbemittelter behandelt werden. Sehr lange Begriffe wie zum Beispiel »Körperbehinderten-Selbsthilfegruppe« sollten mit einem Bindestrich – selbstverständlich an der richtigen Stelle! – gegliedert werden; übersichtliche Begriffe wie »Fußballstadion« oder »Bushaltestelle« natürlich nicht.

Bei einigen wenigen Begriffen bietet sich aber die Verwendung an, um die genaue Bedeutung zu unterstreichen:

- Druckerzeugnisse: Wenn die Qualität der Druck-Erzeugnisse stimmt, haben die Mitarbeiter auch gute Drucker-Zeugnisse zu erwarten.
- Bilderzählung: Der Museumswärter schaute sich die Bild-Erzählung an, und da keine Lücke an der Wand zu entdecken war, war eine Bilder-Zählung nicht mehr erforderlich.
- Insolvenzplanerstellung: Wenn der Controller bei der Insolvenzplan-Erstellung nicht patzt, wird er seine Insolvenzplaner-Stellung behalten.

Folgen drei Konsonanten aufeinander (Schifffahrt, Betttuch), verwendet man den Bindestrich nicht, stehen drei Vokale hintereinander, so trennt man aus Gründen der besseren Lesbarkeit: Die Kaffeeernte, die Hawaiiinsel oder der so gern zitierte Seeelefant können ihn gut vertragen. Wann immer man das braucht.

Ganz wichtig: Am besten setzen Sie ihn bei einer Überbindung auch dort, wo Sie – wie im Kapitel zuvor behandelt – bei numerischen Größen ein Leerzeichen setzen: bei der 500-g-Packung, dem 100-m-Lauf oder der 30-km/h-Grenze.

Es gilt die folgende Grundregel: Ein Bindestrich ist niemals von Leerzeichen umgeben. Die einzige Ausnahme betrifft eine weitere wichtige seiner Funktionen: als Ergänzungsstrich.

Den Ergänzungsstrich setzt man, wenn zwei oder mehrere Wörter ähnliche Bestandteile gemeinsam nutzen:

- der Bier- und Weinkonsum
- ein Möhren-, Weißkohl- und Zucchini-Produzent
- die Mittelzu- und -abflüsse

Analog zum geschützten Leerzeichen gibt es auch den geschützten Bindestrich, und der ist ebenfalls wichtig. Vorab: Verfügbar ist er ähnlich wie das geschützte Leerzeichen. Halten Sie die STEUERUNG- und die UMSCHALT-Taste gleichzeitig gedrückt und tippen Sie dann auf -.

Wenn nun im letzten Beispiel der obigen Aufzählung der Teil »-abflüsse« ganz ans Ende der Zeile rutschen würde, könnte es passieren, dass der »-« am Ende steht und »abflüsse« in die neue Zeile springt. Mit einem geschützten Bindestrich verhindern Sie dies, Wort und Strich werden untrennbar verbunden. Diesen geschützten Bindestrich verwenden Sie bitte auch bei kürzeren Kombinationen wie bei der x-Achse, bei d-Moll und bei den 17-Jährigen[31], also immer dann, wenn eine Trennung nicht gut aussehen würde.

Das war's. Halt stopp – einen hätte ich noch. Man kann den Ergänzungsstrich auch in einer Klammer verwenden, um darauf hinzuweisen, dass der Begriff außerhalb der Klammer allgemein gemeint ist, aber die präzisierende Erweiterung in der Klammer ausdrücklich einbezogen ist.

Die (Einkommens-)Steuergesetzgebung ist eine Katastrophe!

Das bedeutet: Der Verfasser findet das gesamte fiskalische Verhalten des Staates fragwürdig, aber vor allem das bezüglich der Einkommensteuer.

Seine (neuro-)physiologischen Probleme haben sich deutlich gebessert.

---

[31] Zwei Hinweise dazu am Rande. Erstens: Wenn Sie die Sonderzeichen in MS Word anzeigen lassen, sieht der geschützte Bindestrich aus wie ein Gedankenstrich. Lassen Sie sich davon nicht verwirren. Zweitens: Steht er vorne wie bei »-abfluss«, fügt Ihnen Word beim Eintippen i. d. R. per Autokorrektur einen Gedankenstrich ein. Das ist falsch und muss von Ihnen manuell korrigiert werden!

Insgesamt hat er sich also ziemlich gut erholt, besonders im Bereich des Zentralnervensystems. In diesen Fällen setzt man nach der Klammer kein Leerzeichen. In der Klammer verwendet man besser einen geschützten Bindestrich, sonst trennt Word am Zeilenende nach dem Bindestrich.

3.8.2 Der Gedankenstrich

Der Gedankenstrich hat ebenfalls mehrere Bedeutungen. Vor allem benutzt man ihn bei der bereits erwähnten Parenthese – wie hier zum Beispiel –, in dieser Funktion wurde er ja schon bei der Kommasetzung ausführlich besprochen.

Dann steht er für das kleine Wörtchen »bis«, wenn ein Intervall angegeben wird: Im Alter zwischen 14–18 Jahren; unser Geschäft ist geöffnet von 10.00–18.00 Uhr; in den Jahren 1997–1999. In diesen Fällen benutzt man den Gedankenstrich ohne Leerzeichen. Allerdings kann man ihn nicht mit dem Ergänzungsstrich kombinieren. Dann schreibt man selbstverständlich nicht »die 14-–18-Jährigen«, sondern das Wörtchen »bis« aus: die 14- bis 18-Jährigen.

Bei Streckenbeschreibungen (Er fuhr täglich die Strecke Hamburg–Berlin–Warschau) verwendet man den Gedankenstrich ohne, bei Spielepaarungen im Sport (Die Partie FC Bayern München – Hamburger SV fällt aus) hingegen mit Leerzeichen davor und dahinter.

Dann wäre da noch die Verwendung in Titeln und Überschriften zu erwähnen. Mir lag – und das ist keine Übertreibung – bisher noch kein einziges Literaturverzeichnis vor, in dem nicht mindestens ein Fehler bei der Verwendung von Bindestrich und Gedankenstrich vorlag. Daher folgt nun ein Beispiel für die korrekte Verwendung:

Meier, Hans (2008): PR- und Marketingkampagnen – Grundlagen – Detailwissen – Praxisbeispiele

Hinter »PR« steht der Bindestrich, weil es sich ja hier um einen Ergänzungsstrich handelt. Zwischen »Marketingkampagnen« und »Grundlagen« steht ein Gedankenstrich, weil Titel und Subtitel so korrekt getrennt werden. Und folgen drei Schlagworte gleichberechtigt nebeneinander, trennt man auch die mit einem Gedankenstrich.

3.9 Klammersetzung

Ganz wichtig direkt zu Beginn: Innen (also *nach* der öffnenden und *vor* der schließenden Klammer) steht niemals ein Leerzeichen, außen (also *vor* der öffnenden und *nach* der schließenden Klammer) hingegen immer; es sei denn, es folgt auf die schließende Klammer ein Satzzeichen, dann nicht (so wie hier).

Eine Klammer beginnt niemals mit einem Komma, denn sie dient – wie das Komma auch – der Satzstrukturierung und ersetzt es somit. Das hier zum Beispiel geht also nicht:

Es machte ihn wütend (, weil er solch ein Sensibelchen war), wenn sie ihn wegen seiner langen Nase aufzog.

Das Komma in der Klammer muss weg, das danach bleibt:

Es machte ihn wütend (weil er solch ein Sensibelchen war), wenn sie ihn wegen seiner langen Nase aufzog.

Ist eine Klammer am Ende eines Satzes eingefügt, gehört der abschließende Punkt hinter die Klammer:

Er erwog tatsächlich, eine Promotion an sein Studium anschließen zu lassen (nicht aus wissenschaftlichem Ehrgeiz, sondern allein aus Eitelkeit).

Wenn allerdings ein vollständiger Satz isoliert in Klammern gesetzt wird, gehört der Schlusspunkt in die Klammer hinein.

Er erwog tatsächlich, eine Promotion an sein Studium anschließen zu lassen. (Das plante er nicht aus wissenschaftlichem Ehrgeiz, sondern weil er eitel war.) Und hier würde dann der nächste Satz folgen.

Man sollte nicht zwei Klammern hintereinander platzieren; in einem solchen Fall packen Sie den Inhalt beider Klammern geschlossen in eine Klammer hinein. Dies geschieht besonders häufig bei der amerikanischen Zitierweise, wenn also die Quellen direkt in Klammern in den Text eingefügt werden und nicht in Fußnoten.

Solche Konstruktionen bitte meiden:

> *Diese Theorie ist allerdings in der Literatur umstritten (nicht zuletzt wegen der methodischen Schwächen) (vgl. Schulze 2007, S. 17).*

So ist es besser:

> *Diese Theorie ist allerdings in der Literatur umstritten (nicht zuletzt wegen der methodischen Schwächen; vgl. Schulze 2007, S. 17).*

Bitte beachten Sie bei der Klammersetzung: Der Bereich in der Klammer ist kein rechtsfreier Raum, auch hier gelten die Regeln von Grammatik und Stilkunde.

Nicht gut:

> *Als erstes wesentliches Ziel werden Instrumente zur Deregulierung (Bürokratieabbau) eingesetzt.*

Besser:

> *Als erstes wesentliches Ziel werden Instrumente zur Deregulierung (wie z. B. der Bürokratieabbau) eingesetzt.*

Nicht gut:

> *Pleiten und Korruptionsskandale (Enron- oder WorldCom-Konkurs) haben auf die Wirtschaft spürbare Auswirkungen.*

Besser:

> *Pleiten und Korruptionsskandale (wie bspw. die Konkurse von Enron oder WorldCom) haben auf die Wirtschaft spürbare Auswirkungen.*

3.10 Das Anführungszeichen

Anführungszeichen können ein massives Problem sein, denn sie werden mit sehr unterschiedlichen Bedeutungen eingesetzt.

Die wichtigste und unstrittigste Form: Anführungszeichen kennzeichnen, vor allem in der erzählenden Literatur, die wörtliche Rede.

Er hielt sich nicht unnötig mit einleitenden Floskeln auf. »Sie sollten mich doch unbedingt anrufen!«, sagte der Lektor zu dem Studenten.

Ähnlich, aber nicht dasselbe: die Kennzeichnung von wörtlichen Zitaten.

Zu seinem Lebensmotto wurde Senecas berühmter Ausspruch »Hoffe nie ohne Zweifel und zweifle nie ohne Hoffnung«.

Man kann Anführungszeichen aber auch verwenden, um einen Begriff hervorzuheben.

Die Bezeichnung »Duden« leitet sich von dem berühmten Philologen Konrad Duden her.

Und natürlich, um auf eine andere Bedeutung als die hinzuweisen, die das verwendete Wort eigentlich aufdrängen würde.

Er liebte es, sein Gesicht im »Spiegel« zu betrachten.

In dem obigen Beispiel ist es schon ein erheblicher Unterschied, ob das Ding an der Badezimmerwand oder das im Zeitschriftenständer gemeint ist. Die Anführungsstriche weisen in dem Fall auf die andere, übertragene Bedeutung hin. Aber da sich DER SPIEGEL unter Verzicht unangebrachter Bescheidenheit in Versalien schreibt, können Sie, wenn ohnehin klar ist, was gemeint ist, auch darauf verzichten. Thematisieren Sie zum Beispiel Schillers Räuber, so ist auch ohne Anführung klar, worauf Sie hinauswollen.

Dann kann man Anführungszeichen einsetzen, um zusammenzufassen, was zusammengehört.

Sie studierte Publizistik und Kommunikationswissenschaft. Zwei Fächer
also? Nein, im Gegenteil, sie studierte »Publizistik und Kommunikations-
wissenschaft«, also ein Fach mit lediglich beeindruckendem Namen.

Und exakt an dieser Stelle enden die erlaubten Verwendungsmöglich-
keiten von Anführungszeichen in offiziellen Texten, vor allem in wissenschaftlichen Arbeiten. Aber leider trifft man immer wieder auch
auf die folgenden Verwendungen.

Als ironisierende Anmerkung:

Im Mittelalter waren Kindstötungen an der Tagesordnung. Diese Form der
»nachträglichen Geburtenkontrolle« wurde streng geahndet.

Ha, ha, sehr witzig, vor allem in dem Zusammenhang. Merke: Da
Witz, Ironie, Andeutungen, Wortspiel oder gar Sarkasmus in einem
sachlichen Text nichts zu suchen haben, streichen Sie bitte diese Verwendung ersatzlos aus Ihrem Repertoire.

Weiterhin verwendet der Amateur gern diese Zeichen, wenn er einen Begriff kennzeichnen möchte, von dem er zwar genau weiß, dass
er nicht passt, den er aber trotzdem im Text belassen hat.

Solche »Patzer« führen in der Regel zu einer Einschaltung des Qualitäts-
managements, um zukünftig gegensteuern zu können.

Hier signalisieren die Anführungszeichen nichts anderes als: »Ich weiß,
das passt nicht, aber ich hatte wirklich keine Lust, mir etwas Besseres
zu überlegen.« Das sieht nicht gut aus, gar nicht gut.

Zur Formatierung: Für die Anführungszeichen verwenden Sie
am besten den Klassiker: „vorne unten und hinten oben". (In diesem
Buch finden Sie, wie in fast allen neueren Büchern, die französischen
Anführungszeichen » und «. Das hat typografische Gründe und soll
Sie nicht beunruhigen.) Manchmal sieht man auch die Form "beide
oben"– auch nicht gut; erst recht nicht selbst gebastelte Lösungen
wie >> << oder > <.

Und dann findet man ab und an gar die ‚einstellige Variante'.
Auch diese halben Anführungsstriche sollte man in einem normalen

Fließtext nicht verwenden. Sie haben allein eine korrekte Verwendung: Wenn innerhalb eines wörtlichen Zitats im Original Hervorhebungen oder Zitate in Form von Anführungszeichen vorkommen:

> *Meier bestätigt in seiner Stellungnahme: „Diese Theorie umfasst alle Komponenten, die Schulze in seiner Würdigung als ‚unverzichtbare Bestandteile' definiert."*[32]

Aus gegebenem Anlass noch ein abschließender Hinweis: Bitte verwenden Sie (abgesehen von der Hervorhebung im Zitat) immer nur eine Variante. Es ist falsch, beim wörtlichen Zitat die „ " zu verwenden und zur vermeintlich besseren Übersicht bei der Hervorhebung zum Beispiel diese: " ".

3.11 Der Apostroph

Der Apostroph wird allein dazu verwendet, um darauf aufmerksam zu machen, dass ein Teil des Wortes oder ein einzelner Buchstabe fehlt.

Hier ein paar Beispiele, die zeigen, wann er verwendet wird:

- Wenn man ganze Teile innerhalb eines Wortes weglässt: Der Ku'damm in Berlin heißt eigentlich Kurfürstendamm. Aber die Königsallee in Düsseldorf heißt kurz Kö ohne Apostroph, sie befindet sich hingegen in D'dorf, wenn man es eilig hat.
- Beim Genitiv, wenn in der Konstruktion ein Eigenname verwendet wird, der auf s endet oder sich wenigstens so anhört: Das

---

[32] Diese halben Anführungen finden Sie auf Ihrer Tastatur in der Mitte rechts über dem #. Zur formalen Handhabung von Quellenangaben s. Kapitel 5.4.

[33] Nein, »Das ist Nikolaus sein Haus« geht nicht, erst recht nicht mit einem zusätzlichem »dem«. »Nikolausens« auch nicht. Stellt man hier die Reihenfolge um, was zweifellos die elegantere Lösung wäre, dann fällt das fehlende »s« weg (wenn das logisch überhaupt möglich ist) und mit ihm natürlich auch der Apostroph: Das ist das Haus des Nikolaus, das neue Kleid steht Beatrice gar nicht, das Wahrzeichen von Paris ist der Eiffelturm.

ist Nikolaus' Haus, Beatrice' neues Kleid steht ihr gar nicht, Paris' Wahrzeichen ist der Eiffelturm.[33] Merke: Zwei s-Laute nacheinander sind kaum verletzungsfrei auszusprechen, daher schreibt man sie auch nicht und kennzeichnet diesen Wegfall durch '.

- Wenn berühmte Menschen etwas Wichtiges geschaffen haben, dann benennt man oft etwas nach ihnen. Und das schreibt man dann so: die Darwin'sche oder darwinsche Evolutionslehre, die Hegel'sche oder hegelsche Philosophie. Klein und zusammen ist ein Tick eleganter.[34]

Das waren die Fälle, bei denen man einen Apostroph setzen muss. Nun kommen die, bei denen es möglich ist, aber nicht sein muss.

- Wenn ein »es« verkürzt in Form eines »s« angehängt wird: Geht's dir gut? Hat's geschmeckt? Nimm's dir nicht so zu Herzen. Meine Empfehlung: den Apostroph setzen.
- Wenn man umgangssprachlich Wörter verkürzt und ein Apostroph die Lesbarkeit erhöht: Möchtest du 'ne Kippe? – So'n Quatsch, bin doch Nichtraucher!

Nun die Fälle, wo der Apostroph eindeutig falsch ist. Beginnen wir doch gleich mit einer Wortschöpfung der vergangenen Jahre: mit dem sogenannten Deppenapostroph. So bezeichnet man dieses Satzzeichen, wenn es gesetzt wird, obwohl es dort nicht hingehört. Seine beliebteste Verwendung: wenn man ein »das« abkürzt. In dem Fall darf – im Gegensatz zum abgekürzten »es« – kein Apostroph gesetzt werden.

Für's Protokoll: Versucht ein Nichtschwimmer, über's Wasser zu laufen, setzt er sein Leben auf's Spiel.

Alles falsch, in keinem Fall wird hier ein Apostroph gesetzt. Richtig ist:

[34] Wie bitte? Das kommt Ihnen bekannt vor? Da haben Sie aber wirklich gut aufgepasst. Ja, es stimmt, diesen Hinweis kennen Sie schon aus dem Kapitel Groß- und Kleinschreibung.

Fürs Protokoll: Versucht ein Nichtschwimmer, übers Wasser zu laufen, setzt er sein Leben aufs Spiel.

Wenn nun in einer Überschrift oder in einer Namensbezeichnung eine unklare Genitiv-Konstruktion auftaucht, dann kann man einen Apostroph setzen. Ein Beispiel: Sie heißen Isolde, werden aber von Ihrem sozialen Umfeld »Isi« genannt und finden das auch noch gut. Jetzt möchten Sie ein Geschäft eröffnen. Wenn Sie nun deutlich darauf hinweisen möchten, dass hier kein esoterischer Schnickschnack aus Ägypten in »Isis Laden« angepriesen wird (da würde ja auch bei genauerem Hinsehen ein Bindestrich fehlen), können Sie Ihre Lokalität auch »Isi's Laden« nennen. Und wenn Sie Andrea heißen, wäre bei »Andrea's Boutique« auch eine Abtrennung eindeutiger. Vor allem, wenn Sie dort Kleidung für Damen feilhalten. Das ist bei Benennungen möglich, weil man eben da – und nur da – einen gewissen Spielraum hat.

Und dann wird gern fälschlicherweise ein Apostroph gesetzt, weil es die Amerikaner auch machen: und zwar im Plural. Wer sich im Elektronikmarkt die »Handy's« anschaut, hat somit ein echtes Problem, die »Baby's« in der Krabbelgruppe gibt's auch nicht und die »Community's« im Internet schreibt man ebenfalls ohne Apostroph.

4 STIL

Nun haben wir sehr ausführlich die Rahmenbedingungen für einen guten Text besprochen. Sie haben jetzt einen relativ breiten Überblick über die wichtigsten Regeln und über die gängigsten Fehler bekommen. Aber das ist nur der Part, der in Sportarten wie Eiskunstlaufen, Turnen oder Dressurreiten als die Pflicht bezeichnet wird. Nun wenden wir uns der Kür zu und werden uns mit der stilistischen Aufbereitung Ihrer Texte befassen. Auch hier ist eine Reihe von Regeln zu beachten, die aber bei genauerem Hinsehen ebenfalls nicht wirklich schwer zu befolgen sind.

Des Öfteren rede ich mit meinen Kunden nach getaner Arbeit über ihre Texte. Wenn wir dann bei der Manöverkritik den Bereich Kommasetzung und Rechtschreibung hinter uns gelassen haben, stelle ich gern die folgende Frage: »Was denken Sie, ist wohl Ihre größte stilistische Schwäche?« Und fast immer lautet die Antwort: »Ja, ja, ich weiß, ich schreibe immer viel zu lange Sätze!« Und dann sage ich: »Richtig, aber wenn Sie das schon wissen, warum machen Sie das denn dann?« Darauf fehlen den meisten die Worte.

Dabei ist es doch so: Es ist unglaublich anstrengend und kompliziert, lange und verschachtelte Sätze zu formulieren. Und oft, genau genommen viel zu oft, stecken dann ja auch Fehler drin, wenn man sie schreibt – eben weil man nicht in der Lage war, diese Konstruktionen korrekt aufzulösen. Spätestens dann sollte doch jedem vernünftigen Menschen aufgehen: Wenn ich das schon nicht schreiben kann, wer soll das denn dann eigentlich lesen und verstehen?

Natürlich liegen die Gründe für ein derartiges Fehlverhalten auf der Hand. Und wenn man ein diesbezügliches Gespräch entsprechend lenkt, dann kommt man irgendwann auch an dem Punkt an, an dem die Delinquenten Farbe bekennen: Ja, es stimmt, man gebe es zu, man glaube tatsächlich, nur komplizierte und verschachtelte

Sätze würden dem Anspruch gerecht, den man selbst oder auch der mächtige, wichtige Leser an den Text stellen. Man glaubt, kompliziert wäre gut und einfach wäre schlecht. Und das ist ein fataler Irrtum.

Das Fundament für diesen Irrtum basiert auf einigen akademischen Größen und zahllosen, ihnen ergebenen kleineren akademischen Lichtern, der da lautet: Je komplizierter, verklausulierter und abgehobener man formuliert, umso beeindruckter ist der Leser. Vor allem in der Philosophie und der Soziologie scheint diese Unsitte zum Teil noch heute weit verbreitet zu sein. Aber mittlerweile hat sich doch wohl herumgesprochen, dass das, was zuvorderst die Frankfurter Schule und ihre Eleaten an Textverballhornung verbrochen haben, sich doch schon seit Jahrzehnten überholt haben dürfte. Damals war es so, dass Geistesgrößen wie Adorno, Horkheimer oder auch Luhmann es geschafft haben, fortwährend in Rätseln zu sprechen und Sprachverbrechen zu begehen, deren Folgen bis heute fortwirken. Die Aufgabe ihrer Anhänger war es, auf der einen Seite zu glauben und auf der anderen Seite so zu tun, als könne man diesen Ergüssen tatsächlich problemlos folgen. Die quasi-religiöse Verehrung, die ihnen zum Teil heute noch entgegengebracht wird, gemahnt den kritischen Zeitgenossen allerdings an das Märchen von des Kaisers neuen Kleidern.

Was bedeutet das genau für Sie? Ganz einfach: Bitte begehen Sie nicht den Fehler und versuchen, es ihnen gleich zu tun. Wir werden uns nun ausführlich damit beschäftigen, wie man verständlich und nachvollziehbar schreibt, ohne den Anspruch auf einen qualitativ hochwertigen Text aufgeben zu müssen.

Die Frage nach gutem Stil umfasst oft auch eine weitere, die Sie sich hier und jetzt vielleicht auch stellen werden: Das soll es sein? Das soll guter Stil sein? Nehmen wir einmal an, Sie würden sich ein weiteres Buch zum Thema zulegen und würden dabei auf die Werke der zwei Lichtgestalten Ludwig Reiners oder Wolf Schneider zurückgreifen. Vielleicht würden Sie sich auch da fragen: Was soll denn daran guter Stil sein? Und die Antwort ist oft einfach: Guter Stil ist vor allem definiert durch die Abwesenheit schlechten Stils. Das bedeutet: Man sollte ganz einfach die wichtigsten Stilbrüche kennen und vermeiden. Dann ist man schon einen Riesenschritt weiter. Und dann bedeutet guter Stil: Man sollte dem Text anmerken, dass er ganz im Dienste des Lesers geschrieben ist, also klar strukturiert, lesbar und abwechslungsreich.

Und genau auf diese zwei Punkte werden wir in diesem Kapitel gemeinsam hinarbeiten.

4.1 Regel Nummer 1: Positiv an den Leser denken

Schreiben ist nicht nur ein kreativer, sondern selbstverständlich auch ein kommunikativer Prozess. Man tut es, um jemand anderem etwas mitzuteilen. Der Adressat, an den die Botschaft gerichtet ist, konsumiert sie in der Regel zu einem anderen Zeitpunkt und an einem anderen Ort. Dies bedeutet: Es besteht kein unmittelbarer Rückfluss von Informationen. Wir wissen nicht genau, was unser Gegenüber vom Text hält; meistens kennen wir seine Vorlieben nicht, und manchmal kennen wir ihn nicht einmal persönlich. All das führt in logischer Konsequenz zu einem erheblichen Maß an Unsicherheit.

Noch schlimmer: Oft schreiben Menschen eben nicht einfach irgendwelche Texte ohne jede Relevanz, sondern viel häufiger steht eine gewisse Verpflichtung (Diplomarbeit, Marketingkonzept, Ausschreibungsunterlagen, Buchmanuskript) dahinter, die dann im Extremfall auch noch mit einer entsprechenden Bewertung verbunden ist. Das Ergebnis: völlige Verunsicherung. Und diese Verunsicherung ist bei zahlreichen Texten, die mir zur Bearbeitung vorgelegt werden, deutlich zu erkennen. Metaphorisch formuliert, fließt dem Leser der Angstschweiß des Verfassers quasi in die Augen. Glauben Sie mir: Das ist unangenehm, das braucht niemand.

Die Krux ist fast immer: Man will sich möglichst schnell seiner Gedanken entledigen, sie irgendwie loswerden, am besten gestern. Denn ganz nebenbei ist man ja auch ziemlich ungeduldig und manchmal sogar ein bisschen bequem. Und wenn man an die Beurteilung denkt, wird einem ohnehin schon ganz anders.

Sie merken schon: So kann nichts Vernünftiges entstehen, der Volksmund weiß schon lange: Aus einem verzagten Arsch kommt kein fröhlicher Furz. Also bitte: Versuchen Sie einmal, Ihren Leser nicht als bösartigen Menschenfeind zu betrachten, der sich über jede Schwäche gnadenlos hermachen wird. Sondern bitte stellen Sie ihn sich doch als einen Ihnen zugewandten, kooperativen und an Ihren Gedanken interessierten Menschen vor. Das hilft erheblich, und erfahrungsgemäß trifft das auch wesentlich häufiger die Realität. Nur wenige Professoren und wahrscheinlich noch weniger Chefs geben Ihnen einen Auftrag zum Verfassen eines Textes, allein um Sie scheitern zu sehen und nach Strich und Faden fertigzumachen. Viel häufiger herrscht auf dieser Seite aufrichtige Freude über eine gute Leistung.

Was bedeutet dies? Ganz einfach: Denken Sie beim Schreiben nicht an die Verpflichtung und an den Druck, der auf Ihnen lastet, sondern konzentrieren Sie sich darauf, was Sie Ihrem Leser gern mitteilen würden. Was möchte der Leser von Ihnen erfahren, und was haben Sie ihm zu sagen? Rechnen Sie nicht damit, dass auf der anderen Seite eindeutige Ansprüche existieren, die Sie wahrscheinlich niemals befriedigen können. Gehen Sie vielmehr davon aus, dass dort ein echtes Erkenntnisinteresse besteht und man sich darauf freut, von Ihnen informiert zu werden.

Wenn Sie dies verinnerlicht haben und den Leser weniger als brutalen Sadisten betrachten, der sich bei jeder Unstimmigkeit mit perverser Freude die Hände reibt, sondern vielmehr als der Materie positiv zugewandten Gutmenschen, dann fällt es Ihnen wesentlich leichter, den Text auch leserlich zu verfassen. Wir beide zum Beispiel, Sie und ich, wir üben das doch jetzt schon eine ganze Zeit. Ich habe, das dürfen Sie mir gerne glauben, tendenziell wenig Angst vor Ihnen. Vielmehr stelle ich mir vor, wo Ihre Probleme liegen könnten, was

Sie jetzt von mir erwarten und was mich interessieren würde, wenn ich an Ihrer Stelle wäre. Und schon kommunizieren wir ganz unverkrampft miteinander. Ist doch eigentlich ganz nett mit uns beiden, oder?

4.2 Regel Nummer 2: Klar und lesbar schreiben

Also ich stelle fest: Sie haben beschlossen, zukünftig Ihren Leser zu mögen und keine Angst vor ihm zu haben. Deswegen werden Sie auch mit einem gewissen Selbstvertrauen an die Arbeit gehen. Der zweite wichtige Punkt ist: Sie sollten genau wissen, in welches Umfeld der Text einzuordnen ist, den Sie zu erstellen haben. Die Anforderungen an Marketingkonzepte sind andere als die an den Content einer Internetseite, und theologische Arbeiten unterliegen noch einmal ganz anderen Regeln als juristische Gutachten. Eines jedoch ist allen gleich: Der Text soll abseits jeglicher sonstiger Ansprüche lesbar sein. Bitte glauben Sie niemals, je komplizierter Ihr Text ist, umso besser würden Sie am Ende abschneiden. Genau das Gegenteil ist der Fall: Ein einfacher Text, verständlich geschrieben, das gibt Punkte – egal, worum es geht. Richten wir uns gedanklich einfach mal auf den wichtigsten Text aus, den ein normaler Student zu verfassen hat: die Abschlussarbeit an der Uni. Am Ende wird sie einem Professor oder einem seiner Stellvertreter in die Hand gedrückt. Es passiert Folgendes: Dieser Mensch muss den Text lesen. Dumm nur: Er muss sich pro Jahr wahrscheinlich mit 50 oder 80 ähnlichen Arbeiten auseinandersetzen. Stellen Sie sich vor: Im Extremfall räumt er Ihnen 20 Minuten ein, und dann steht die Note fest. Was glauben Sie: Möchte der jetzt auf jeder Seite drei Schlangensätze knacken und sagen: Hut ab, der (oder die) kann aber wirklich wunderbar kompliziert formulieren? Und er freut sich ganz besonders, wenn ihm die Auflösung erst im vierten Durchgang gelingt? Oder möchte er vielleicht doch eher einfach, leicht und unkompliziert lesen können, was

Sie geschrieben haben? So leicht durch den Text kommen wie ein warmes Messer durch die Butter? Richtig, Letzteres ist garantiert der Fall.

4.3 Erste Hürde: Der Satzbau

Wie schon zuvor thematisiert: Die schlimmsten Fehler werden begangen, indem man beim Satzbau versagt. Zu lange Sätze sollte man tunlichst vermeiden, vor allem zu lange eingeschobene Nebensätze. Und weil es sich hier um die Kardinalsünde handelt, lassen Sie uns auch gleich mit diesem Thema beginnen.

Doch bevor es richtig losgeht, noch ein Hinweis vorneweg. Alles, was nun folgt, bezieht sich selbstverständlich auf sachlich ausgerichtete Gebrauchstexte. Natürlich pfeifen Literaten und andere Wortakrobaten auf die nachfolgenden Regeln und drechseln Wortgebilde, bei denen dem normalsterblichen Leser schon mal schwindlig werden kann. Aber da das ja nicht Ihr Anspruch ist, können wir diesen Teil der Textproduktion bewusst ausblenden.

4.3.1 Die größte Sünde: Der eingeschobene Nebensatz

Was nun folgt, sollten Sie sich besonders gut merken und auf die hier notierten Einlassungen zukünftig ganz besonders achten. Denn keine Regel für guten Stil ist wichtiger und wird zugleich öfter ignoriert.

Unter einem eingeschobenen Nebensatz versteht man solch eine grauenvolle Konstruktion:

Man sollte, um eine auf den Leser zugeschnittene und einfache Lektüre des Textes zu gewährleisten und so das Verständnis aufseiten der Rezipienten schlagartig zu erhöhen, auf eingeschobene Nebensätze möglichst verzichten.

Der Hauptsatz ist in zwei Teile zerrissen, und der Leser muss sich entsetzliche dreiundzwanzig Wörter lang gedulden, bis er erfährt, worum es überhaupt geht. Auf solche Konstruktionen sollten Sie grundsätzlich verzichten, denn es ist überhaupt kein Problem, den Hauptsatz an einem Stück zu belassen und den Nebensatz anzuhängen. Dann wird es wesentlich einfacher, übersichtlicher und lesbarer:

> *Man sollte auf eingeschobene Nebensätze möglichst verzichten, um eine auf den Leser zugeschnittene und einfache Lektüre des Textes zu gewährleisten und so das Verständnis aufseiten der Rezipienten schlagartig zu erhöhen.*

Noch schlimmer ist es, wenn nicht nur der Hauptsatz, sondern die gesamte Verbkonstruktion auseinandergerissen wird.

> *Er nimmt das Angebot seines Kommilitonen, seine Diplomarbeit noch einmal einer ausführlichen inhaltlichen, grammatischen und formalen Kontrolle zu unterziehen, an.*

Hier erfährt man erst zum Schluss, ob sich der Verfasser das Angebot zu Herzen nimmt, es annimmt, nicht ernst oder für bare Münze nimmt oder es gar als Beleidigung hinnimmt. Bitte glauben Sie nicht, Sie würden mit solcherlei Wucherungen bei Ihrem Leser so etwas wie Neugierde oder Spannung erzeugen. Das Gegenteil ist die Regel: Er ist genervt, muss sich zu sehr konzentrieren, und das richtet sich nur zu oft gegen den Autor.

Für den richtigen Umgang mit derlei eingeschobenen Nebensätzen merken Sie sich bitte die folgenden Regeln:

- Wann immer es möglich ist, verwenden Sie sie bitte möglichst selten, und stellen Sie den Satzbau so um, dass aus dem eingeschobenen ein angehängter Nebensatz wird.
- Wenn Sie sie verwenden, achten Sie bitte darauf, dass der Einschub nicht zu lang wird. Experten legen die Obergrenze auf zwölf Silben fest; das ist die Menge an verbalen Informationen, die man ohne Probleme im Gedächtnis behalten kann.

- Und wenn Sie sie verwenden, dann achten Sie unbedingt darauf, dass Sie den Einschub nicht noch einmal durch weitere eingeschobene Nebensätze ergänzen. Denn auch so etwas muss man als Lektor leider immer wieder lesen, zerschlagen und neu zusammenbasteln:

Die Frage, ob denn nun ein eingeschobener Nebensatz, der die Länge von zwanzig Silben überschreitet und deswegen eigentlich neu konzipiert werden müsste, zulässig ist oder nicht, stellt sich somit nicht.

Dieses Beispiel zeigt eine Konstruktion, die man auch durch ein paar einfache Umstellungen nicht auflösen kann. Hier kommen Sie nur mit der Abrissbirne weiter: komplett löschen, neu beginnen und es besser machen. Auch dann, wenn das ein bisschen mehr Arbeit bedeutet.

4.3.2 Der entmachtete Hauptsatz

Ein weiterer populärer Fehler liegt vor, wenn man den eigentlichen Kern der Aussage im Nebensatz versteckt und der Hauptsatz nur einen völlig belanglosen Rahmen darstellt. Bitte merken Sie sich: In guten Texten spielt sich die Hauptsache im Hauptsatz ab und die Nebensache im Nebensatz. Nicht zufällig sind die Bezeichnungen nämlich so gewählt.

Die Tatsache, dass er seinen Text noch einmal einer intensiven inhaltlichen, formalen und semantischen Kontrolle unterziehen sollte und deswegen einen erheblichen zusätzlichen Arbeitsaufwand hatte, machte ihn wütend.

Hier hat der Hauptsatz so gut wie keine Bedeutung, und die Hauptaktion findet im eingeschobenen Nebensatz statt. Das gilt es, zu vermeiden. Merken Sie sich: Die Musik sollte im Hauptsatz spielen, und der Nebensatz ist eben nur eine Ergänzung. Generell sind Hauptsatzkonstruktionen immer zu bevorzugen, denn sie erhöhen in hohem Maße die Lesbarkeit.

Er musste seinen Text noch einmal einer intensiven inhaltlichen, formalen und semantischen Kontrolle unterziehen, und das machte ihn wütend – vor allem wegen des erheblichen zusätzlichen Arbeitsaufwands.

In einen Nebensatz sollte man ebenso wenig wichtige Hauptsachen einstreuen, die aufgrund ihrer Bedeutung zu stark herausragen.

Sie trafen sich zu einer außerordentlichen Konferenz, auf der dann völlig überraschend die Entlassung des Finanzvorstands beschlossen wurde, um 10.30 Uhr im Konferenzraum »Hallervorden«.

Bei diesem Satzbau fällt auf: Die eigentlich relevante Information ist – so ganz nebenbei – in einem unscheinbaren Nebensatz versteckt, und der Hauptsatz beinhaltet völlig unwichtige Inhalte. Auch solche Konstruktionen meiden Sie bitte.

Ganz besonders dramatisch wird es, wenn der Satz mit völlig überflüssigen Verklausulierungen beginnt. Häufig werden solche verschrobenen Phrasen benutzt, um dem Leser zu suggerieren, man würde einem massiven roten Faden folgen. Hier nun ein paar Auszüge aus dem rhetorischen Gruselkabinett:

- Die Tatsache, dass …, ist nicht von der Hand zu weisen.
- Vor dem Hintergrund, dass …, ist zu berücksichtigen, dass …
- Im Hinblick darauf, dass …
- Es geht in diesem Kapitel darum, dass …
- Was dieses Beispiel zeigt, ist, dass …

Sehr häufig und sehr unkompliziert läuft die Fehleranalyse auf einen Schlüsselbegriff hinaus: auf das kleine Wörtchen »dass«. Bitte merken Sie sich die Faustregel: Je früher dieses Wort in einem Satz auftaucht, umso dringender sollten Sie ihn überarbeiten.

4.3.3 Der vorangestellte Nebensatz und die Inversion
In begründeten Fällen, und wirklich nur dann, kann man von der gewohnten Reihenfolge im Satzbau abweichen. Nur noch einmal zur Erinnerung: Im Deutschen lautet die Reihenfolge des klassischen und somit normalen Satzbaus:

	Subjekt	Prädikat	Objekt
oder:	Wer	tut was	mit wem / was
oder:	Der Mann	steigt	in sein Auto.

Bei der Inversion wird diese Reihenfolge umgekehrt. Merke: Der wichtigste Teil des Satzes, der Hauptdarsteller, der zentrale Baustein steht am Anfang. Der Beispielsatz würde dann lauten: »In sein Auto steigt der Mann ein.« Da fragt sich doch der Leser: Ja und? Was ist das Besondere daran? Und das fragt er sich mit Recht. Merke: Eine solche Konstruktion sollte man nur verwenden, wenn dem Objekt, das dann ja am Satzanfang steht, eine besondere Bedeutung innewohnt, wenn man es betonen möchte, wenn man mit einer echten Überraschung aufwartet.

Zum Prokuristen ist er befördert worden.

Sie haben natürlich recht[35], hier stimmt was nicht. Denn folgt man dem Sinn, dann könnte eine Bemerkung folgen wie »Das muss man sich mal vorstellen!«. Und deswegen würde man am Ende dieses Beispielsatzes eigentlich ein Ausrufezeichen erwarten. Und schon wird klar, was man mit dieser Inversion impliziert, nämlich dass man im Leben nicht damit gerechnet hätte, dass dieser Versager das schaffen würde! Wäre das keine Überraschung, würde man schreiben: Er ist zum Prokuristen befördert worden.

Noch ein Beispiel:

3000 Euro hat der für seinen Wagen bekommen!

Hier wird klar, die Replik darauf kann nur lauten: »Wie bitte? Für die alte Schrottkarre?«

---

[35] Ganz ehrlich? Ich habe schon wieder nachgeschaut, ob das nun groß- oder kleingeschrieben wird, das kann ich mir einfach nicht merken. Nehmen Sie sich daran ein Beispiel, wenn Sie mögen, und gewöhnen Sie sich das auch an. Hilft ungemein, und irgendwann bleibt's hängen – ich warte noch darauf.

Also bitte merken Sie sich: Wann immer Sie eine solche Konstruktion verwenden, seien Sie sich der besonderen Bedeutung, Betonung, Hervorhebung bewusst. Mit diesem Stilmittel sollten Sie daher besonders sparsam umgehen.

Dasselbe gilt sinngemäß für den vorangestellten Nebensatz; auch diese Konstruktion ist möglich, ihr wohnt aber eine ähnliche Akzentuierung inne.

Dass er 3000 Euro für seinen Wagen bekommt, war wirklich eine Überraschung.

Diese Version klingt noch ein wenig dramatischer als

Es war wirklich eine Überraschung, dass er 3000 Euro für seinen Wagen bekommen hat.

Wenn man also einen Nebensatz an den Satzanfang rückt, dann sollten auch inhaltliche Gründe dafür sprechen – bitte auch hiermit geizen.

Auch Begründungen sollten nicht oder nur sehr reduziert an den Beginn eines Satzes gestellt werden, erst recht nicht, wenn sie ungewöhnlich lang sind:

Weil das Wetter ausgerechnet an diesem Wochenende wirklich außergewöhnlich schlecht war und es sogar zu Wolkenbrüchen und schweren Gewittern kam, ist er daheimgeblieben.

Wesentlich lesbarer ist doch diese Version hier:

Er ist daheimgeblieben, weil das Wetter ausgerechnet an diesem Wochenende wirklich außergewöhnlich schlecht war und es sogar zu Wolkenbrüchen und schweren Gewittern kam.

Da weiß man doch vom ersten Wort an, worum es geht.

4.3.4 Nur ein Richtungswechsel pro Satz

Bei manchen Sätzen bekommt man das Gefühl, sich auf einer verbalen Achterbahnfahrt zu befinden. Schauen Sie einmal hier:

> *Bei der Konzeption ihrer Diplomarbeit bekam sie große Probleme, denn die Gliederung wollte ihr nicht gelingen, obwohl sie extra ein Seminar zur Vorbereitung belegt hatte, und das trotz ihres überstrapazierten Terminkalenders, denn schließlich muss sie auch noch arbeiten!*

Eine Richtungsänderung in einem Satz reicht, dann sollte der nächste kommen. Hier würde sich also in der Mitte dieses Satzes anbieten, einen Punkt zu setzen und mit einem neuen Satz fortfahren. Besser, man macht gleich drei daraus.

Richtungswechsel werden gemeinhin durch ein Komma und Wörter wie aber, demnach, denn, hingegen, jedoch, obwohl, weil etc. eingeleitet. Wenn Sie also in einem längeren Satz auf mehrere dieser Konstruktionen stoßen, dann wissen Sie, was Sie im Dienste Ihres Lesers zu tun haben.

4.3.5 Der Königsweg: Abwechslung

Wenn Sie einen wirklich interessant zu lesenden Text verfassen möchten, dann sollten Sie Ihren Satzbau so variabel wie möglich gestalten. Kurze Sätze sollten sich mit längeren abwechseln, mal sollten Sie Hauptsatzkonstruktionen verwenden, mal angehängte Nebensätze. Apropos kurze Sätze: Selbstverständlich sind die nicht nur erlaubt, sondern sogar ausdrücklich gewünscht. Ein kurzer Satz hat was. Er bringt es oft auf den Punkt. Nur sollten Sie spätestens nach dem zweiten kurzen Satz – wie ich in diesem Beispiel – wieder eine Nebensatzkonstruktion folgen lassen, damit Ihr Schreibstil und letztlich auch Ihr Denken nicht zu eindimensional wirken.

Sie können eine Aufzählung einfließen lassen, gern auch mal in Spiegelstrichen, und ruhig auch mal einen etwas voluminöseren Satz anschließen lassen, der aber eine klare inhaltliche Struktur aufweisen sollte und immer schön geradeaus verläuft. Dann kann wieder etwas

Kurzes kommen. Aber nur, um anschließend erneut von einer etwas anders konzipierten Konstruktion abgelöst zu werden.

Sie merken, die Mischung macht's, und gerade diese Abwechslung im Satzbau befördert einen annehmbaren Text zu einem wirklich guten.

4.4 Für alle Fälle

Bei diesem Buch handelt es sich ausdrücklich nicht um eine Grammatik-Fibel, deswegen beginnen wir jetzt auch nicht in der Grundschule und quälen uns durch alle grammatischen Fälle. Aber ein paar Besonderheiten, die mir immer wieder bei meiner täglichen Arbeit auffallen, müssen wir – kurz, knapp und pointiert – trotzdem kurz ansprechen.

4.4.1 *Der Dativ ist dem Genitiv sein Tod*

Der hoch geschätzte Kollege Bastian Sick reüssierte[36] vor einigen Jahren mit seiner Sprach- und Wortwitz-Trilogie »Der Dativ ist dem Genitiv sein Tod«.[37] Und nun stellt sich die Frage, die wir alle noch aus dem Schulunterricht im Fach Deutsch kennen: Was möchte uns der Autor damit sagen?

---

[36] Also wir haben jetzt eine Handvoll Möglichkeiten. Erstens: Sie wissen, was das bedeutet und lesen weiter. Zweitens: Sie haben keine Ahnung, und es ist Ihnen auch egal. Sie gehen einfach drüber weg. Drittens: Sie ahnen so ungefähr, was es bedeuten könnte und beweisen den Mut zur Lücke. Viertens: Sie schauen nach. Kleiner Tipp: Fremdwörter sind nicht automatisch Blendwerk, sondern können auch das Salz in der Suppe sein. Aber dazu kommt noch ein ganzes Kapitel, und – Option Nummer fünf – da finden Sie auch »reüssieren« wieder.

[37] Immer noch eine lesenswerte Lektüre, auch wenn sich einige seiner Auslassungen mittlerweile erledigt haben. Denn Sick schrieb diese Bücher in der »schlechten Zeit«, also in der Zeit zwischen der Reform und der Reform der Reform und haderte mit den Unstimmigkeiten, wie er auch an ihnen herumoperiert. Also wenigstens in der Beziehung sind Sie hier wesentlich besser aufgehoben.

Bei meinen um einen guten Text bemühten Kunden stelle ich ab und an fest, dass sie wohl dieser Titel ein wenig von der rechten Spur abgebracht hat. Denn so pointiert er ist, so schwingt doch leider auch ein fataler Unterton mit, und zwar, dass der Genitiv grundsätzlich der elegantere Fall ist und dem Dativ immer vorzuziehen sei. Das stimmt, aber leider allein in einer einzigen Konstruktion, und die schauen wir uns nun genau an.

Wenn angezeigt werden soll, dass jemandem etwas gehört, sagt man: »Das ist Peters Buch.« Man kann auch sagen: »Das ist das Buch von Peter«, aber das ist dann die wesentlich unelegantere Methode. Und weil der Genitiv hier die geschliffenere Variante ist, schwenkt man – wohl aus Trotz oder weil man nicht auffallen will – in der Umgangssprache gern zum Dativ. Das sollte man aber in der Schriftsprache konsequent meiden.

Übel wird es dann, wenn es um Begründungen geht.

Wegen dem vielen Bier hatte Daniel am nächsten Tag Kopfschmerzen.

Das geht nicht. Allerdings hat sich in der (dann letztlich doch anspruchslosen) Umgangssprache diese Konstruktion zwar eingebürgert, aber auch da gilt allein der Genitiv als wirklich korrekt:

Wegen des vielen Bieres hatte Daniel am nächsten Tag Kopfschmerzen.

In der Schriftform gilt die Dativ-Konstruktion unzweifelhaft als Fehler.

Soweit zu Sicks Titelwahl.

Allerdings gibt es im Deutschen neben dem bereits thematisierten »wegen« noch einige andere Präpositionen, die von einem festgelegten Fall regiert werden. Und hier beobachte ich zunehmend, dass der Genitiv in den Fällen auch dann verwendet wird, wenn der fragliche Begriff unzweifelhaft und ausschließlich den Dativ benötigt – wohl weil man glaubt, der Wes-Fall wäre im Zweifel die elegantere Lösung.

• Beispiel »zufolge«: Seinem Testament zufolge … (und nicht: Seines Testaments zufolge …).

- Beispiel »nahe«: Er parkte nahe dem Ausgang (und nicht: …
  nahe des Ausgangs).
- Beispiel »gemäß«: Gemäß dem Zeitungsartikel in der FAZ …
  (und nicht: Gemäß des Zeitungsartikels …).
- Beispiel »entgegen«: Entgegen dem Bericht der Expertenkom-
  mission … (und nicht: Entgegen des Berichts …).
- Beispiel »entsprechend«: Entsprechend dem theoretischen Ansatz … (und nicht: Entsprechend des theoretischen Ansatzes …).

Und hier kommen die wichtigsten Genitiv-Präpositionen:
- angesichts des Rechts des Stärkeren …
- aufgrund seines schlechten Verhaltens …
- dank seines voluminösen Bankkontos …
- einschließlich des Barkapitals …
- infolge seines schlechten Rufs …
- mittels eines klapprigen Fahrrads …
- seitens des Aufsichtsrats …
- statt eines Erfolgs …
- während des Fußballspiels …

Im Zweifel können Sie das aber überall dort nachschlagen, wo Sie
dies gemeinhin tun.

Und nun folgt in einer kurzen Übersicht, was man sonst noch über
den Genitiv wissen sollte. Zunächst kommt eine Aufstellung der wichtigsten Fälle, wann man das typische Genitiv-s verwendet.

Normalerweise hängt man bei maskulinen oder neutralen Hauptwörtern ein -s an: die Lösung des Problems, das Werk des Schriftstel-
lers, die Post des Abteilungsleiters.

Bei Hauptwörtern die auf s, x, ß, z enden, hängt man ein -es an:
die Giftigkeit des Pilzes, die Feinheiten des Genusses, die Füllung des
Glases.

Bei einsilbigen Wörtern oder solchen, die auf der letzten Silbe betont werden, kann man auf es ausweichen, auch wenn sie nicht auf
-s enden, man muss -es aber nicht: das Netz des Tores, der Hut des
Mannes, das Fahrrad des Sohnes. Das ist Geschmackssache; ich finde,

wenn es möglich ist, sollte man darauf verzichten, denn es wirkt leicht geschwollen.

Ganz so einfach ist es natürlich nicht, denn es gibt auch Maskulina, die schwach gebeugt werden. Hier wird die Genitiv-Endung nicht -s, sondern mit -en gebildet:

- das Fahrrad des Jungen
- das Schwert des Fürsten
- die Kamera des Fotografen
- die Krankenakte des Patienten
- die Würde des Menschen
- die Macht des Präsidenten
- der Schreibtisch des Fabrikanten

Bitte beachten Sie zukünftig eine wichtige Schnittstelle, die eine überproportionale Fehlerquelle darstellt: Alle Substantive, die auf -or enden, werden stark gebeugt, bekommen also im Genitiv das angehängte -s:

- das Buch des Autors
- das Büro des Professors
- die Kunst des Lektors
- das Stethoskop des Doktors
- die Bedeutung des Faktors

Diese Unterscheidung ist natürlich im Dativ und im Akkusativ von Bedeutung:

- Er kritisierte den Autor (nicht den Autoren!).
- Er gab seine Hausarbeit dem Professor (nicht dem Professoren!).
- Er beauftragte den Lektor (nicht den Lektoren!).

Ein kleiner, aber feiner Tipp: Die vollständige Flexion eines jeden Wortes liefert Ihnen das Wikipedia-Wörterbuch Wiktionary. Bitte setzen Sie in Ihrem Browser dieses Lesezeichen am besten noch heute.

Eine besonders häufige Fehlerquelle liegt vor, wenn man eine Begründung liefern oder jemandem die Schuld in die Schuhe schieben möchte.

Wegen mir brauchst du das nicht wegzuräumen!

Dank ihr bin ich zu spät gekommen!

Beides ist falsch. Richtig wäre:

Wegen meiner brauchst du das nicht wegzuräumen.

Dank ihrer bin ich zu spät gekommen.

Das ist aber Deutsch aus lang vergangenen Zeiten; heute wirkt man, wenn man so spricht oder schreibt, wie ein völlig vergeistigter Sprachästhet. Daher sollte man besser auf meinetwegen, ihretwegen etc. ausweichen.

Und nun noch eine Aufstellung von Wörtern, die man nicht beugt, die also bei dem Marsch durch die Fälle unverändert bleiben.

Da stehen zuvorderst Fremdwort-Konstruktionen, die auf -mus enden. Korrekt ist also:

- der Zusammenbruch des Kommunismus (und nicht des Kommunismus' oder Kommunismusses)
- die Grundzüge des Humanismus
- das war die schlimmste Ausprägung seines Dilettantismus

Bei Namen ist es dann schon so eine Sache. So liegt der Firmensitz der Deutschen Bank in Frankfurt, aber es handelt sich hier um den Firmensitz der Deutsche Bank AG. In solchen Fällen schaut man am besten immer auf der Internetseite der betreffenden Institution nach, wie die mit ihrem Namen selbst umgeht.

Ebenso verzichtet man bei der Verwendung von fremdsprachigen Begriffen auf eine Beugung, also auf die Anpassung an die grammatischen Strukturen, wenn nicht der Duden etwas anderes vorschreibt. Zahlreiche Entlehnungen aus anderen Sprachen haben allerdings die erfolgreiche Integration in die deutsche Sprache geschafft (wie zum Beispiel Know-how, Download, Blackout) in dem Fall werden sie dann in der Regel auch gebeugt. Mehr dazu unter dem Stichwort »Fremdwörter«.

Ein besonders komplexes Thema sind die Abkürzungen.

So stellt der Duden beispielsweise frei, ob man Pkw und Lkw beugen möchte (ebenso, ob man nun Pkw oder PKW bzw. Lkw oder LKW schreibt). Dort wird empfohlen: Im Genitiv kein -s anhängen, dafür aber im Plural.

Und natürlich ist die Uni mittlerweile so etabliert, dass man immer von den Unis sprechen sollte.

Thematisieren Sie Gesetzestexte, verwenden Sie besser nicht die Genitivendung -s. Sie beziehen sich also besser auf den hinteren Teil des BGB (nicht BGBs) und auf die Regelungen des StGB (nicht StGBs).

Anders bei der GmbH und der AG, diese Abkürzungen sind so geläufig, dass am Ende ein Plural-s anhängt wird. Bitte fühlen Sie sich nicht schlauer, als es die Regeln erlauben. Einige Füchse glauben tatsächlich, der korrekte Plural von AG wäre AGen, weil AG »Aktiengesellschaft« bedeutet und der Plural Aktiengesellschaft*en* lautet. Das ist falsch.

Überhaupt gilt: Je gebräuchlicher eine Abkürzung ist, also je stärker sie sich verselbstständigt hat, umso eher beugt man. Beispiel EKG: Nur Experten, herzkranke Laien und Quizshow-Liebhaber wissen, dass es sich hier um das Elektrokardiogramm handelt, die Bezeichnung EKG ist wesentlich geläufiger. Deswegen spricht man auch von dem Ausdruck des EKGs und davon, wer denn nun im Krankenhaus für die EKGs zuständig ist.

Steht aber hinter der Abkürzung ein Name beispielsweise einer Organisation, so beugt man nicht. Man spricht also vom Präsidenten des DFB (und nicht des DFBs).

Wenn Sie sich beispielsweise mit sogenannten nicht staatlichen Organisationen beschäftigen, werden Sie garantiert die Abkürzung NGO verwenden; bei der Mehrzahl empfehle ich, auch bei den NGO zu bleiben. Wie generell bei fremdsprachlichen Abkürzungen; in den USA rücken somit die Beamten des FBI aus (und nicht des FBIs).

4.4.2 *Konjunktiv und Irrealis*

Der Konjunktiv ist ein ganz spezielles Sorgenkind der deutschen Sprache. Er ist eine ganz praktische Form, Eventualitäten zum Ausdruck zu bringen, also um zu sagen, dass das, was sein kann, sein könnte, so sein soll oder so sein sollte, so aber nicht ist. Aber die korrekte Verwendung ist nicht ganz leicht, denn alles rund um diesen Spezialfall ist ein ganz heißes Thema – Fußangeln, wohin man nur schaut.

Grundsätzlich unterscheidet man zwei Formen. Version 1 wird durch »würde mit Infinitiv« gebildet, Version 2 durch die einfache Beugung, also die den Regeln gemäße Veränderung des Verbs. In der Praxis sieht das dann so aus:

Version 1: Es wäre schön, wenn er zu mir kommen würde.

Version 2: Es wäre schön, wenn er zu mir käme.

Version 1 ist die einfachere, gewöhnlichere; Version 2 hingegen die manchmal eleganter, aber leider auch oft antiquierter wirkende. Die Vernachlässigung des klassischen Konjunktivs (also der Version 2 ohne »würde«) ist nicht zuletzt auf die zum Teil wirklich gewöhnungsbedürftigen Verbversionen zurückzuführen.

Ein Beispiel:

Wenn du einen Kuchen bükest, freute ich mich.

Mal Hand aufs Herz: »bükest« ist doch wohl Deutsch aus Urgroßmutters Zeiten, oder?

Und manchmal entspricht der Konjunktiv so sehr der normalen Verbverwendung, dass man ihn nur bei genauerem Hinsehen aus dem Zusammenhang entdecken kann:

Wenn ich meinen Schlüssel verliere, ärgerte ich mich.

In der Tat: »verliere« ist hier tatsächlich die korrekte Form des Konjunktiv I.

Sie merken schon: Beide klassischen Probleme machen den Konjunktiv in seiner literarisch wertvollen Ausprägung nicht besonders attraktiv. In vergleichbaren Fällen sollte man tatsächlich besser auf die »würde«-Version ausweichen.

Vor allem in der Mathematik, aber auch in zahlreichen artverwandten Fachgebieten setzt man mithilfe des Konjunktivs Voraussetzungen fest: »R sei die Menge aller reellen Zahlen.« In dem Fall bitte merken: Auch im mathematisch-naturwissenschaftlichen Fachjargon gelten grammatische Regeln; oft muss ich so etwas hier lesen: »Sei R die Menge aller reellen Zahlen.« Das ist falsch.

Oder denken Sie mal an »Wer wird Millionär?«: Gern sagen die Kandidaten, wenn sie sich nicht sicher sind: »Ich würde sagen, Antwort B ist richtig«. Nicht nur Herr Jauch mag so etwas gar nicht, auch wenn es sich quasi als feste Redensart etabliert hat. »Ich würde sagen« impliziert: Ich sage es nicht, aus welchen Gründen auch immer.

Deutlich weitreichender sind die Konsequenzen in wissenschaftlichen Arbeiten. Sehr häufig liest man: »Dies würde bedeuten ...«, vor allem, wenn der Verfasser sich nicht zutraut, einen Gedanken wirklich als gegebene Prämisse festzusetzen. Zulässig ist diese Formulierung allein dann, wenn man zuvor eine hypothetische Konstruktion gebildet hat, die man nun gedanklich fortführt. Hier ein Beispiel dafür:

Einmal angenommen, es würde gelingen, aus Sand Strom zu erzeugen. Dies würde bedeuten, dass der Weltmarkt für Erdöl zusammenbrechen würde.

Hier wäre eine Fortführung mit »Das bedeutet, dass ...« falsch. Denn ob das jemals gelingen wird, ist mehr als fraglich. Viel zu oft wird die relativierende Variante allerdings fälschlicherweise verwendet, wohl auch, weil man das irgendwie für höfliche Bescheidenheit oder Vorsicht deutet. Damit sollte man jedoch geizen, erst recht, wenn wichtige und relevante Ergebnisse vorgestellt werden. In dem Fall würde ein Balancieren rund um den Konjunktiv herum Schwäche signalisieren, und das ist oft kontraproduktiv, vor allem, wenn Tacheles gefragt ist.

Man kann den Konjunktiv tatsächlich auch so lange bearbeiten, verweben und potenzieren, bis fast nichts mehr von der ursprünglichen Aussage übrig ist. Hier ein echtes Fundstück:

Was hier besonders wichtig wäre, wäre, wenn die Eltern ihre Erziehungsqualität so steigern würden, dass sich der Stress auf das Kind verringern würde.

Ein Wahnsinn, nicht wahr?

Also bitte: Mit dem Konjunktiv immer möglichst sparsam umgehen, und immer genau überlegen, ob er wirklich nötig, gerade noch akzeptabel, überflüssig oder sogar völlig falsch ist.

Wir kommen nun zu seiner wichtigsten Verwendung. Fundamentale Bedeutung bekommt der Konjunktiv nämlich bei der indirekten Wiedergabe von Zitaten. Hier steht bei der Verwendung des Konjunktivs eine zentrale Motivation im Vordergrund: Der zitierende Verfasser lässt bewusst offen, ob die Aussage seiner Meinung nach zutrifft oder nicht. Im Zuge der vor allem in wissenschaftlichen Arbeiten gebotenen Objektivität ist das die beste Variante. Denn so enthalten Sie sich erst einmal einer Wertung.

Kruck führt in seinen Erklärungen zum Konjunktiv aus, es sei besonders wichtig, mit Begriffen wie »wäre« oder »würde« sparsam umzugehen.

Meier behauptet, es gäbe nur eine Theorie, die wirklich zutrifft.

Das Landgericht geht in seinem Urteil davon aus, dass der Angeklagte vorsätzlich gehandelt habe.

Das ist die klassische Verwendung. Aber hier hat uns die deutsche Grammatik einen ganz besonders vertrackten Stolperstein in den Weg gelegt. Denn es gibt zwei unterschiedliche Konjunktive, den normalen Konjunktiv I und dann noch den Konjunktiv II, den man auch Irrealis nennt. Irrealis deshalb, da diese Form mehr oder weniger impliziert, dass etwas nicht so ist.

Er sagt, er sei ein guter Sportler.

Das nehmen wir einfach mal so hin.

Er sagt, er wäre ein guter Sportler.

Hier schwingt ziemlich deutlich mit, dass es sich wohl um einen tendenziell entweder übergewichtigen oder schwächlichen Kandidaten handelt.

Wenn Sie nun einen besonders wichtigen Autor in Ihrer Diplomarbeit zitieren, dann sollten Sie sich auf keinen Fall in den Irrealis verirren, denn das könnte die Aussage beim geübten und kritischen Leser schnell ins Gegenteil wandeln. Sie könnten nämlich damit andeuten, dass Sie anderer Meinung sind. Und weil ja bekanntlich Andeutungen und Ironie in sachlichen Texten absolut nichts zu suchen haben, sollten Sie auch dringend darauf achten, dass Ihnen das nicht passiert.

Zur Sicherheit sollten Sie nachschauen. Die schlechte Nachricht: Der Duden macht an der Stelle dicht, dazu finden Sie dort nichts. Die gute: Im Wiktionary werden Ihnen für jedes Verb Konjunktiv I und II zur Verfügung gestellt.

4.5 Die häufigsten Fehler im Stil

Es folgen nun ein paar Tipps zu besonders beliebten Konstruktionen. Mancher nutzt die eine oder andere besonders gern, und das führt dann manchmal dazu, dass die Qualität des Textes darunter leidet. Denn der Leser wünscht Abwechslung und will nicht gebetsmühlenartig immer wieder denselben Rhythmus vorgekaut bekommen.

Damit wir uns nicht falsch verstehen: Alle diese Konstruktionen haben natürlich irgendwo ihre Daseinsberechtigung. Man sollte allerdings darauf achten, seinen Text nicht mit Sätzen nach diesem Bauplan zu überfrachten. Wie zuvor beim Satzbau gilt auch hier: Abwechslung ist Trumpf. Wenn Sie Lust haben, Ihren Schreibstil einmal einer genauen Analyse zu unterziehen, dann schauen Sie sich Ihre

Texte an, und versuchen Sie einmal herauszufinden, welche dieser Wortgruppen zu Ihren ganz persönlichen Lieblingen gehören.

4.5.1 Weniger dass-Konstruktionen

Das kleine Wörtchen »dass« aus der Familie der so wichtigen Konjunktionen ist aus keinem Text wegzudenken. Das ist auch gut so, denn oft wird ein lahmer Hauptsatz dadurch zu einer farbenfrohen Nebensatzkonstruktion aufpoliert. Aber man sollte damit nicht übertreiben. Wenn solche Konstruktionen nämlich zu großzügig verwendet werden, wird es langweilig. Oft kann man allerdings ohne große Umbaumaßnahmen mit ein paar Handgriffen diese Konstruktion durch eine vielleicht besser geeignete ersetzen. Auch ich neige dazu, diese Konstruktionen überproportional oft zu verwenden. Um das zu korrigieren, gehe ich folgendermaßen vor: Ich zähle vor der Bearbeitung meines Manuskripts per Suchbefehl automatisch durch, wie oft ich dieses kleine Wörtchen verwendet habe. Anschließend versuche ich, mindestens ein Drittel, noch besser die Hälfte zu eliminieren. Das sollten Sie auch tun, wenn Sie es häufiger als circa zwei bis drei Mal pro Seite verwenden.

Nehmen wir mal an, Sie finden diesen Satz hier:

Ihm war klar, dass die Wiederholung der Prüfung wohl seine letzte Chance war.

Das könnten Sie dann relativ einfach so umstellen:

Ihm war klar: Die Wiederholung seiner Prüfung war wohl seine letzte Chance.

Oder dieser Fall hier:

Die Abteilungsleiterin sagte ihm, dass er sich gefälligst mit der Abgabe der Quartalszahlen ein wenig beeilen soll.

Hier kann man die indirekte Rede wunderbar mit dem Konjunktiv bilden:

Die Abteilungsleiterin sagte ihm, er solle sich gefälligst mit der Abgabe der Quartalszahlen ein wenig beeilen.

Aber so etwas hier kann Ihnen ja nicht mehr passieren:

Aufgrund der Tatsache, dass im Winter immer damit gerechnet werden muss, dass es grippebedingt zu massiven Ausfällen kommen kann, muss der Personalplaner vorbeugen.

Denn Konstruktionen, in denen das »dass« schon so früh auftaucht, wollten wir ja meiden. Und dann noch zwei davon – darum sollte man sich kümmern. Erste Hilfe: »Aufgrund der Tatsache, dass ...« bitte schlicht mit einem »Da ...« ersetzen. Besser noch: neu formulieren. Zum Beispiel so:

Im Winter kann es immer zu grippebedingten Ausfällen kommen. Damit muss der Personalplaner rechnen und entsprechend vorbeugen.

Wenn es um die Quantität des kleinen Wörtchens »dass« geht, darf dieser Hinweis nicht fehlen, wenn man sich ernsthaft mit dem Thema »Besseres Deutsch« befasst: Sie sollten grundsätzlich pro Satz nur ein »dass« verwenden. Eine berechtigte Ausnahme ist, wenn man eine Aufzählung konstruiert, der auch eine gewisse Wirkung innewohnen soll:

Ihm war klar, dass er es geschafft hatte, dass er am Ziel war, dass er es allen gezeigt hatte.

So etwas muss man aber nicht mögen.

4.5.2 Der erweiterte Infinitiv mit zu

Den »erweiterten Infinitiv mit zu« hatten wir ja bereits beim Thema Kommasetzung ausführlich diskutiert. Allerdings fehlte dort eine Wertung aus stilistischer Sicht. Hier kommt sie: Wenn man diese Konstruktion zu sehr überstrapaziert, so ist das auch nicht unbedingt ein Indiz für sprachliche Gewandtheit.

Der Unterschied zum »dass«: Während das »dass« im Zweifel unsicher, unerfahren und simpel wirkt, erscheint diese Zusammensetzung oft ein bisschen zu verdreht, zu verklausuliert, zu geschwollen.

Solcherlei Konstruktion kann man aber bei entsprechender Überlastung auch ganz einfach umbauen.

Seine Aufgabe war es, das Konzept nach den Vorgaben seines Chefs zu erstellen und das Ergebnis mit seinem Kollegen gemeinsam zu überarbeiten.

Das kann man auch einfacher und verständlicher formulieren:

Er sollte das Konzept nach den Vorgaben seines Chefs erstellen und das Ergebnis mit seinem Kollegen gemeinsam überarbeiten.

Oder schauen Sie sich einmal dieses Beispiel an:

Nach diesem Seminar sind die Studierenden dazu in der Lage, komplexe wissenschaftliche Sachverhalte zu durchschauen und eigene Forschungsansätze zu konzipieren.

Besser:

Nach diesem Seminar können die Studierenden komplexe wissenschaftliche Sachverhalte durchschauen und eigene Forschungsansätze konzipieren.

Einfache Formulierungen müssen eben nicht zwingend auch simpel wirken.

4.5.3 Zu viele Hauptwörter

Wenn Beamte oder andere Paragrafenreiter amtliche oder quasi-amtliche Vorschriften erlassen, so flüchten sie sich gern in Hauptwörter. Dabei kommt dann oft so etwas heraus:

Die Planung einer Strategie zum Verständnis und zur Bewältigung von zugewiesenen Aufgaben sollte durch Weitblick und Fachwissen erfolgen.

Das klingt schließlich so herrlich offiziell. Aber Sie merken schon: Sieben Hauptwörter sind einfach zu viel, um verständlich formulieren zu können. Ganz nebenbei: Sieben Hauptwörter, das ist ja wohl auch ein Paradoxon, nicht wahr? Wer so formuliert, wirkt wie ein farb- und fantasieloser Erbsenzähler. So machen Sie den Eindruck, es würde Ihnen mehr Spaß machen, autoritär zu formulieren, als es Ihnen zusteht. Gut, es gibt an der Uni Fachgebiete und im echten Leben Branchen, da ist so etwas gefragt. Aber lesbarer wird dieses Deutsch dadurch auch nicht.

4.5.4 Akute »Adjektivitis«

Mindestens genauso schlimm wie die Überlastung eines Textes mit zu vielen Hauptwörtern ist die zu großzügige Verwendung von Adjektiven, erst recht, wenn man zu Übertreibungen neigt. Je sachlicher ein Text ausgerichtet sein soll, umso weniger Adjektive sollte man benutzen. Denn eine übertriebene Verwendung ist hervorragend dazu geeignet, einen Text und einen Autor zu disqualifizieren. Vor allem, wenn man unangemessene Formen (enorm, gewaltig, lächerlich klein, verschwindend gering) oder selbst kreierte Wortungetüme (budgetmaximierungsgeleitet, inflationsbegünstigend, körperliche Arbeit verabscheuend) verwendet.

Auch wenn Dichter gern so sprechen – sogar Bestsellerautoren unter sich entlarven sich gegenseitig gern als schlechte Schreiber, wenn sie sich die Verwendung ihrer Adjektive vorrechnen. So geht Stephen King in seiner wirklich lesenswerten Autobiografie »Vom Lesen und vom Schreiben« ziemlich hart mit Joan K. Rowling ins Gericht, weil sie eben extrem großzügig mit Adjektiven um sich wirft. Mr. Kings gnadenlose Analyse: Wer sie wirklich braucht, um Akzente zu setzen, hat an seinem Text etwas falsch gemacht.

Für Sie bedeutet dies: Schauen Sie sich jedes Adjektiv genau an. Sie gehören in einen Text, wenn sie zur Unterscheidung dienen. Erinnern Sie sich bitte an die blaue und die rote Hose aus dem Kapitel »Kommasetzung«. Die meisten sind aber überflüssig, und wenn Sie aus Ihrem Text einfach mal die Hälfte der Adjektive herausstreichen, dann bleiben höchstwahrscheinlich immer noch mehr als genug übrig.

4.5.5 Aktiv statt Passiv

Man sollte grundsätzlich Aktiv-Formulierungen denen im Passiv vorziehen. Dazu einige Beispiele:

Wie viel Zeit man seinem Studium widmet, wird von jedem selbst entschieden.

Der Sohn wurde von seinem Vater zum Fußballspiel mitgenommen.

Das Auto wurde von ihm selbst repariert.

Besser:

Wie viel Zeit man seinem Studium widmet, entscheidet jeder selbst.

Der Vater nahm seinen Sohn zum Fußballspiel mit.

Er hat das Auto selbst repariert.

Auf der anderen Seite können aber Passivkonstruktionen auch wirklich sinnvoll sein. Wenn sich zum Beispiel eine Katastrophe ereignet, so sagt man:

New Orleans wurde vom Wirbelsturm Catrina stark verwüstet.

Die Stadt New Orleans und ihr Schicksal stehen hier klar im Fokus, der Wirbelsturm Catrina hingegen ist lediglich eine ergänzende Information.

Im folgenden Fall ist das Passiv die korrekte Form, sofern sich alles um den Verletzten dreht und um das, was ihn noch erwartet:

Der stark blutende Mann in der Notaufnahme wurde von zwei Jugendlichen zusammengeschlagen.

Berichtet man aber beispielsweise über die Täter, so würden sich natürlich deren Perspektive und das Aktiv empfehlen.

Passiv-Konstruktionen benutzen Sie also bitte nur, wenn eindeutige Gründe dafür sprechen. Das Aktiv sollte Ihr Standard sein.

4. 6   Die richtige Wortwahl

Eine der wahrscheinlich größten Herausforderungen im Leben ist es, im richtigen Moment die richtigen Worte zu treffen. Das ist beim Schreiben nicht anders. Der wichtigste Unterschied zur mündlichen Kommunikation ist, dass man beim Verfassen von Texten in der Regel ausreichend Zeit hat, sich mit der korrekten Wortwahl zu befassen. Auch hier möchte ich Ihnen ein paar gut gemeinte Ratschläge mit auf den Weg geben.

4. 6. 1   Das richtige Sprachniveau

Da wir uns hier ganz in Ihrem Interesse der Erstellung sachlicher Texte widmen, steht wie gewohnt die wichtigste Regel vorn an: Die Umgangssprache ist vollständig tabu. Manchmal muss ich beispielsweise in einer Diplomarbeit Formulierungen wie diese hier lesen:

Wenn alle Stricke reißen, muss eben das Management einspringen.

Mit dieser Lösung müssten die Schüler klarkommen.

Damit einem Mitarbeiter nicht von der Fahne gehen, muss man sie korrekt bezahlen.

Wenn Sie das lustig finden, dann haben Sie offenbar schon viel begriffen. Aber die Grenzen sind manchmal fließend, und oft ist es eben nur eine kleine Nuance in der richtigen Wortwahl, die die Qualität ihres Textes eine Stufe anhebt.

Frei nach dem Motto: »Alles geht immer noch ein kleines bisschen schlechter, aber eben auch besser« folgt nun eine Sammlung von Alternativen für gängige umgangssprachliche Ausdrücke.

Umgangssprache	Schriftsprache
A und O	elementare Voraussetzung
ab und zu	gelegentlich
alle	sämtliche
alle drei Jahre	in dreijährlichem Turnus

Umgangssprache	Schriftsprache
alleine	allein
alles in allem	insgesamt, zusammengefasst
anfangen	beginnen
angehaucht	akzentuiert
angeht	betrifft
ansonsten	sonst
auf den Punkt gebracht	zusammengefasst
aus so einer Situation	aus einer solchen Situation
aussuchen	auswählen
bald, knapp (die Hälfte)	annähernd
bauen	errichten
benutzen	verwenden
besonders	vor allem
Bezahlung	Entlohnung
bloß	lediglich
dafür	dazu
das alles	all das
dermaßen	so sehr
die ganze	die gesamte
Die vorliegende Arbeit hat das Ziel,	Die vorliegende Arbeit hat zum Ziel
Druck machen	Druck ausüben
egal	unerheblich, unabhängig davon
eh	ohnehin
ein paar	wenige
eine Menge	zahlreiche
einfach	schlicht
es folgen dahinter	danach
Es kann sein	Es ist möglich
fast	nahezu
genau	exakt
genauso	ebenso

Umgangssprache	Schriftsprache
gerade	soeben
gerne	gern
gibt	existiert
haben	verfügen über
hin- und herpendeln	alternieren
hinhalten	darbieten
hinterher	nachher
im Endeffekt	schließlich
irgendwie	in gewisser Weise
ist schon lange her	liegt schon einige Jahre zurück
keiner	niemand
kommt aus	stammt aus
komplett	vollständig
langsam	allmählich
letzten Endes	schließlich
lustig	amüsant
man muss sich vorstellen	es ist aber davon auszugehen
nach dem Motto	nach dem Prinzip
noch ein	ein weiterer
nötig	erforderlich
nur	lediglich
oft, öfter	häufig, häufiger
richtig	korrekt
schlussendlich	schließlich
schon	bereits
schreiben	verfassen
sich abspielen	stattfinden
sich um etwas kümmern	betreuen
sowieso	ohnehin
Sprit	Kraftstoff
umdrehen	umkehren
unbedingt	zwingend

Umgangssprache	Schriftsprachew
viel	zahlreich
von heute auf morgen	ad hoc
vor allen Dingen	vor allem
vorbei	beendet
vorher	zuvor
wenn Geld da ist	wenn ausreichend finanzielle Mittel vorhanden sind
werfen wir einen Blick	richten wir unseren Blick
wieder	erneut
ziemlich	relativ
zuerst	zunächst
zusammen	gemeinsam
zustande kommen	sich ergeben

4.6.2 Der verbale rote Faden

Eine der wichtigsten Voraussetzungen für einen gelungenen Text ist der sogenannte rote Faden, also die innere Schlüssigkeit und dynamische Linearität des Textes. Man fragt sich – hoffentlich – permanent: Habe ich ihn noch in der Hand, ist er für den Leser erkennbar, und befindet er sich noch in seiner natürlichen Verfassung – also ohne Knoten, nicht ausgefranst und an einem Stück?

Vor allem diejenigen, die ohnehin mit dem roten Faden Probleme haben, versuchen, diese Defizite durch einschlägige verbale Worthülsen zu kaschieren. Hier die gängigsten Beispiele, deren Bestandteile mir leider in beliebiger Kombination immer wieder begegnen:

- Aufgrund der bisherigen Ausführungen ist zu konstatieren …
- Daraus folgt …
- Diesbezüglich ist festzustellen …
- Daraus ist abzuleiten …
- Des Weiteren ist zu beachten …
- Festzuhalten bleibt an dieser Stelle …

- Aus dem zuvor Dargestellten resultiert …
- Grundsätzlich ist also anzuführen …
- Das bedeutet nichts anderes als …

Neben diesen kombinierten Pseudo-Überleitungen gibt es auch einzelne Wörter, die demselben Zweck dienen: also, dadurch, damit, dementsprechend, demgemäß, demnach, denn, ergo, folglich, infolgedessen, insofern, mithin, schließlich, somit, weiterhin.

Und wenn ein Bruch, ein Widerspruch zum zuvor Beschriebenen dargestellt werden soll, kommen hinzu: aber, allerdings, andererseits, dabei, dennoch, dessen ungeachtet, gleichwohl, hingegen, immerhin, jedoch, nichtsdestotrotz. Vor allem bei dieser Variante beobachte ich häufig, dass nicht immer ein Widerspruch, ein Gegensatz, ein Abzweig folgt, sondern der Text fälschlicherweise vollkommen stringent weiterplätschert. Das geht natürlich nicht.

Solche Übergänge sind selbstverständlich nicht grundsätzlich verboten, vielmehr gibt es zahlreiche Stellen, an denen sie tatsächlich sinnvoll sind. Allerdings sollte man mit ihnen nicht inflationär umgehen, denn das hinterlässt beim geübten und vor allem beim kritischen Konsumenten schnell den Eindruck, dass diese Worthülsen allein dazu eingesetzt werden, um dem Leser – und nicht selten auch dem Autor – das Vorhandensein eines roten Fadens zu suggerieren. Leider fehlt dieser aber nur zu oft gerade bei denjenigen, die sich für einen derartigen Schreibstil entscheiden. Das erinnert dann an das laute Pfeifen, wenn man sich allein in einem dunklen Wald befindet. Bitte erliegen Sie nicht dem autosuggestiven Charakter, und glauben Sie bitte nicht, dass Sie mit großzügig eingestreuten Füllseln dieser Art etwas Positives bewirken können.

Ähnlich verhält es sich mit relativierenden Konjunktionen wie »aber«, »dennoch« oder »ungeachtet dessen«. Hier sollte im anschließenden Satz immer ein transparent nachzuvollziehender Widerspruch des im Satz zuvor Gesagten folgen. Das gilt gleichermaßen für die positive Variante (wie »folglich«). Hier sollte das, was Sie mit der Konjunktion einleiten, als Essenz aus dem vorherigen Satz resultieren.

Und schließlich sollte man dies ebenso bei Formulierungen beherzigen, die ein Resümee einleiten, wie »Daraus resultiert«, »Fakt ist«, »Zusammenfassend ist festzuhalten«. Man sollte sehr bedacht damit umgehen, und wenn man sie verwendet, sollte auch ein entsprechender Zusammenhang vorliegen.

Allzu oft benutzt man solche Phrasen jedoch nur, weil man es sich angewöhnt hat, und wenn dann der Satz weitergeht, ohne diesen verbalen Brückenkonstruktionen zu entsprechen, ist das kein guter Stil.

4.6.3 Mit anderen Worten

Einen unsicheren Schreiber erkennt man aber nicht nur daran, dass er die zuvor beschriebenen Formulierungen reichlich verwendet; eine ganz besondere Stilblüte wird mit folgenden oder ähnlichen Floskeln eingeleitet: »Anders formuliert: …«, »Besser gesagt: …« oder »Mit anderen Worten: …«

Und das kommt so: Sie trauen sich selbst nicht über den Weg, sind sich nicht sicher, ob Sie wirklich genau das gesagt haben, was Sie wollten. Und Sie beschließen, es einfach noch einmal zu probieren. »Doppelt gemoppelt hält besser« – diese etwas infantil anmutende Weisheit regiert Sie.

Aber Ihr Leser fragt sich, meist zu Recht: Warum haben Sie es nicht gleich im ersten Anlauf auf den Punkt gebracht? Und leider ist eine beunruhigende Korrelation zu beobachten: Je häufiger diese Floskeln verwendet werden, also je unsicherer der Schreiber ist, umso identischer sind die Formulierungen: Oft wird einfach exakt dasselbe noch einmal angefügt, nur in andere Worte gekleidet.

Ein Spezialfall ist die Formulierung »das heißt«, die wir ja schon bei der Kommasetzung kennengelernt haben. Für sie gilt genau dasselbe. Selbstverständlich sind nachgeschobene, präzisierende Erklärungen ab und an sinnvoll, aber sie sollten nicht zur Marotte verkommen.

Es folgt also die goldene Regel: dringend die Verwendung kontrollieren und, vor allem wenn Sie zu einer ausschweifenden Verwendung neigen, unbedingt großzügig reduzieren. In einem durchschnittlichen Text ist der Großteil dieser Floskeln überflüssig oder meistens sogar so unnötig, dass es sich um ein ernsthaftes stilistisches Problem handelt.

4.6.4 Der korrekte Umgang mit Wiederholungen

Neben der unbedachten Mehrfachverwendung solcher Formulierungen, wie sie zuvor vorgestellt wurden, gilt es natürlich auch, einzelne Wörter nicht unnötig zu wiederholen.[38] Generell ist ein derartig transparenter Hinweis auf einen beschränkten Wortschatz dringend zu vermeiden. Es gibt zahllose Bücher, die Ihnen für jedes gebräuchliche Wort Synonyme in ausreichender Anzahl liefern. Und natürlich ist in allen gängigen Computerprogrammen eine entsprechende Funktion mit dem Namen »Thesaurus« eingerichtet, die Sie bei der Wahl eines passenden Äquivalents unterstützt.

Aber vor allem die Verfasser wissenschaftlicher Arbeiten sollten beachten: Die Alternative muss wirklich exakt passen; wenn Sie austauschen, sollten die Begriffe am besten entweder vollständig kongruent sein oder wenigstens den ursprünglichen Sinn nicht verändern. Und selbstverständlich sollten Sie nicht in die Umgangssprache abdriften.

Dem Diktat der Präzision bei Master-, Diplom- oder Doktorarbeit hat sich auch der Umgang mit Redundanzen zu beugen. Das bedeutet, dass man gegebenenfalls Wiederholungen hinnimmt, sollte es das Thema erfordern. Vor allem, wenn ein bestimmtes Schlagwort thematisch so wichtig ist, dass es immer wieder verwendet wird, können Sie alle Bemühungen, Wiederholungen zu vermeiden, getrost aufgeben.

Darüber hinaus sollten Sie sich auf keinen Fall einer Praxis hingeben, die in der Presse sehr weit verbreitet ist. Dort werden gern sekundäre Informationen in eine synonyme Bezeichnung umgesetzt. Wenn von Michael Schumacher die Rede ist, wird aus ihm garantiert

---

[38] Vielleicht eine etwas selbstverliebte Anmerkung, aber ich hoffe, Sie verzeihen mir das: Sehen Sie, wie das mit dem roten Faden hier fluppt?

im zweiten Satz »der siebenfache Formel-1-Weltmeister« und im dritten »der gebürtige Kerpener«. Bayern München ist dann der »Rekordmeister« und residiert »an der Säbener Straße«, Jamaika mutiert zum »karibischen Inselstaat« und die Porsche AG zur »Zuffenhausener Sportwagenschmiede«. Eine schreckliche Unsitte, bitte tun Sie das Ihrem Text nicht an.

Zur Quantität: Je ungewöhnlicher ein Begriff ist, umso reduzierter sollten Sie ihn verwenden. Wenn man davon ausgeht, dass jede Seite aus circa zwei bis drei Absätzen besteht und jeder Absatz aus drei bis fünf Sätzen, dann sollten Sie besondere Hauptwörter auch pro Absatz nur einmal verwenden. Je ungewöhnlicher und ausgefallener sie sind, umso seltener sollten Sie sie verwenden. Sonst wirkt es am Ende so, als würde es sich dabei um Ihre Lieblingsworte handeln. Wenn Sie also beispielsweise Phalanx, Defätismus oder Entität verwenden, dann sollte das wirklich pro Text nur ein einziges Mal geschehen.

Selbiges gilt auch für besondere Formulierungen wie Metaphern oder sonstige ungewöhnliche Wortverwendungen. Eine einmalige Verwendung ist meistens okay, aber mehrfach wirkt es dann schnell wie eine merkwürdige Angewohnheit.

Ein Beispiel dafür sind Satzkonstruktionen, die ich gerne »diese komischen doch-Sätze« nenne.

*Es war kein Wunder, dass er beim Vorstellungsgespräch versagte, **war er doch** nachlässig gekleidet und schlampig frisiert.*

Das ist eine außergewöhnliche Satzkonstruktion. Originell ist: Wenn Menschen dazu neigen, sie zu verwenden – wohl im Glauben, das wäre geschliffenes Deutsch –, dann neigen sie auch dazu, diese Konstruktion immer wieder zu verwenden. Und das sollte man nicht tun.

Fällt Ihnen eine Mehrfachverwendung auf oder hegen Sie gegen sich selbst einen entsprechenden Verdacht, dann empfehle ich Ihnen dringend, bei der Endbearbeitung Ihres Textes entsprechende Suchfunktionen über den Text laufen zu lassen und ihn entsprechend auszudünnen.

4.6.5 Mit beziehungsweise geizen

Häufig treten inhaltliche Fehler auf, wenn das Wort »beziehungsweise« oder seine Abkürzung »bzw.« ins Spiel kommt. Wann immer Sie diesen Begriff verwenden, sollten Sie sich gut überlegen, ob nicht eine andere Konjunktion besser passt. Denn im Großteil aller Fälle wird »beziehungsweise« schlicht falsch verwendet.

Schauen Sie hier:

> *Die Schüler bzw. Schülerinnen haben sich im Unterricht still zu verhalten.*

Hier hätte man besser ein »und« verwendet: Die Schülerinnen und Schüler ...

> *Die Dinner-Gäste können sich für Rot- bzw. Weißwein entscheiden.*

Wenn zwei Alternativen zur Auswahl stehen, bietet sich das »oder« an.

> *Ich war im letzten Urlaub in Griechenland, bzw. auf Kreta.*

Bei Präzisierungen spricht alles für ein »genauer gesagt«.

Nun folgt die einzige Konstruktion, bei der ein »bzw.« tatsächlich die beste Lösung ist. Dabei handelt es sich um die Kombination zweier Angaben, die nach folgendem Muster abläuft:

> *Wir bieten Busreisen nach Hamburg und München an, der Preis beträgt 220 bzw. 390 Euro.*

Also merken Sie sich bitte: Mit dem Wörtchen »beziehungsweise« sollten Sie tatsächlich so sparsam wie kritisch umgehen.

4.6.6 Der korrekte Umgang mit Bedingungen

Wenn Sie Voraussetzungen oder Bedingungen auflisten, sollten Sie immer deutlich machen, ob diese Kriterien kumulativ zutreffen müssen, also alle gemeinsam, oder ob eines der Merkmale ausreicht – gegebenenfalls, indem Sie ausdrücklich darauf hinweisen.

Ein Beispiel:

Um an dieser Fakultät zum Promotionsstudiengang zugelassen werden
zu können, gelten folgende Voraussetzungen:

- *Alter: Mindestens 25 Jahre*

- *drei oder mehr wissenschaftliche Publikationen*

- *eine Abschluss-Note von 2,0 oder besser*

Es deutet zwar vieles darauf hin, dass diese Aufzählung kumulativ verpflichtend ist, dass also alle drei Voraussetzungen zutreffen müssen,
wirklich eindeutig ist das dort aber nicht beschrieben. Wesentlich einfacher wäre es, deutlich darauf hinzuweisen, was denn nun genau erforderlich ist.

Ein weiteres Beispiel:

Fördermittel aus dem Programm des Wirtschaftsministeriums können
beantragen:

- *Langzeitarbeitslose*

- *Personen im Alter über 40 Jahre*

- *Angehörige einer Minderheit*

Auch hier wäre es angebracht, deutlicher herauszustellen, ob diese Bedingungen vollständig vorliegen müssen oder nur eine von ihnen ausreicht. Auch wenn sich beim letzten Beispiel der korrekte Sinn auf-
drängt: Bitte überlassen Sie diese Interpretation nicht Ihren Lesern.

4. 6. 7 Der korrekte Umgang mit Abkürzungen

Der Umgang mit Abkürzungen ist ebenfalls offenbar nicht immer
ganz einfach. Beginnen wir mit der Schreibweise. Entgegen anders
lautenden Empfehlungen werden sogenannte Akronyme grundsätzlich großgeschrieben.[39] An der einen oder anderen Stelle finden Sie
vielleicht den Hinweis, dass Kürzel wie NATO, UNESCO oder
UNO nach dem ersten Großbuchstaben kleingeschrieben werden,

---

[39] Akronyme sind Abkürzungen, die aus den ersten Buchstaben der Wörter bestehen, die sie repräsentieren.

weil nicht die einzelnen Buchstaben betont, sondern sie wie ein Wort gesprochen werden. Das ist nicht korrekt. Zwar tauchte im Rahmen der Rechtschreibreform diese Regel auf, aber der Duden äußert sich da mittlerweile eindeutig und empfiehlt, derlei Abkürzungen sämtlich in Großbuchstaben zu schreiben.

Gängige Abkürzungen aus dem deutschen Sprachgebrauch, die immer wiederkehrende Redewendungen aus mehreren Wörtern verkürzen, schreibt man mit Punkt und (geschütztem) Leerzeichen: d. h. (das heißt), i. A. (im Auftrag), i. d. R. (in der Regel), i. H. v. (in Höhe von), i. S. d. (im Sinne des oder der), u. Ä. (und Ähnliches), u. a. (und andere), u. v. m. (und vieles mehr), z. B. (zum Beispiel), z. T. (zum Teil).

Bei einigen wenigen Abkürzungen verzichtet man darauf, setzt keine Leerzeichen und nur am Ende einen Punkt: etc., usf., usw.

Sie sollten einen Satz niemals mit einer Abkürzung beginnen. Wenn es sich trotzdem so ergeben sollte, haben Sie zwei Möglichkeiten: Entweder bauen Sie Ihren Satz um oder schreiben die Abkürzung aus. Letzteres empfiehlt sich im Falle von »z. B.« oder »d. h.«, erfahrungsgemäß werden sehr gern Sätze damit begonnen. In dem Fall wird daraus: »Zum Beispiel …« oder »Das heißt …«

Ungewöhnliche Abkürzungen, und nur diese (!), gehören in einer wissenschaftlichen Arbeit in das Abkürzungsverzeichnis. Immer wieder muss ich dort Einträge wie BGB, EU, AG oder sogar tatsächlich »z. B.« oder »etc.« finden: Bitte tun Sie das nicht, der Leser könnte es Ihnen übel nehmen, wenn Sie den Eindruck hinterlassen, diese Abkürzungen als erklärungswürdig zu betrachten.

Also noch einmal: Nur ungewöhnliche Abkürzungen gehören in das Abkürzungsverzeichnis, als Regel können Sie gern die folgende Faustformel verwenden: Steht eine Abkürzung im Duden, so gehört sie nicht in das Verzeichnis.

Und eben jene ungewöhnlichen Abkürzungen sollten Sie in Ihrem Text entsprechend einführen. Wenn Sie also zum ersten Mal die »World Commission on Environment and Development« erwähnen,

bietet sich an, den Begriff auszuschreiben und in einem Klammereinschub darauf hinzuweisen, dass Sie ihn zukünftig als Abkürzung
verwenden: (fortan: WCED). Wenn Sie allerdings einmal diese Abkürzung eingeführt haben, dann sollten Sie sie auch verwenden und
besser nicht mehr zur vollständigen Schreibweise zurückkehren.

Vollkommen tabu sind Abkürzungen, die Sie selbst entwerfen,
um sich die Arbeit zu erleichtern; auch derlei Unsitte ist leider ab und
an zu beobachten. Darauf verzichten Sie bitte komplett, so wie Sie
insgesamt mit Abkürzungen ökonomisch umgehen sollten. Bitte verwenden Sie sie so wenig wie möglich, aber so oft wie nötig.

4.6.8 Alles über Aufzählungen

Man sollte sich bemühen, bei verbalen Aufzählungen wenigstens ungefähr eine logische Reihenfolge einzuhalten, so wie sie sich aus dem
Zusammenhang ergibt.

> *Die Rechnungen werden gar nicht oder kaum bezahlt.*

Das sollte man so nicht schreiben, denn das ist nicht nur ein drama-
turgischer, sondern auch logischer Rückschritt. »Kaum« und dann
»gar nicht« ist die logische Steigerung.

> *Die Probleme dieser Erziehungsziele werden im folgenden Kapitel
> ausführlich diskutiert und dargestellt.*

Na ja, eigentlich werden sie doch erst dargestellt und dann diskutiert.

> *Dies sind störende Einflüsse, wodurch Verhaltensstörungen begünstigt,
> ausgelöst oder verstärkt werden.*

Nein, sie werden erst ausgelöst und dann begünstigt oder verstärkt.

> *Diese Techniken werden trainiert, perfektioniert und erlernt.*

Auch nicht ganz richtig. Ich kann nur etwas trainieren und dann per-
fektionieren, was ich zuvor erlernt habe.

In Deutschland hat der Konzern 26 Niederlassungen, weltweit 332 und in Europa sind es 144.

Hier sollte nach Deutschland als nächst größere Einheit Europa und erst dann der globale Bezug folgen.

Es herrschten dort Temperaturen von 38 – 30 Grad.

Also dazu muss man ja wohl nichts mehr sagen, oder?

Sie merken schon: Für dieses Thema kann ich Sie hier nur insgesamt sensibilisieren. Um solche Fehler erkennen und dann eliminieren zu können, hilft nur gesunder Menschenverstand.

4.6.9 Die korrekte Verwendung der Zeiten

Bevor ich Ihnen ein paar wichtige Tipps zum richtigen Gebrauch der unterschiedlichen Zeitformen gebe, lassen Sie uns in einem kurzen Überblick die einzelnen unterschiedlichen Zeiten betrachten.

Das Präsens (die Gegenwart) beschreibt das, was gerade stattfindet. Beispiele:

Es regnet wie aus Eimern.

Er fährt mit seinem neuen Auto vor.

Sie gibt ihre Diplomarbeit ab.

Ganz knapp dahinter liegt das Perfekt (oder die vollendete Gegenwart). Hier ist ein bestimmter Prozess abgeschlossen, aber die Folgen sind in der Gegenwart nicht nur noch erkennbar, sondern oft auch genau das, worum es geht.

Es hat geregnet wie aus Eimern, und nun steht der Keller unter Wasser.

Er hat sich ein neues Auto gekauft und fährt damit direkt zu seinem Kumpel Mike.

Sie hat ihre Diplomarbeit abgegeben, und als Erstes räumt sie nun ihre ganzen Unterlagen in den Keller.

Die einfache Vergangenheit, das Imperfekt, ist die normale Erzählzeit im Deutschen. Damit blicken wir zwar in die Vergangenheit, beschreiben aber, was da gerade passiert und somit in dieser Erzählperspektive noch nicht abgeschlossen ist.

Es regnete wie aus Eimern, als er die Straße überquerte.

Er kaufte sich (gerade) ein neues Auto, als sein Handy klingelte.

Sie gab ihre Diplomarbeit ab, als zufällig ihre Freundin Vanessa das Büro des Prüfungsamts betrat.

Wichtig: Dabei spielt es keine Rolle, wie lange ein Vorfall schon in der Vergangenheit liegt:

Karl der Große wurde am Weihnachtstag des Jahres 800 in Rom zum Kaiser gekrönt.

Aus dem Australopithecus wurde irgendwann der Homo sapiens.

Schließlich gibt es unter den Vergangenheitsformen noch das Plusquamperfekt, diese oft missbrauchte Vorvergangenheit. Bitte sagen – oder noch schlimmer schreiben – Sie niemals: Gestern war ich im Kino gewesen! Sie merken schon, das ist genau das Deutsch, das in den Nachmittagstalkshows gehegt und gepflegt wird. Damit sollte man sehr bedächtig umgehen. Nur in einer Konstellation kommt diese Zeit zum Einsatz: Wenn Sie in der Vergangenheitsform erzählen und etwas einstreuen, was noch wesentlich früher stattgefunden hat und abgeschlossen wurde.

Als er sah, dass sein Keller voll Wasser gelaufen war, wurde ihm klar: In der Nacht hatte es wie aus Eimern geschüttet.

Er kaufte sich ein neues Auto, weil er sein altes zu Schrott gefahren hatte.

Sie war im Prüfungsamt gewesen, um ihre Diplomarbeit abzugeben, und wieder zu Hause angekommen konnte sie endlich ihren Schreibtisch aufräumen.

Es folgt ein Test. Was ist an dem folgenden Satz falsch?

Er fuhr sein Auto zu Schrott und kaufte sich ein Neues.

Ganz einfach: Die beiden Vorfälle können unmöglich gleichzeitig stattfinden. Und da das eine die Voraussetzung für das andere darstellt, muss ein Zeitenwechsel her:

Nachdem er sein Auto zu Schrott gefahren hatte, kaufte er sich ein Neues.

So weit das Wichtigste im Überblick. In wissenschaftlichen Arbeiten taucht oft der Konflikt auf, welche die richtige Zeit ist: Imperfekt (also einfache Vergangenheit) oder Präsens, also Gegenwart. Die eindeutige und unmissverständliche Antwort: Das kommt darauf an.

Aber der Reihe nach. Wenn Sie jemanden zitieren, können Sie gern in die Gegenwart wechseln.

Meier beschreibt in seinen Ausführungen ...

Und genau diese Perspektive setzen viele insgesamt für ihren Text an. Das muss man nicht unbedingt gut finden, aber wenn es von Ihnen verlangt wird, sollten Sie sich daran halten. Wie man das herausfindet? Ganz einfach: Sie fragen die Person, die am Ende über Wohl und Wehe zu entscheiden hat, wie sie's gern hätte.

Bei der Verwendung der Zeiten sollten Sie immer bestrebt sein, möglichst nah an der Gegenwart zu operieren. Vor allem, wenn Sie Ihr eigenes empirisches Arbeiten beschreiben, kann der Marsch durch die Zeiten interessant sein.

Stellen Sie sich vor, Sie hätten selbst eine kleine Umfrage durchgeführt und präsentieren nun die Ergebnisse. Wofür würden Sie sich entscheiden?

27,3 % der Befragten geben an / gaben an / haben angegeben, dass ...

Ganz klar: Die Befragungen wurden zwar in der Vergangenheit abgeschlossen, aber die Wirkung hält nicht nur vor, sondern bekommt genau genommen erst durch Ihre Arbeit die entsprechende Bedeutung im Hier und Jetzt. Deswegen:

27,3 % der Befragten haben angegeben, dass ...

Wenn Sie allerdings bei der Auswertung sind und quasi »live« beschreiben, was Sie gerade tun, dann können bzw. sollten Sie ins Präsens wechseln.

Bei der Betrachtung der Ergebnisse fällt auf, dass ...

Denn es fällt ja nicht nur Ihnen an Ihrem Schreibtisch in dem Moment auf, wenn Sie es schreiben, sondern wohl auch Ihrem Leser just dann, wenn er es liest.

In Ihrem Vorwort können Sie entweder im Präsens oder im Futur I operieren:

Ziel der vorliegenden Ausarbeitung ist es, ...

Die vorliegende Arbeit wird sich mit den Gründen befassen, warum ...

Und in der Zusammenfassung wechseln Sie in die einfache Vergangenheit:

In der vorliegenden Arbeit wurden zu Beginn die grundlegenden ...

Der Ausblick hingegen erfolgt dann – logisch – im Futur I.

4.6.10 *Nicht gute Verneinungen*

Auch mit Verneinungen sollte man zurückhaltend umgehen, und das aus vielerlei Gründen. Der wichtigste: Sprache, Schreiben, Belegen, das ganze Leben an sich ist, auch wenn die Pessimisten das vehement bestreiten, etwas unglaublich Positives. So kann man beispielsweise unter gewissen Umständen recht einfach behaupten und auch beweisen, dass jemand etwas getan oder gesagt hat. Eindeutig zu belegen, dass jemand etwas nicht getan hat, ist schon wesentlich schwieriger. Das hat auch das römische Recht schon vor Äonen akzeptiert und die Strafrechtsmaxime »In dubio pro reo« ins Leben gerufen. Die Unschuldsvermutung und der daraus abgeleitete Grundsatz »Im Zweifel für den Angeklagten« belegten diesen Respekt vor dem Negativen.

Auf die Sprache bezogen lautet somit die Maxime: Besser immer sagen, wie etwas ist, als darauf hinzuweisen, wie etwas nicht ist. Denn dann droht die Gefahr, in einer doppelten (oder dreifachen) Verneinung zu landen. Außerdem winkt mit beiden Händen die Umgangssprache, und schließlich stellt sich dann die Frage, ob ein Umstand tatsächlich eindeutig zu verneinen ist, ob er also wirklich über ein klares Negativ verfügt. Und natürlich sollte man zukünftig darauf achten, dass sich eine Sprachvergewaltigung wie diese Unsitte der Mediziner nicht mehr wiederholt, einen Krebs- oder HIV-Test als positiv zu bezeichnen, wenn der Betroffene daran erkrankt ist. Rein logisch mag das irgendwo stimmen, aber unterm Strich ist das bei der Diagnose von Krankheiten an Zynismus kaum zu überbieten.

Betrachten wir zuerst die doppelte (bis dreifache) Verneinung.

Es soll verhindert werden, dass die Marktanteile nicht zurückgehen.

Das Fazit: schlicht unlesbar. Da möchte man doch gleich zu Papier und Stift greifen und eine Skizze zeichnen. Hat man es dann endlich verstanden, wird klar: Darin ist ein Fehler enthalten, nämlich ein Haken zu viel. Um den zu finden, muss man den Satz aber mindestens dreimal lesen. So geht's richtig:

Das Ziel war es, die Marktanteile beizubehalten.

Oder der Fußballtrainer:

Solange ich nicht weiß, ob Müller nicht spielen kann, kann ich die Mannschaft nicht aufstellen!

Schon fast die Karikatur einer klaren Äußerung. Sie würden natürlich bekannt geben:

Ich kann erst dann die Mannschaft aufstellen, wenn ich weiß, ob Müller spielen kann.

Und das hier stammt aus einer echten Jura-Dissertation:

Das Ziel war es, zu verhindern, dass rechtswidrige Handlungen so weit wie möglich reduziert werden.

Da muss man schon mit einer Strichliste arbeiten, und was genau gemeint ist, kann man schließlich nur vermuten.

Und auch hier liest der ungeübte Leser locker drüber weg:

Der Angeklagte täuschte ein nicht existierendes Unternehmen vor.

Zur Umgangssprache: Da ergibt minus mal minus tatsächlich manchmal irgendwie plus, auch wenn es mit der Standardsprache oder dem Schriftdeutsch nichts zu tun hat.

Nicht übel, die Pizza!

Oder noch ein bisschen absurder und deswegen auch immer als lustig anerkannt:

Nicht unlecker, das Teil!

Ich wolle es auch nur erwähnen, damit Sie niemals etwas Derartiges schreiben. Sie würden sowieso nie auf die Idee kommen? Aber es kommt vor, sogar in juristischen Dissertationen:

In dem fraglichen Zusammenhang spielt auch die Rechtsprechung des BGH eine nicht unwesentliche Rolle ...

Allerdings bleibt dem Sprachpedanten doch ein leiser Zweifel, ob »nicht unwesentlich« auch automatisch »wesentlich« bedeutet. Treten wir einen Schritt zurück und betrachten ein einfacheres Beispiel:

Er war nicht klein.

Heißt das jetzt: Er war groß? Nein, nicht automatisch. Nehmen wir an, es würde sich um einen Mann handeln, dessen Körperlänge 1,76 m beträgt. Da wäre es korrekt, zu sagen, er wäre nicht klein, aber genauso korrekt wäre, zu sagen, er wäre nicht groß. Denn 1,76 m liegt irgendwo dazwischen. Aber um diese Körpergröße nun zu beschreiben, sollte man nicht erwähnen, was er alles nicht ist, denn das wäre unpräzise und somit verzichtbar. Besser:

Seine Körpergröße von 1,76 m entspricht fast dem Durchschnittswert der
Männer seines Alters; der liegt in Deutschland bei 1,78 m.

Und bei ganz normalen Verneinungen sollte man immer darauf achten, dass man die Verneinung auch wirklich auf alle relevanten Elemente ausdehnt, und in diesem Fall bitte keine Angst vor Wiederholungen.

In dem fraglichen Ort gab es keine Theater und Museen.

Natürlich ist zu vermuten, dass der Verfasser darauf hinweisen wollte, dass es dort auch keine Museen gab, aber wirklich eindeutig ist
diese Form der Verneinung nicht. Wenn Sie »keine« nicht unnötig
wiederholen möchten, gäbe es ja noch die weder-noch-Lösung:

In dem fraglichen Ort gab es weder Theater noch Museen.

Ein weiteres Beispiel, bei dem das Problem der Verneinung allerdings
nicht einfach lösbar ist:

In diesem Zusammenhang werden eigene, nicht festgelegte und
etablierte Eigenschaften und abweichende Verhaltensweisen zum
Vorschein kommen.

Hier ist völlig unklar, ob sich die Verneinung von »festgelegte« durch
»nicht« auch auf »etablierte« ausdehnt oder nicht. Die Pointe: Das
wusste mein Kunde selbst nicht mehr und hat kurzerhand den ganzen Satz gelöscht. Auch eine Lösung!

Schließlich merken Sie sich: Sie sollten immer und in jedem Fall
positiv formulieren. Schauen Sie mal hier:

Die Auswirkungen dieser Umstellung werden in dieser Arbeit, soweit sie
nicht im Zusammenhang mit dem Kostensteuerungstool stehen, nicht
thematisiert.

Das klingt doch negativ, so als würde man etwas ausgrenzen, weil
man zu faul ist. Viel besser hört sich doch das hier an:

> *Die Auswirkungen dieser Umstellung werden in dieser Arbeit nur dann thematisiert, wenn sie im Zusammenhang mit dem Kostensteuerungstool stehen.*

Das liest sich kompetent und entschlossen, als wüssten Sie ganz genau, warum Sie diese Vorauswahl treffen.

Ein weiteres Beispiel:

> *In der Literatur liegt eine Vielzahl theoretischer Ansätze vor, und um den Rahmen der Arbeit nicht zu sprengen, werden nur diejenigen vorgestellt, auf die nicht verzichtet werden kann.*

Kommen Sie bloß nicht mit diesem ausgelatschten Argument und der völlig überstrapazierten Metapher von dem »gesprengten Rahmen«, denn das bedeutet für den versierten Leser nichts anderes als: Sie hatten keine Lust. Das unterstreicht auch die zweite Hälfte des Satzes: Sie hätten natürlich gern auf alle Ansätze verzichtet, aber das ging ja leider nicht.

So kann man das auflösen:

> *Aus der Vielzahl der in der Literatur diskutierten theoretischen Ansätze werden die wichtigsten ausgewählt und im Folgenden genauer vorgestellt.*

Das klingt doch schon ganz anders, oder?

Und schließlich ist es auch oft ein gewichtiger Unterschied, an welcher Stelle im Satz der verneinende Begriff auftaucht. Schauen Sie mal hier:

> *Ich hatte mir fest vorgenommen, so viel **nicht** zu trinken.*
>
> *Ich hatte mir fest vorgenommen, **nicht** so viel zu trinken.*
>
> *Ich hatte mir **nicht** fest vorgenommen, so viel zu trinken.*
>
> ***Nicht** ich hatte mir fest vorgenommen, so viel zu trinken.*

So könnten die vier Sätze nämlich weitergehen:

Ich hatte mir fest vorgenommen, so viel nicht zu trinken. Ich hatte mir zwar vorgenommen, viel zu trinken, aber nicht so viel.

Ich hatte mir fest vorgenommen, nicht so viel zu trinken. Das hat aber nicht geklappt.

Ich hatte mir nicht fest vorgenommen, so viel zu trinken, habe es aber trotzdem getan.

Nicht ich hatte mir fest vorgenommen, so viel zu trinken, sondern mein Kumpel Mike hatte sich das vorgenommen.

Sie merken: Vier unterschiedliche Positionen für das »nicht«, und viermal ein völlig anderer Sinn.

Und ob etwas »automatisch nicht« oder »nicht automatisch« wahrgenommen wird, ist ebenfalls nicht dasselbe.

4.6.11 *Der weiße Schimmel*

Auch wenn Ihr Text möglichst präzise sein sollte, bitte übertreiben Sie es nicht. Denn Pleonasmen – so nennt der Sprachexperte die überflüssige Häufung sinngleicher Wörter oder Ausdrücke – sollte man meiden.

Das ist aber nicht immer ganz einfach, denn nur selten sind sie so problemlos zu entlarven wie im Fall des schon zur festen Redensart aufgestiegenen »weißen Schimmels«. Es folgen daher einige gängige Beispiele.

- Aufoktroyieren: Da oktroyieren bereits aufdrängen, aufzwingen bedeutet, ist »aufoktroyieren« eine sinnlose Erweiterung des eigentlichen Verbs.
- Gleiches gilt für »auseinanderdividieren«, »nachfolgend« und das »Einzelindividuum«.
- Auch »meine Eigeninitiative« ist absurd, denn wer sollte sie sonst aufbringen?
- Das »Fußpedal« ist ebenfalls doppelt, denn Pedale werden immer mit dem Fuß bedient.
- Die »Rückerstattung« ist unnötig, denn wohin sonst fließt eine Erstattung, wenn nicht an den Ursprung zurück?

- Interessant sind »neue Dienstleistungsinnovationen«, wenn man überlegt, wie wohl alte Innovationen aussehen.

Aber neben diesen recht einfachen Beispielen gibt es auch komplexere Formulierungen, über die ich regelmäßig stolpere:

- Die »meist benutzteste« Internetplattform ist unnötig, denn »meist« impliziert bereits das höchst mögliche Maß. »Meist benutzte« muss (und darf) folglich nicht noch einmal gesteigert werden.
- Ähnlich liegt der Fall bei dem »best angepasstesten« Organismus.
- Eine doppelte Steigerung liegt auch vor, wenn etwas »überproportional häufiger« frequentiert wird.
- Das folgende Fundstück zeigt, dass es sinnvoll ist, die Bedeutung der Fremdwörter zu kennen, die man benutzt: »Komplementär zu den Definitionen sei ergänzend auf zwei wichtige Aspekte der heutigen Praxis hingewiesen.« »Komplementär« bedeutet bereits »ergänzend«.
- Das gilt auch hierfür: »Das führt dazu, dass die Kinder keine Chance haben, eine positive Beziehung zu Erziehern und Kindern aufbauen zu können.« »Eine Chance zu haben« inkludiert bereits »können«.
- »Er sah sich gezwungen, noch einmal darauf hinweisen zu müssen.« Eine die Verpflichtung anzeigende Formulierung reicht, »zu müssen« ist überflüssig.
- »Der Minister beabsichtigt, eine Lösung in Betracht zu ziehen.« Das ist nun wirklich so vage, dass es zynisch ist, sollte das wirklich so gemeint sein.
- »Selektive Auswahlprozesse« sind ebenso doppelt besetzt wie der »übereinkommende Konsens«.
- Und das hier ist dreifach hypothetisch: »Er gab vor, angeblich sei ihm sein Handy gestohlen worden.« »Gab vor« impliziert, dass das nicht stimmt, das würde ausreichen. Durch »angeblich« und »sei« wird der Zweifel verdreifacht, und das ist nun wirklich zu viel des Guten.

- »Sie trösteten einander gegenseitig.« Auch hier reicht eines von beiden: »Sie trösteten einander« oder »Sie trösteten sich gegenseitig.«
- Liegt hier ein Pleonasmus vor? »Die Menschheit ist in der Lage, sich weiterzuentwickeln.« Nein, denn wer jemals in einem Fußballstadion war, der weiß: Sie kann sich auch zurückentwickeln.
- »Kinder sind im Straßenverkehr aus dem Grund stärker gefährdet als Erwachsene, weil sie unkonzentriert sind und die Gefahren nicht richtig einschätzen können.« »Aus dem Grund« und »weil« ist doppelt.

4. 6. 12 Die Verwendung von Fremdwörtern

Fremdwörter sind – entgegen der Meinung derjenigen, die sie nicht beherrschen – ein ganz normaler und sogar wertvoller Bestandteil der deutschen Sprache. Sie zeichnen qualitativ hochwertige Texte aus und sind, richtig verwendet, das sprichwörtliche Salz in der Suppe. Allerdings wird ein Text bei übermäßiger Verwendung schnell zur protzigen Selbstdarstellungsplattform eines selbstverliebten Schaumschlägers.

Es gibt zahlreiche Fremdwörter, die die Sprache bereichern, weil sie den Zusammenhang präziser auf den Punkt bringen als eine umständliche Umschreibung.

Verwendet man zum Beispiel für jemanden, der sich sehr gut ausdrücken kann, den Ausdruck »eloquent«, dann ist das Fremdwort deutlich dem deutschen »beredt« vorzuziehen. Und wenn jemand mit einer Leistung »reüssiert«, dann hört sich das besser an und ist auch präziser als »Er hat Erfolg gehabt«. Und wenn man jemanden als »Nihilisten« bezeichnet, dann ist das im Vergleich zu einer umschreibenden Bedeutung wie »einer, der mit nichts zufrieden ist« eindeutig zu präferieren.

Natürlich haben Sie recht: Anstelle von »präferieren« hätte ich ohne jeden Verlust auch »vorzuziehen« schreiben können. Aber diesen Begriff hatte ich bereits zwei Sätze zuvor verwendet. Sie sehen: Fremdwörter kann man, wenn sie nicht total abgehoben sind, auch sehr gut verwenden, um unnötige Wiederholungen[40] zu vermeiden.

4. 6. 13   Das Problem mit den Anglizismen

Ein wirklich heftig umstrittenes Thema sind ganz spezielle Fremdwörter: die sogenannten Anglizismen. Auf der einen Seite werden sie als Hexenwerk betrachtet, als Sargnägel der deutschen Sprache, als sprachliche Blendgranaten. Auf der anderen Seite gibt es vor allem im Bereich der Unternehmenskommunikation und im EDV-Sektor zahllose Strategen, für die Anglizismen zum wichtigsten Bestandteil der deutschen Sprache geworden sind.

Fakt ist: Sprache ist ein extrem dynamisches Produkt und verändert sich permanent. Sie wächst und gedeiht und bereichert sich wie selbstverständlich auch aus anderen Sprachen. In die deutsche Sprache haben im Laufe der Jahrhunderte zahlreiche fremdsprachige Begriffe Eingang gefunden. So etwa der Joghurt aus dem Türkischen, der Kiosk aus dem Persischen, Kaffee und Alkohol aus dem Arabischen, der Anorak aus der Sprache der Inuit, und sogar beim Keks handelt es sich sprachgeschichtlich gesehen um einen (US)-Import. Von den zahllosen Fremdwörtern, die sich aus dem Griechischen und dem Lateinischen ableiten, einmal ganz zu schweigen.

Anglizismen sind vor allem in der Wissenschaft ein nicht zu unterschätzendes Problem. Nicht nur Ökonomen, sondern auch Juristen, Sozialwissenschaftler, Ingenieure und viele andere mehr neigen dazu, ihre Texte mit englischen Fachausdrücken zu spicken.

Dem ist prinzipiell nichts entgegenzusetzen, wenn beispielsweise die englische Sprache sich in einem bestimmten Segment als Fachsprache etabliert hat. Nehmen wir den gesamten Bereich der EDV: Hier würde es schlicht lächerlich wirken, wenn man versuchte, die

---

[40] Und hier wäre »Redundanz« tatsächlich der eindeutigere Begriff. Denn unnötige Wiederholungen gibt es auch im Fernsehen, Redundanz hingegen fokussiert deutlich auf die Sprache.

mittlerweile vollständig etablierten Fachbegriffe einzudeutschen. Damit hat sich die Welt – von ein paar unbeugsamen Streitern abgesehen – abgefunden.

Eine ganz andere Dimension bekommt die Diskussion allerdings, wenn wissenschaftliche Nachwuchskräfte glauben, ihrem Text ein internationaleres Gepräge zu verleihen, wenn sie statt etablierter deutscher Begriffe lieber auf Anglizismen ausweichen. Selbstverständlich sollte anspruchsvolle Wissenschaft international ausgerichtet sein und nicht an der eigenen Landesgrenze haltmachen. Jedoch ist die Sprache in unserem Land nun mal Deutsch. Man sollte tunlichst nicht einen permanenten Kotau vor einem Land wie den USA vollziehen, das weder in politischer noch in juristischer und erst recht nicht in ökonomischer Hinsicht eine Vorbildfunktion innehaben sollte.

Das, was sich im Marketing-Bereich als pseudo-weltoffenes Pidgin etabliert hat, wird sich, davon können wir ausgehen, allmählich ins Gegenteil wenden. Globalisierung hin oder her – der Unternehmensberater, der im sauerländischen Fröndenberg den Schraubenhersteller Klotzke mit seinem Fachjargon belästigt, wirkt am Ende doch nur peinlich. Wie gesagt: Ich hoffe und meine, dass diese Unsitte ihren Zenit überschritten hat. Ebenso wird sich hoffentlich das zum Teil in hysterisch-chauvinistischem Ton modulierte Lamento der selbst ernannten Sprachschützer allmählich wieder ein bisschen nivellieren.

Wenn Sie einen wichtigen Text vorbereiten, dann sollten Sie sich vorher darüber im Klaren sein, ob und in welchem Ausmaß Ihre Leser die Verwendung von Anglizismen erwarten. Nehmen wir einmal dasjenige Fachgebiet an der Universität, an dem der Profi-Lektor diesbezüglich am meisten einstecken muss: die Wirtschaftswissenschaften. Hier scheint es so zu sein, dass eine Studie, eine Theorie, ein Modell nur dann wirklich wichtig erscheint, wenn es aus den USA stammt. Das ist eine – freundlich ausgedrückt – höchst bedenkliche Entwicklung, die man nicht noch durch eine entsprechende Wortwahl stützen sollte.

Also bedenken Sie bitte: Die Diskussion um unnötige Anglizismen wird schon sehr lange und mit viel Herzblut geführt. Stellen Sie sich vor, Ihr wichtigster Leser steht diesem Thema kritisch gegenüber, aber Sie wissen das nicht und streuen mehr Englisch in Ihren Text ein als unbedingt nötig. Das kann dann sehr schnell kontraproduktiv werden.

Es folgen nun ein paar Regeln zum richtigen Umgang mit Anglizismen:

- Nachfragen: Wenn Sie beispielsweise Student sind, dann sprechen Sie das Thema mit Ihrem Prof oder Betreuer einfach ganz offen an. Das hilft enorm.
- Nachschlagen: Wenn ein Anglizismus im Duden steht, braucht man sich keine Gedanken zu machen. Dann gilt dieser Begriff als mehr oder weniger vollständig in die deutsche Sprache aufgenommen (inklusive Flexion).
- Deutlich kennzeichnen: Wenn ein aus dem Englischen übernommener Begriff aus der deutschen Sprache herausragt, also für den durchschnittlichen Leser nicht geläufig ist, sollten Sie ihn entsprechend kenntlich machen.
- Gute Lösung: Sie verwenden den deutschen Begriff im Text und fügen die englische Bedeutung in Klammern hinzu – gegebenenfalls sogar zusätzlich in Anführungsstrichen.
- Zitate auslagern: Wörtliche Zitate sollten Sie ins Deutsche übersetzen und den englischen Originaltext maximal in einer Fußnote als Beleg aufführen.
- Gerade noch akzeptabel: Wenn Sie einen fremdsprachigen Begriff unbedingt im Text verwenden möchten, dann sollten Sie das durch eine entsprechende Formatierung verdeutlichen, beispielsweise setzen Sie diesen Begriff kursiv. Aber bedenken Sie: Dann sollte diese Form der Formatierung nicht mehr für andere Kontexte verwendet werden.
- Wörtlich übernehmen: In dem Fall schreiben Sie den fremdsprachigen Begriff wie in der Originalsprache, also im Englischen

i. d. R. klein und dort ohne Bindestriche, wo man im Deutschen welche setzt. Das bedeutet: Wenn beispielsweise von »social criticism«[41] die Rede ist, empfehle ich: Im Rahmen des *social criticism* wird …

- Überbindung: Wenn Sie einen ungewöhnlichen englischsprachigen Begriff mit einem deutschen überbinden, sollten Sie den Anglizismus in der Originalschreibweise belassen und durch Anführungsstriche kenntlich machen: Die »social criticism«-Theorie besagt, …
- Artikel: Bitte übernehmen Sie bei einer Einbindung in den Text den Artikel der gebräuchlichsten deutschen Übersetzung. Wenn von einer Erhebung mit dem Namen »Customer Equity Survey« die Rede ist, dann reden Sie bitte von der Survey, weil dieses Wort auf deutsch »Erhebung« bedeutet. Wenn Sie Place Pigalle erwähnen, dann ist es der Place (wegen »der Platz«), auch wenn »place« im Französischen weiblichen Geschlechts ist.
- Nicht übertreiben – das ist natürlich wie so oft auch hier die goldene Regel. Bitte verwenden Sie Anglizismen angemessen. Bedeutet: lieber einmal zu wenig als einmal zu oft. Wenn Sie also die Wahl haben zwischen der »principal agent theory« oder der »Prinzipal-Agenten-Theorie«, dann sollten Sie immer und in jedem Fall der deutschen Formulierung den Vorzug geben.

Bitte bedenken Sie: Nicht alles, was nach Englisch aussieht, ist wirklich Englisch. Es folgt eine Auswahl von Anglizismen, die eigentlich keine sind: Das Handy heißt auf Englisch »mobile« oder »cell phone«, ein Body Bag ist eigentlich ein Leichensack und kein Rucksack, den Beamer kennt man in den USA ebenso wenig wie das Public Viewing, Show- und Talkmaster sind dort unbekannt und auch der Twen oder der Oldtimer.

Aber es werden auch ganze Redensarten importiert. Immer weiter verbreitet sich »Das macht Sinn!«, aber auf Deutsch heißt es nun mal:

---

[41] Das brauchen Sie nicht zu googeln, habe ich mir ausgedacht.

»Es ist sinnvoll!«.[42] Wenn ein Deutscher etwas »realisiert«, dann hat er etwas »verwirklicht«, beispielsweise einen Plan oder einen Traum. Es bedeutet ausdrücklich nicht »wahrnehmen« wie das englische »to realize«. »Nicht wirklich!« geht nun wirklich nicht, und dass Sie niemals »in 2010«, sondern immer »im Jahr(e) 2010« schreiben, habe ich Ihnen ja bereits an anderer Stelle nahegelegt.

Lassen Sie uns abschließend doch nur ein einziges Mal gedanklich die Brust herausstrecken und es mit den Bajuwaren halten: »Mir san mir« sagt man in Bayern gern, und das sollten Sie beim Umgang mit Anglizismen im übertragenen Sinne beherzigen. Wer Ami-Deutsch cool findet, sollte bedenken, dass cool auf Deutsch »lässig« heißt. Und dieses Wort ist nicht zufällig prägender Bestandteil von Begriffen wie »nachlässig« oder »fahrlässig«.

4.6.14 Deutschland im Gender-Wahn

Es war wohl irgendwann in den Neunzigern, als aus einem bestimmten politischen Lager eine wahre Feuerwalze über die deutsche Sprache hinwegraste. Fortan war es nicht mehr gestattet, von Studenten, Mitarbeitern und Freunden zu sprechen. Wer auch immer dies beschlossen hat: Nun galt man als ewig gestriger Chauvinist, wenn man nicht von Studierenden, Mitarbeitern und Mitarbeiterinnen sowie von FreundInnen sprach und/oder schrieb.

Hierbei handelte es sich aus der Sicht des Sprachfreundes um die schlimmste Verstümmelung der deutschen Sprache, die es wohl jemals gab. Selbstverständlich soll hier angeführt werden, dass die Sache der Frauen, ihre Gleichberechtigung und Emanzipation sowie die Abschaffung des Patriarchats eine unglaublich wichtige, gesellschaftlich relevante Aufgabe war (ich meine natürlich ist).

Nur leider hat dieses Diktat zu wirklich großen Problemen ge-

---

[42] Aber in diesem Fall erkläre ich hiermit offiziell den Kampf als verloren. »Macht Sinn« hat sich so sehr in der deutschen Alltagssprache festgesetzt, dass es wohl nicht mehr zu eliminieren ist. In der Schriftsprache hat es aber trotzdem nichts zu suchen.

führt. Ein echtes Beispiel, ich schwöre, ich habe es mir nicht ausgedacht. Es legte mir vor einiger Zeit eine junge Dame eine Diplomarbeit vor, die unter anderem die Vertriebspolitik eines bestimmten Unternehmens zum Thema hatte. Darin stand geschrieben: »Dieses Unternehmen richtet sich zum einen an FirmenkundInnen und zum anderen an Otto NormalverbraucherIn.«

Ich habe selbstverständlich diesen Passus verbessert und mich bei dieser Kundin erkundigt, ob ich mich hier an dieser Stelle darüber lustig machen darf. Ich darf, sie hat's mit Humor genommen.

Häufig wird die zweigeschlechtliche Darstellung bei neutralen bis positiven Begriffen nach Herzenslust betrieben; wenn allerdings von Massenmördern, Drogendealern oder Terroristen die Rede ist, dann wird nur zu gern darauf verzichtet. Fair ist das nicht.

Mein Hinweis an Studenten: Es gibt eine Reihe von Fächern (so zum Beispiel die Bildungswissenschaft, Sozialwissenschaft oder die Philologie), in denen dieser Umgang mit der deutschen Sprache nicht nur gern gesehen, sondern sogar explizit gefordert wird. Und hier folgt nun mein Tipp für Sie: Wenn Sie nicht aus eigenen Stücken davon überzeugt sind, so formulieren zu müssen, und Sie nicht ohnehin die diesbezüglichen Gepflogenheiten in Ihrem Fach kennen, sprechen Sie unbedingt diejenige Person auf ihre jeweilige Einstellung zu diesem Thema an, die am Ende Ihre Arbeit bewerten wird.

Ich empfehle grundsätzlich, auf diese Unsitte zu verzichten, wenn man dadurch keine Nachteile zu erwarten hat. In dem Fall können Sie ganz einfach zur Exkulpation die folgende Bemerkung entweder der gesamten Arbeit voranstellen oder beim ersten »-Innen«-Verzicht in einer Fußnote anfügen:

Allein aus Gründen der besseren Lesbarkeit wird in dieser Arbeit auf zweigeschlechtliche Darstellungen verzichtet. Es sind somit immer auch die weiblichen Varianten gemeint, und dieses Vorgehen ist somit nicht als diskriminierend zu betrachten.

Wenn Sie nun beispielsweise in der Unternehmenskommunikation beschäftigt sind oder an anderer Stelle in schriftlicher Form eine Firma repräsentieren, dann ... ja dann ... – das müssen Sie selbst entscheiden.

Political Correctness – eine Abrechnung ...

Wir alle müssen aufpassen, was wir sagen. Ein falsches Wort, und man ist geliefert. Wird nur ein Begriff falsch verwendet, macht man sich unmöglich. Das Schlimme daran ist: Die Tabu-Begriffe werden ständig mehr, man muss eben stets auf dem Laufenden sein.

Der Klassiker: Nazi-Vokabular. Da muss man ganz besonders auf der Hut sein. Der Witz ist: Allein das hier aufzuschreiben, ist schon ganz besonders heikel, aber egal, ich trau mich. Also hier kommt es: Begriffe wie »Endziel«, »entartet« oder »Euthanasie« zu erwähnen, ist geschmacklos, und auch bei Wörtern wie »Autobahn«, »Volk« oder »früher« kommt es schon sehr stark auf den Zusammenhang an, ob man sich unmöglich macht oder noch mit einem blauen Auge davonkommt. Und wenn ein Mensch zu Recht die Quittung für unangebrachtes Verhalten bekommt, sollte man das besser nicht mit einem lakonischen »Jedem das Seine!« kommentieren.

Ein Beispiel aus der Wissenschaftsliteratur. Einem BWL-Lehrbuch ist die folgende unmögliche Passage sinngemäß entnommen: Es sei, so stand dort im Kontext »Vertrieb« geschrieben, keine Kunst, einem Neger einen Kühlschrank zu verkaufen, einem Eskimo hingegen schon. Zur Erklärung: Das Buch stammt aus dem Jahr 1958, und damals konnte man noch nicht ahnen, dass beide Begriffe einmal tabu sein würden. Der Begriff »Neger« ist spätestens seit den Neunzigern völlig tabu, wohl auch wegen seiner Nähe zu dem hässlichen Schimpfwort, in dem ein e durch ein i ausgetauscht und ein g hinzugefügt wurde. Aber ob der Begriff »Farbiger« nun wirklich besser ist, sei mal dahingestellt ... Und die wissenschaftliche Bezeichnung »Negride« wurde gleich mit entsorgt. Nun sucht man nach einer neuen, und es konkurrieren »africoid« mit »congoid«. Das wirkt manchmal schon ein bisschen schizoid. Ach ja, und dass Eskimos jetzt »Inuit« heißen, ist erst ein paar Jährchen her.

Bevor die »Winds of Change« aufkamen, war es angeraten, auf die Bezeichnung BRD zu verzichten. Denn dieses Kürzel galt vor allem in

---

konservativen Kreisen als Kind der Kommunisten, die dieses Akronym angeblich erfanden, um es als Äquivalent zur DDR zu setzen. Es soll tatsächlich Professoren gegeben haben, die Studenten durchfallen ließen, allein, weil sie diese Abkürzung verwendet haben.

Manchmal geht es mit den Ethnien auch drunter und drüber und hin und her. Es gibt eine Minderheit, die nannte man früher »Zigeuner«. Das war irgendwann nicht mehr en vogue, weil der Begriff immer mehr zum rassistischen Schimpfwort verkam. Aus den »Zigeunern« wurden »Sinti« und »Roma«, was aber, da geht aktuell die Reise hin, ein Doppelfehler ist. Denn zum einen sind die Sinti wohl auch irgendwie alle Roma, und zum anderen fehlen in der Aufzählung andere, Entschuldigung, Zigeuner (-stämme? -sorten? -arten? Ach ja: -gruppen), beispielsweise die Jenischen. Die fühlen sich nämlich durch die Bezeichnung »Sinti und Roma« diskriminiert, weil sie da nicht auftauchen, und wären gern wieder auch offiziell Zigeuner. Die Behördensprache hat da eine Musterlösung ersonnen. Die Amtsschimmel nennen alle zusammen nun »mobile ethnische Minderheit«, kurz MEM. Aber was ist mit denen, die in Häusern wohnen? Na ja ...

Immerhin heißen die Behinderten bei uns noch immer Behinderte und nicht wie in den USA, wo man sie zu »besonders herausgeforderten Menschen« machen wollte. Und aus den ehemals Arbeitslosen werden seit Kurzem immer häufiger Arbeitsuchende, und dass ein Teil der nun so Benannten mit dieser neuen Vokabel ebenfalls diskriminiert wird, stört offensichtlich niemanden.

Ach ja, Studenten gibt es nicht mehr als Sammelbegriff, nur noch Studierende, hier steht also die Tätigkeit im Vordergrund. Freuen wir uns gemeinsam auf die Kochenden, Montierenden und Lektorierenden.

Und kaum ein Parteitag, kaum eine Vereinsversammlung wird anders eröffnet als mit: Liebe Freunde und Freundinnen, liebe Mitglieder und Mitgliederinnen, liebe Gäste und Gästinnen ...

Natürlich, Sie haben Recht, DAS Mitglied braucht keine weibliche Form, aber DER Gast ...?

4. 6. 15 Extra: Der korrekte Brief, die korrekte E-Mail

Wenn man schriftlich mit anderen Menschen kommuniziert, dann sind ein paar wichtige Regeln einzuhalten. Denn nicht nur beim guten, alten und stramm durchregulierten Brief, sondern auch bei der etwas formloseren E-Mail gilt es, ein paar Regeln zu beachten.

Hier kommen sie, wir beginnen mit dem Brief.

- Jeder Brief beginnt mit einem Briefkopf, der mindestens die folgenden Daten enthalten sollte: Name (gegebenenfalls mit akademischem Titel) und vollständige Anschrift, am besten auch eine Telefonnummer und E-Mail-Adresse.
- Dann folgt die Anschrift des Adressaten. Hier sollte man – wie übrigens für den gesamten Text – einen linken Rand von 2,5 cm einrichten. Vom oberen Rand sollte für die Anschrift ein Abstand von 5 cm eingehalten werden.
- Die Anschrift für ganz normale Geschäftspost ist wie das folgende Beispiel aufgebaut. In dem Fall würde der Brief geöffnet und an die genannte Person geleitet, aber bei Abwesenheit auch von jemand anderem bearbeitet:

> Ohne Sinn AG
> Herrn Jupp Schulze
> Hauptstraße 1
> 12345 Hauptstadt

- Wenn Sie wünschen, dass ausschließlich die genannte Person den Brief erhalten soll, und das im Optimalfall ungeöffnet, müssen Sie die Reihenfolge von Name und Firma austauschen:

> Herrn
> Jupp Schulze
> Ohne Sinn AG
> Hauptstraße 1
> 12345 Hauptstadt

- Dann folgt mit einer Leerzeile das Datum, an dem Sie den Brief geschrieben haben, rechtsbündig. Den Ort schreibt man neuerdings nicht mehr dazu, denn wo Sie den Brief geschrieben haben, ist nicht von Interesse.
- Den Sinn, den Anlass Ihres Briefes nannte man früher Betreff, und man schrieb deswegen auch »Betr.:« davor. Das macht man

heute nicht mehr. Es genügt einfach eine Art Überschrift (kein ganzer Satz, ohne Punkt).

- Wenn Sie keinen Ansprechpartner haben, lautet die Standardanrede »Sehr geehrte Damen und Herren, …«, sonst »Sehr geehrte Frau XXX, …« oder »Sehr geehrter Herr XXX, …«. Der akademische Grad gehört beim Doktor abgekürzt dazu: »Sehr geehrter Herr Dr. Schulze, …«; beim Professor bitte nicht abkürzen und den Doktor unterschlagen: »Sehr geehrter Herr Professor Schulze, …«. Andere Abschlüsse können Sie gern in die Anschrift einbauen, wenn Ihr Adressat den Eindruck hinterlässt, er brauche das, in der Anrede hat dies nichts zu suchen.
- Den Fließtext beginnen Sie bitte in Kleinschreibung, weil Sie ja die Anrede mit einem Komma beendet haben. Bitte gegebenenfalls auf die Autokorrektur achten.
- Absätze bitte durch eine Leerzeile deutlicher hervorheben, das macht den Brief übersichtlicher.
- Die Grußformel sollte wiederum durch ein bis zwei Leerzeilen abgesetzt sein: Bitte bei Unbekannten immer »Mit freundlichen Grüßen« (Standard) oder »Mit freundlichem Gruß«.
- Bitte beachten: »Hochachtungsvoll« ist nicht mehr gebräuchlich, allenfalls ironisch, und meint dann das exakte Gegenteil.
- Dann folgen zwei, drei Leerzeilen für die Unterschrift und darunter noch einmal der Name und gegebenenfalls die Position des Absenders.
- Für den Inhalt: Immer sachlich bleiben, kurz fassen und bei normaler Schriftgröße am besten alles auf eine Seite bekommen. Zweiseitige Briefe sind nicht nur lästig, weil man sie zusammenheften muss, sie sind oft auch überfrachtet.

Und nun zur E-Mail: Bitte wägen Sie immer ab, wen Sie vor sich haben. Wie Sie mit den Mitgliedern Ihres Kegelklubs kommunizieren, bleibt Ihnen überlassen, aber wenn Sie sich an einen Menschen wenden, den Sie nur oberflächlich oder gar nicht kennen, gibt es auch hier Regeln:

- Erweisen Sie Ihrem Gegenüber Respekt. Das Einfachste ist: Sie machen einfach alles genau so wie beim Brief.
- Wichtig ist: Bitte ein vernünftiges Betreff wählen.
- Keine Abkürzungen, keine halben Sätze, keine Verstümmelungen, keine Emoticons.
- Auch hier mit einer richtigen Grußformel enden. Gut, nun ist die E-Mail eine etwas lockerere, spontanere Form der Kommunikation, und das darf man ihr auch ruhig anmerken. Meine E-Mails beginnen zum Beispiel in der Regel mit »Hallo, Herr (oder Frau) XYZ, ...« und enden mit »Beste Grüße«. Da spricht nichts gegen, wenn der Teil dazwischen stimmt.
- Aber diese etwas lässigere Art bedeutet selbstverständlich nicht, dass Sie auch bei der Rechtschreibung und der Zeichensetzung nachlässiger sein dürfen.
- Auch die grassierende »Powerpointitis« setzt die Regeln der deutschen Sprache nicht außer Kraft. Wie bei Präsentationen sollte man auch in E-Mails darauf achten, nicht in Fragmenten zu stammeln, sondern klar, verständlich und vollständig zu formulieren.

4.7 Weitere Tipps zu gutem Stil in Kurzform

- Zu -mäßig und -technisch: Ausdrücke wie altersmäßig oder formatierungstechnisch konnten früher uneingeschränkt verwendet werden. Die Anhänge -mäßig und -technisch sind aber mittlerweile zu wichtigen Bestandteilen der Umgangssprache geworden, deshalb sollten Sie sie meiden.
- Nicht zu schwammig, zu unverbindlich werden: »Er vermutete, dass sie die Mörderin sein könnte.« Hier sollte es lauten: »Er vermutete, dass sie die Mörderin war.« Oder: »Er kündigte an, etwas ändern zu wollen.« Wollen kann jeder, aber wenn ausgedrückt werden soll, dass auch wirklich etwas geschehen soll, muss es heißen: »Er kündigte an, etwas zu ändern.«

- Verwenden Sie immer ein Maximum an Präzision, anders als in diesem Beispiel: »US-Präsident Obama besuchte zum ersten Mal mit seiner Frau Michelle Deutschland, um an den Feierlichkeiten ›Zwanzig Jahre Mauerfall‹ teilzunehmen.« Denn das ist nicht eindeutig und lässt mehrere Interpretationen zu: Ist er nun überhaupt zum ersten Mal in Deutschland, zum ersten Mal seit Amtsantritt, zum ersten Mal mit seiner Frau oder zum ersten Mal, um den Mauerfall zu feiern?
- Auf eindeutige Bezüge achten: »Der Mann und sein Hund erreichten die große Wiese im Park. Dort verrichtete er sein Geschäft.« Bitte wiederholen Sie sich ruhig in solchen Fällen: »Dort verrichtete der Hund sein Geschäft.«
- Steigerungen verwenden Sie bitte grundsätzlich nur, wenn ein direkter Vergleich sichtbar ist. »Am Abend wurde es kühler.« Das wirkt erst einmal ganz o. k., weil man den Bezug zum Tag herstellt, aber wenn »kühl« ausreicht, ist »kühler« unnötig.
- Öfter(s): »Öfter« ist nur dann zulässig, wenn ein direkter Vergleich angestellt wird. Sonst ist allein »oft« korrekt. Die Aussage »Er geht öfter ins Kino« wirft natürlich sofort die Frage »Als wer?« auf. Und »öfters« gibt es in der Schriftsprache nicht, das ist Umgangssprache.
- Bitte ziehen Sie bei inhaltlichen Bezügen oder Querverweisen »der«, »die«, »das« immer der etwas gestelzten Version »welcher«, »welche«, »welches« vor. Letztere sind die Ausnahme, werden nur bei einer Überstrapazierung der Grundform verwendet und stellen ausdrücklich nicht die elegantere Lösung dar.
- Bitte ziehen Sie das kleine Wörtchen »sich« immer so weit nach vorn wie möglich. So nicht: »So ist zu erwägen, welche Auswirkungen bei der gleichzeitigen Wahrnehmung der Prüfungs- und Nichtprüfungstätigkeiten sich ergeben«. Besser: »So ist zu erwägen, welche Auswirkungen sich bei der gleichzeitigen Wahrnehmung der Prüfungs- und Nichtprüfungstätigkeiten ergeben.«
- Und bitte achten Sie ganz besonders auf Füllwörter: »Eine Vo-

raussetzung für eine fristlose Kündigung ist in der Regel Verschulden des Arbeitnehmers.« »In der Regel« bedeutet, dass es auch andere Fälle gibt. Frage: Gibt es die wirklich? Also denken Sie daran, dass Sie solche Relativierungen nicht einfach mal so einstreuen, vielleicht auch nur, weil Sie sich nicht ganz sicher sind, ob eine absolute Formulierung wirklich richtig ist. Denn da sollten Sie sicher sein! Auch wenn solche Füllstoffe wie Floskeln klingen und oft auch so verwendet werden, so haben sie doch eine klare Bedeutung. Und auf die achten Sie bitte.

5 WISSENSCHAFTLICHES ARBEITEN

Das nun folgende Kapitel mag aufgrund seiner Überschrift so wirken, als würde es sich ausschließlich an Akademiker richten oder an solche, die es einmal werden möchten. Weit gefehlt! Denn das, was hier geschrieben steht, hilft jedem, der einen anspruchsvollen Text zu verfassen hat. Nicht nur das Konzept für die Neustrukturierung des Auslandsgeschäfts eines Schraubenherstellers, die Kundenzufriedenheitsanalyse einer Drogeriekette oder die Ausschreibungsunterlagen eines Software-Produzenten, auch das Leistungskurs-Referat über den Verlauf der Transsibirischen Eisenbahn und der Businessplan, der der Bank zur Finanzierung eines Geschäfts oder Unternehmens vorgelegt wird, sollten wenigstens grob die nun folgenden Grundlagen berücksichtigen.

Der Einfachheit halber werde ich mich für den Rest des Kapitels auf eine der genannten Gruppen beschränken und einfach davon ausgehen, Sie wären Jungakademiker und würden sich gerade auf die letzte große Hürde an der Universität vorbereiten: die Abschlussarbeit.

Viele Fächer an der Universität sind darauf ausgerichtet, den Studierenden fachrelevante Informationen für ihren zukünftigen Beruf zu vermitteln. Gut, das gilt nicht unbedingt für jedes Fach – vor allem in den Geisteswissenschaften macht man sich schon mal gern von diesem Anspruch frei. Aber auch hier gilt: Zu dem Wichtigsten, das man an einer Universität lernen kann, gehört das wissenschaftlich korrekte Erstellen von umfangreichen Texten. Die Kunst, nach wissenschaftlichen Grundsätzen seriöse, sachliche und doch lesbare Texte erstellen zu können, ist eine eminent wichtige Qualifikation, deren Bedeutung auch weit über das Studium hinaus nicht überschätzt werden kann. Die nachfolgenden Seiten bringen die wichtigsten Grundsätze auf den sprichwörtlichen Punkt und sollen nicht nur denen dienen, die sich noch im Lernprozess befinden. Auch denjenigen, die ihrer Alma Mater schon vor vielen Jahren den Rücken gekehrt haben, möge dieser Teil des Buches zur Auffrischung dienen. Schaden kann das nie.

5.1 Die Themenfindung

Wenn man Seminare oder Kolloquien zur Vorbereitung auf die Abschlussarbeit besucht (oder sogar leitet), passiert oft Folgendes: Da sitzt dann jemand, der hat eine prima Idee für seine Masterarbeit. Wenn er das Wort erteilt bekommt, gibt er dann so etwas zum Besten: »Ich würde gern etwas machen zur Rolle ...« Und den Platzhalter können Sie gern mit folgenden Themenschwerpunkten besetzen:

- ... der Frau in der Literaturszene der Weimarer Republik.
- ... des Online-Marktes im Drogerie-Einzelhandel.
- ... der Apokryphen in der Konzeption des Zweiten Vatikanischen Konzils.

Das sind alles gute Themen, aber solche Ideen sind für eine qualifizierte wissenschaftliche Arbeit untauglich. Denn es fehlt das Wichtigste, das gewisse Etwas: die Forschungsfrage, die am Ende der Arbeit beantwortet werden soll.

Klarer werden die Zusammenhänge, wenn wir uns die Reihenfolge des wissenschaftlichen Arbeitens anschauen, so wie sie eigentlich sein sollte, aber nur ganz selten ist.

Normalerweise würden Sie sich zu Beginn Ihrer Arbeit in die Bibliothek zurückziehen, sich ca. 50 Bücher zu dem allgemeinen Thema besorgen, das Sie interessiert, diese durcharbeiten, und am Ende dieser Literaturrecherche wäre auf einmal alles glasklar.

Sie stünden bis über beide Ohren im Thema, Ihr gesamter Theorieteil wäre fertig konzipiert und müsste nur noch runtergeschrieben werden. Das Entscheidende hätte sich herausgebildet: Ihre Forschungsfrage. Sie hätten also eine echte Lücke im gigantischen Mosaik der Wissenschaft entdeckt und beschlossen, dieses Steinchen zu ergänzen. Sie wüssten also genau, welche übergeordneten Fragen Ihre Arbeit leiten sollen und wie Sie sich in die Lage bringen, diese Fragen am Ende auch beantworten zu können.

Wäre das nicht herrlich? Leider gelingt Examenskandidaten nur selten dieser Schritt, sich so systematisch ihrem Thema zu nähern. Aber das macht alles doch soviel einfacher! Nicht zuletzt, weil man dann auch nicht mehr der Versuchung unterliegt, sich zu verrennen und die Arbeit zu überfrachten. Konzentrieren Sie sich besser auf eine ganz konkrete Frage, und blenden bzw. klammern Sie alles aus, was nicht dazugehört.

Also versuchen Sie einmal, das, was Sie herausfinden möchten, auszuformulieren – egal, ob in Form einer Fragestellung oder einer handlungsleitenden Behauptung, gern auch These oder Hypothese genannt. Diese Umschreibung sollte so präzise sein, dass Sie am Ende der Arbeit in der Lage sind, diese Frage oder These auch valide und fundiert zu beantworten bzw. zu bestätigen oder zu widerlegen. Wenn Ihnen das gelingt, werden Sie sich garantiert zum Schluss in einem attraktiveren Segment der Notenskala wiederfinden als diejenigen, die bis zum bitteren Ende immer noch irgendetwas einfach mal irgendwie untersuchen wollen.

Eine kleine Ergänzung zum Thema Hypothese: Ich bin in den vorangegangenen Absätzen zugegebenermaßen ein wenig flexibel mit den Begriffen Forschungsfrage, These und Hypothese umgegangen. Für den Begriff der Hypothese sollten Sie sich nur dann entscheiden, wenn Sie die ganzen theoretischen und nicht zuletzt auch statistischen Implikationen des Begriffs beherrschen.

Ganz kurz zur Auffrischung: Man nehme einen Menschen, der in der Lage ist, ein empirisches Forschungsprojekt durchzuführen und der darüber hinaus auch komplexe statistische Rechenoperationen auf analytischer Ebene (Signifikanztest, Clusteranalyse, Faktorenanalyse, Regressionsanalyse etc.) durchführen kann. In dem Fall gehört es zum Entwurf einer wissenschaftlichen Arbeit dazu, eine konkrete

Hypothese zu bilden, der dann gerne auch das Kürzel Ho vorangestellt wird. Dazu bildet man dann die sogenannte Gegenhypothese Hı. Und Ho kann nie angenommen, sondern nur indirekt bestätigt werden, wenn die analytischen Ergebnisse darauf hindeuten, dass Hı nicht zutrifft. Das ist sehr kompliziert, und wenn Sie das beherrschen und Ihre Arbeit auf diesem Niveau verfassen: herzlichen Glückwunsch. Wenn nicht, dann sollten Sie einem bestimmten Vokabular konsequent aus dem Weg gehen, und zwar allen Begriffen, die im Bereich der analytischen Statistik verwendet werden. Dazu gehört eben vor allem der Begriff »Hypothese«, den Sie besser durch Forschungsfrage oder These ersetzen. Aber auch Begriffe wie »Korrelation« oder »signifikante Unterschiede« sollten Sie dringend meiden, da Sie bei deren Verwendung immer die Frage aufwerfen, ob Sie denn die dafür vorgesehenen statistischen Tests tatsächlich auch durchgeführt haben.

Also ich fasse zusammen: Sie haben keine ganze Woche in der Bibliothek verbracht und auch keine fünfzig Fachbücher durchgearbeitet, haben aber trotzdem verstanden, wie wichtig eine Forschungsfrage (oder gern auch mehrere) für Ihre Arbeit ist. Und Sie haben diese ausformuliert, und zwar so, dass Sie voraussichtlich am Ende der Arbeit auch der Lage sind, sie zu beantworten.

Manche (entweder ungeduldige oder auch sehr entschlossene) Verfasser von wissenschaftlichen Arbeiten zäumen aber das sprichwörtliche Pferd von hinten auf. Das heißt: Sie beginnen mit dem empirischen Teil und basteln am Ende so lange an Theorieteil und Forschungsfrage herum, bis alles zusammenpasst. Wenn man das dem Text nicht anmerkt, dann ist das kein Problem. Denn wie es unser Exkanzler Kohl so markant formulierte: Entscheidend ist, was hinten rauskommt.

Gehen wir also davon aus, dass Sie Ihr Thema ausdifferenziert und in tauglichen Forschungsfragen präzisiert haben. Als nächste wesentliche Etappe bei der Konzeption Ihres Textes steht ein Rohentwurf der Gliederung an.

5.2 Die Gliederung von Texten

Am besten lässt sich der typische Aufbau eines wissenschaftlichen Textes anhand der Durchführung einer empirischen Untersuchung beschreiben. Also nehmen wir einmal an, das Thema Ihrer Arbeit wäre, eine Kundenzufriedenheitsanalyse für unseren schon das eine oder andere Mal zitierten Schraubenhersteller aus dem Sauerland durchzuführen. Dann sollte Ihre Arbeit in etwa folgendermaßen aufgebaut sein:

5.2.1 Kapitel 1: Die Einleitung

Der Text beginnt mit einer Einleitung, die Sie aber bitte niemals tatsächlich »Einleitung« nennen. Denn man sollte niemals schon bei den Überschriften Fantasielosigkeit an den Tag legen – es würde Ihnen nur unnötig schwerfallen, diesen oft so wichtigen ersten Eindruck im Text dann wieder zu revidieren. Also bitte nicht Einleitung, versuchen Sie besser, eine individuelle Überschrift zu gestalten, die genauer auf diesen ersten Teil Ihres Textes eingeht.

Im Wesentlichen besteht dieses erste Kapitel aus zwei Inhaltskomplexen.

Zum einen können Sie hier ganz allgemein ausführen, wie Sie zu dem Thema gekommen sind, welche Einflüsse Sie dazu gebracht haben – und natürlich sollten Sie hier nicht erwähnen, dass dieses Thema Ihnen zugelost wurde, dass Sie keine Wahl hatten und das alles Sie eigentlich nicht die Bohne interessiert. Auch wenn Sie sich Ihr Thema nicht selbst ausgesucht haben, sollten Sie hier trotzdem kurz auf die generelle Bedeutung eingehen und nach Herzenslust Interesse heucheln.

Und versuchen Sie einmal, Ihren Text nicht mit so populären wie fantasielosen Phrasen zu beginnen wie diesen hier:

In Zeiten der fortschreitenden Globalisierung und der zunehmenden Internationalisierung des Wettbewerbs ... (für Wirtschaftswissenschaftler)

Durch die Entwicklung der Weltgemeinschaft hin zur postmodernen
Informationsgesellschaft ... (für Kulturwissenschaftler)

Dann bringen Sie zum anderen eine kurze Übersicht, was sich in den folgenden Kapiteln alles ereignen wird. Dabei dürfen Sie ruhig so richtig schön nach Schema F vorgehen:

> *In Kapitel 2 wird mit ... begonnen.*
>
> *Das dritte Kapitel befasst sich dann ...*
>
> *Im vierten Abschnitt schließt sich ...*

Bitte formulieren Sie schon hier (wie auch grundsätzlich im gesamten Rest des Textes) selbstbewusst und entschieden. Meiden Sie wacklige oder schwammige Formulierungen wie »Die vorliegende Arbeit versucht/soll/will/strebt an ...« – Sie beabsichtigen nicht, etwas zu tun, und Sie versuchen es auch nicht, sondern Sie wissen genau, dass Sie es tun werden. Sie sollten auch davon ausgehen, dass Ihnen das gelingen wird. Denn eines kommt hinzu: Es ist ja wohl ein offenes Geheimnis, dass Sie die Einleitung ganz zum Schluss schreiben. Ihre Perspektive ist bei diesem Textteil also ein wenig paradox: Sie schreiben den Teil zwar zum Schluss, formulieren ihn aber so, als stünde die gesamte Arbeit noch vor Ihnen.

Zum Umfang: Wenn wir einen durchschnittlichen Umfang einer Diplom-, Magister- bzw. Master-Arbeit von 60 bis 80 Seiten zugrunde legen, ist eine Einleitung mit insgesamt ca. zwei Seiten ausreichend, wobei die beiden Abschnitte »Herleitung des Themas« und »Übersicht« annähernd gleich verteilt sein sollten.

Die formale Gestaltung der Gliederung
Die Gliederung ist nicht nur inhaltlich ein wichtiges Thema – auch formal gilt es, diesbezüglich einige wichtige Grundsätze zu beherzigen.
Prinzipiell gilt: Je feiner die Arbeit gegliedert ist, umso besser. Sie sollten also darauf verzichten, seitenlange Bleiwüsten unter einen Gliederungspunkt zu packen, womöglich noch unter einen der ersten Ebene.

Besser ist es, ungefähr auf jeder zweiten Seite einen neuen Gliederungspunkt folgen zu lassen.

Wenn Ihnen nichts anderes vorgegeben wird, empfehle ich Ihnen die einfachste aller Gliederungsformen: 1, 1.1, 1.1.1 etc. Wenn Sie genau hinschauen, erkennen Sie: Nach der letzten Ziffer steht kein Punkt. Hier nur ein kurzer Vorgriff auf das folgende Kapitel 6 »Formatierung«: Sie sollten unbedingt – und das schon von Beginn an – die Funktion der automatischen Gliederung Ihres Textverarbeitungsprogramms verwenden und mit Formatvorlagen arbeiten.

Eine ganz wichtige Regel lautet: Es gibt nur dann beispielsweise einen Unterpunkt 2.1.1, wenn auch 2.1.2 folgt. Lassen Sie niemals einen Gliederungspunkt allein stehen – solche Fehler wie solche bei den Nummerierungen führen ganz, ganz fix zu schmerzhaften Abzügen in der B-Note.

Übertreiben Sie es nicht und gewichten Sie ausgeglichen. Bedeutet: Die erste Ebene sollte bei einer sechzigseitigen Arbeit nicht vierzehn Unterpunkte haben, dann aber nur in zweien davon eine weitere Ebene aufweisen. Die erste Ebene sollte (inklusive Einleitung und Schluss bzw. Fazit) ca. sieben Kapitel nicht überschreiten.

Abgesehen von Einleitung und Schluss sollten die Kapitel auch ungefähr gleich lang sein. Das bedeutet, um Himmels willen nicht exakt, sondern annähernd: Wenn Kapitel 4 als Schwerpunkt beispielsweise dreißig Seiten hätte, sollte es keines geben, das nur drei Seiten umfasst. Gut wäre es auch, wenn alle Kapitel wenigstens ungefähr dieselbe Gliederungstiefe aufweisen würden. Dieser Grundsatz kann aber aus inhaltlichen Gründen durchaus durchbrochen werden.

Zur Gliederungstiefe: Es wäre schön, wenn Sie Ihre Arbeit in mindestens drei Ebenen gliedern, aber viel mehr sollten es nur dann sein, wenn es wirklich nötig ist. Drei sind gut.

Und nun noch einmal eine Zusammenfassung, was man alles bei Überschriften beachten sollte:

- Überschriften beginnen immer groß.

- Sie sind nicht als ganzer Satz geschrieben und enden daher nicht mit einem Punkt.
- Dort verwendet man keine Abkürzungen und auch keine automatische Silbentrennung.
- Die Überschrift ist kein Bestandteil des Fließtextes. Und deswegen bezieht man sich auch nicht auf sie oder führt sie kontextuell direkt fort.
- Sie sollten möglichst knapp gehalten werden.

5.2.2 Kapitel 2: Das theoretische Fundament

Zurück zu unserer Musterarbeit: Nun beginnt der Ernst des Lebens. Kapitel 2 befasst sich mit der theoretischen Fundierung der Arbeit. Das ist der Teil, der praktisch veranlagten Menschen das meiste Kopfzerbrechen bereitet. Und hier merkt der erfahrene Leser sofort, mit welchem Ehrgeiz der Verfasser sich seinem Studium gewidmet hat. Der Lebemann[43], der die Zeit an der Uni überwiegend zur Kontaktanbahnung und zur Organisation der Abende benutzt hat, kommt hier ins Schwitzen, hat keine Vorstellung davon, wie er das angehen soll, und hat auch meist keine Geduld, sich in gebotener Ausführlichkeit mit der Literaturrecherche zu befassen.

Muss man aber. Hier würden Sie jetzt in unserem Beispiel (Kundenzufriedenheitsanalyse für Schraubenhersteller) ziemlich weit am Ursprung ansetzen. Sie poltern also nicht sofort mit Beispielen für solche Befragungen durch die geschlossene Tür, sondern fangen wesentlich weiter vorn an.

Sie würden also bei der Darstellung der Bedeutung des Kunden für ein Unternehmen beginnen, würden unterschiedliche Theorien vorstellen und herausarbeiten, welche Formen der Kommunikation mit den Kunden und des Marketings existieren.

---

[43] Sehen Sie? Das ist doch auch wieder so ein Ding. Lebemann ist doch, auch wenn in dieser Bezeichnung manchmal ein bisschen Neid mitschwingt, ein tendenziell negativ konnotierter Begriff. Würden Sie den jetzt alternativ zur »Lebefrau« gendern?

Dann würden Sie ausarbeiten, warum die Zufriedenheit von Kunden wichtig ist und würden auf bestimmte Märkte fokussieren.

Als Nächstes würden Sie unterschiedliche Aspekte, unterschiedliche Determinanten, unterschiedliche Kategorien der Kundenzufriedenheit aufführen.

Nun wären Sie an dem Punkt angelangt, an dem Sie die Bedeutung von Kundenzufriedenheitsmessungen ausarbeiten, Stärken und Schwächen vorstellen und auf die Korrespondenzmöglichkeiten mit einem Kundenbindungsmanagement eingehen. Und alles das würden Sie selbstverständlich konsequent mit Literaturangaben belegen.

5.2.3 Kapitel 3: Methodische Grundlagen

Es folgt der nächste Gliederungspunkt. In unserem Beispiel würden Sie sich mit der methodischen Ausrichtung des vorliegenden Forschungsprojekts befassen.

Dazu würden Sie kurz, aber nicht zu kurz unterschiedliche methodische Ansätze vorstellen, mithilfe derer man eine Kundenzufriedenheitsanalyse durchführen kann. Sie würden – wieder unter Berücksichtigung entsprechender Literaturquellen – die Vor- und Nachteile der einzelnen Methoden aufführen und dann allmählich dazu übergehen darzustellen, für welche methodische Grundlage Sie sich aus welchen Gründen entschieden haben.

Dann legen Sie dar, wie Sie Ihre Erhebung gestalten, also wen genau Sie wie befragen wollen. Hier sollten Sie auch ausführlich erklären, warum Sie sich für exakt die Zielgruppe entschieden haben, die Sie untersuchen, was diese Personen also dazu befähigt, Ihre Fragen zu beantworten. Und Sie sollten auch erläutern können, warum Sie gegebenenfalls bestimmte Personen als Interviewpartner ausklammern.

Es schließt sich die Konzeption der Erhebungsinstrumente an; in der Regel wird das ein Fragebogen sein. Hierbei ist es wichtig, die einzelnen Fragestellungen zu begründen und Ihre Entscheidungen möglichst mit Literaturangaben zu untermauern.

Darüber hinaus würden in dieses Kapitel noch die harten Fakten über die Durchführung Ihrer Befragung gehören, also wann wer wo wozu genau befragt wurde.

5.2.4 Kapitel 4: Auswertung der Ergebnisse

Nun geht es darum, die Ergebnisse der Befragung vorzustellen. Dabei würden Sie – wie bei jedem Arbeitsschritt – immer Ihre Forschungsfragen vom Beginn der Arbeit im Blick behalten. Die Grundstruktur dieses Kapitels würde von diesen forschungsleitenden, übergeordneten Leitfragestellungen sowie von der daraus resultierenden Gliederung des Fragebogens diktiert. An ihnen orientieren Sie sich bei der Kapitelgestaltung so präzise wie möglich. Würden Sie also beispielsweise dazu übergehen, bestimmte Teilgruppen Ihrer Befragung herauszustellen, sollten Sie das nur in Erwägung ziehen, wenn es für das Thema wichtig und für die Beantwortung der Leitfragestellungen relevant ist.

5.2.5 Kapitel 5: Die Beantwortung der Forschungsfragen

Im folgenden Kapitel würden Sie die Ergebnisse, die zuvor möglichst objektiviert vorgestellt wurden, einer kritischen Würdigung unterziehen. Hierbei dürfen Sie dann zum ersten Mal Ihre eigene Meinung und Wertung einbringen. Bislang waren Sie lediglich ausführendes Organ ohne Persönlichkeit, aber jetzt ist es so weit: Jetzt dürfen Sie mit dem Selbstvertrauen eines wissenschaftlich ambitionierten und ausgebildeten Forschers Wertungen treffen und auch Ihre Ergebnisse zueinander in Beziehung setzen. Dabei sollten Sie selbstverständlich immer Ihre Ergebnisse im Blick behalten und sich niemals zu unbelegten und somit unzutreffenden Behauptungen hinreißen lassen.

Hierbei entstehen oft Probleme. Denn Studierende neigen oft dazu, von Beginn an ihren Forschungsfragen nicht im gebotenen Maße objektiv gegenüberzustehen. Normalerweise beinhaltet Ihre Rolle als neutraler Wissenschaftler, dass es Ihnen vollkommen egal ist, nein: sein muss, ob Ihre Forschungsfragen nun am Ende bestätigt oder abgelehnt werden. Wenn man sie allerdings tatsächlich vorher formuliert (und nicht im Zuge einer nachträglich rückwärtigen Ausrichtung des Forschungsprojekts), dann neigt man gern dazu, diese Fragen entsprechend den eigenen Vorstellungen beantworten zu wollen.

Nehmen wir an, dass Sie vermuten, es könne einen Zusammenhang geben zwischen dem Geschlecht und der Neigung, im Drogeriemarkt Hornhauthobel zu kaufen. Das würden Sie vermuten, das würde Sie motivieren, und auch Ihr Professor fände diese Frage spannend. Und natürlich auch der Hersteller von Hornhauthobeln wäre unglaublich glücklich darüber, wenn dem so wäre, weil er sich bei der Konzeption zukünftiger Kommunikationsmaßnahmen in Sachen Hornhauthobel voll und ganz auf ein Geschlecht konzentrieren könnte.

Nehmen wir weiter an, Ihr Forschungsprojekt würde keine eindeutige Tendenz aufweisen. Allerdings würden die Ergebnisse allenfalls vermuten lassen, dass ein minimaler Überhang bei einem bestimmten Geschlecht zu beobachten wäre. Was würden Sie tun? Würden Sie offen und ehrlich darauf hinweisen, dass Ihre Auswertung keine Tendenz zugunsten eines bestimmten Ergebnisses aufweist, so wie es die gebotene Objektivität eines Forschers diktieren würde? Oder hätten Sie Angst, dass Ihnen das als möglicher Fehler angekreidet werden könnte, als Schwäche Ihres Forschungsprojekts, das besser hätte darauf ausgerichtet sein müssen, zu einer eindeutigen Aussage zu gelangen?

Keine Frage: Sie sollten Ihre Unabhängigkeit und Objektivität gegenüber Ihren eigenen Forschungsfragen als oberstes Gebot betrachten. Bitte gehen Sie davon aus: Wenn Sie entgegen Ihrer ursprünglichen Vermutung Ihre Forschungsfragen nicht bestätigen können, wird das keinen negativen Einfluss auf die Beurteilung haben. Wenn Sie allerdings erkennbar den Eindruck hinterlassen, Ihre Forschungsergebnisse mit der gleichen Verve Ihren Erwartungen angepasst zu haben, wie ein kleines Kind wütend ein nicht passendes Puzzle-Teil mit der Faust in die vakante Lücke hämmert, dann spielen Sie mit dem Feuer.

Sie sollen also werten und auch den Mut aufbringen, Entscheidungen zu treffen. Bitte denken Sie daran: In diesem Kapitel müssen Sie Farbe bekennen, jetzt geht es um Ergebnisse. Den Unterschied zu den vorhergehenden Kapiteln können Sie sich vielleicht am besten vor Augen führen, wenn Sie an eine Grundregel für die Produktion von journalistischen Texten denken: Dort gilt das strikte Diktat der Trennung von Nachricht und Kommentar. Wann immer Sie also eine persönliche Wertung vornehmen, sollten Sie dies im Text auch entsprechend kenntlich machen – am besten gleich durch ein eigenes Kapitel.

Wissenschaftsrhetorik

Die Sprache der Wissenschaft ist tendenziell gern unverbindlich. Sie stellt sich grundsätzlich selbst infrage, und das ist vielleicht die größte Leistung, die sich in den letzten Jahrhunderten herausgebildet hat: die Fähigkeit zur Selbstkritik und permanentes Misstrauen – auch den eigenen Ergebnissen gegenüber. Zwar sollten Sie damit nicht übertreiben, aber bedenken Sie immer: Nur der egomane Forscher stellt seine Ergebnisse ohne Einschränkungen als unumstößliche Tatsachen dar.

Der kritische und auch ein wenig gewitzte Experte hält sich immer noch ein kleines Hintertürchen offen. Und das sollten Sie auch tun. Die Kunst, den richtigen Ton zu treffen, beinhaltet immer, bis zu einem gewissen Punkt die eigenen Ergebnisse als Fakten darzustellen, die allerdings immer an gewisse Bedingungen und Einschränkungen geknüpft sind.

»Die Ergebnisse des vorliegenden Forschungsprojekts weisen darauf hin, dass ...« Ist das nicht herrlich? Merken Sie sich genau diesen Satz als Muster mit Wert. Ihre Ergebnisse sind eben *nicht* völlig beliebig und stellen eben *nicht* etwas dar, das zwar genau so sein kann, aber eben auch ganz anders. Aber sie sind eben auch nicht der Weisheit letzter Schluss und unumstößlich belegt. Wirklich bewiesen werden Dinge, wenn alles gut geht, in den Naturwissenschaften, aber auch da wird vielmehr mit Wahrscheinlichkeiten gearbeitet als mit absoluten Wahrheiten.

Wenn Sie beispielsweise auf die Ergebnisse einer Befragung hinweisen, dann können Sie getrost von unumstößlichen Fakten ausgehen: Wenn Sie ausgerechnet haben, dass 8,6 % aller befragten Männer und 9,7 % aller befragten Frauen in den vergangenen drei Jahren einen Hornhauthobel gekauft haben, dann ist das so. Wenn es allerdings um die Übertragung dieser Ergebnisse auf die Allgemeinheit geht, wenn Sie also eine weitergehende Bedeutung in die Ergebnisse hineininterpretieren, dann sollten Sie zu einer Wissenschaftsrhetorik greifen, die weder zu schwammig noch zu absolut ist.

»Aufgrund der vorliegenden Ergebnisse deutet nichts darauf hin, dass ein eindeutiger Unterschied zwischen den Geschlechtern bei der Neigung zum Kauf eines Hornhauthobels besteht. Zwar zeigen die Ergebnisse einen leichten Überhang zugunsten der Frauen, dieser erscheint jedoch zu gering, um daraus einen eindeutigen Trend abzuleiten.«

So funktioniert das also: Sie sollten sich bei der Interpretation der Ergebnisse so oft wie möglich hinter die natürlichen Grenzen Ihrer Befragung zurückziehen. Und immer, wenn Sie diese hinter sich lassen und sich heraus in die große, ganze, gesamte Welt wagen, sollten Sie entsprechende verbale Sicherungspuffer einbauen.

Bitte merken Sie sich: Der wissenschaftliche Laie outet sich sehr oft dadurch, dass er seine eigenen Ergebnisse in unzulässigem Maße überschätzt. Man möchte gern etwas wirklich Spektakuläres herausgefunden haben und neigt deshalb dazu, die gebotene kritische Distanz zu den eigenen Ergebnissen zu vernachlässigen. Ihnen wird das zukünftig hoffentlich nicht mehr passieren.

5.2.6 Kapitel 6: Schlussteil

Der letzte Teil der Arbeit ist das große Resümee. Sie fassen noch einmal die gesamte Arbeit zusammen. So wie Sie bei der Einleitung der Reihe nach erklärt haben, was in welchen Kapiteln passieren soll, so beschreiben Sie hier, was genau in den Kapiteln zuvor passiert ist. Und keine Angst: Sie dürfen sich hier durchaus am Text der Einleitung orientieren, mit anderen Worten: Diese Zusammenfassung darf dieser ruhig ähneln. Und natürlich dürfen Sie sich hier auch inhaltlich wiederholen, aber ganze Sätze oder gar Abschnitte per Kopieren und Einfügen zu duplizieren, ist strikt untersagt.

Dann fassen Sie noch einmal prägnant die Bedeutung der von Ihnen erhobenen Ergebnisse zusammen. In unserem Beispiel könnte das darin münden, konkrete Handlungsempfehlungen für das untersuchte Unternehmen abzuleiten. Bei anderen thematischen Schwerpunkten würde man hier mit der Bedeutung der Inhalte der Arbeit insgesamt enden. Hierbei ist Ihnen noch ein wenig mehr Freiraum eingeräumt als in den Kapiteln zuvor.

Auf der letzten halben Seite sollten Sie den Blick in die Zukunft schweifen lassen. Gehen Sie mit den Grenzen der eigenen Arbeit offensiv um und stellen Sie Fragen vor, die Ihre Arbeit nicht beantworten konnte oder die erst im Zuge der Auswertung aufgetreten sind. Der wirklich geschickte Verfasser formuliert hier eine neue Forschungsfrage, wie das vorliegende Projekt mit einem neuen wissenschaftlichen Ansatz weitergeführt werden könnte. Vielleicht könnte sie der Grundstein für Ihre Dissertation werden – oder der Professor freut sich, weil er schon ein Thema für den nächsten Kandidaten hat.

Arbeit beendet, jetzt können die Korken knallen.

Halt, noch nicht ganz! Denn das war ja nur der kreative, inhaltliche Teil. Was noch fehlt, sind die Formalia.

5.3 Formales Drumherum

Bisher haben wir uns nur mit dem Hauptteil auseinandergesetzt, also mit dem Teil Ihrer Arbeit, in dem die Musik spielt. Nun erfahren Sie noch ein wenig über das Drumherum, also all jene Bestandteile einer wissenschaftlichen Arbeit, die den Hauptteil vorne und hinten ergänzen.

5.3.1 Das Deckblatt

Zu Beginn steht das Deckblatt. Selbstverständlich gelten hier die Vorgaben Ihres Prüfungsamts. Nur, wenn es die nicht geben sollte, greifen Sie bitte auf die folgenden Ausführungen zurück.

Auf dem Titel- oder Deckblatt stehen folgende Informationen:

- Der Name Ihrer Universität, dann die Abteilung, in der Sie Ihre Prüfung ablegen. Das kann eine Fakultät sein, eine Sektion, ein Institut, ein Fachbereich oder Ähnliches.
- Es folgen der Titel und der Anlass Ihrer Arbeit. Also zum Beispiel »zur Erlangung des akademischen Grades eines Diplom-Ökonomen«[44] oder »Inaugural-Dissertation zur Erlangung des akademischen Grades des Doktors der Philosophie«.
- Auch Ihren Namen, Ihre Matrikel-Nummer und ggf. Adresse, Telefonnummer und E-Mail-Adresse sollten Sie hier aufführen.
- Schließlich ergänzt man noch um das Abgabedatum und die Namen von Erst- sowie Zweitprüfer. Und hierzu nehmen Sie bitte diesen Hinweis ernst: Schauen Sie sich unbedingt die Schreibweise der Namen im Internet noch einmal genau an. Ich habe es mir zum Prinzip gemacht, diese Angaben grundsätzlich zu überprüfen. In circa jeder zehnten Arbeit werde ich fündig. Was glauben Sie, wie Ihr Professor darauf reagiert, wenn Sie ihm Ihre Diplomarbeit überreichen – und auf dem Deckblatt ist sein Name falsch geschrieben. Da kann dann inhaltlich kommen, was will, diese Scharte wetzen Sie nicht mehr aus.

5.3.2 Verzeichnisse

Als Nächstes folgen in genau dieser Reihenfolge die Verzeichnisse: erst das Inhaltsverzeichnis, danach das Abbildungsverzeichnis, dann

---

[44] Beliebter Fehler: Hier wird gern die Genitiv-Beugung vergessen. Bitte daran denken. Einer meiner Kunden hielt eine Vorgabe von seiner Fakultät in Händen, in der genau dieser Fehler enthalten war. Dort stand als Muster: »...zur Erlangung des Grades eines Diplom-Ökonom«. Da wussten wir wirklich nicht, was zu tun war und haben tatsächlich nachgefragt. Jetzt steht da der Genitiv.

das Tabellenverzeichnis und schließlich das Abkürzungsverzeichnis. Erst im Anschluss daran folgt der Hauptteil.

Und um auf eine immer wiederkehrende Frage zu antworten: Ja, alle Verzeichnisse müssen im Inhaltsverzeichnis aufgeführt werden, mit Ausnahme des Inhaltsverzeichnisses selbst. Aber wenn Sie darauf bestehen, dürfen Sie auch das gerne mit aufführen.

Aus gegebenem Anlass an dieser Stelle noch einmal einige Sätze zum Abkürzungsverzeichnis: Hier führen Sie bitte alle Abkürzungen auf, die Sie in Ihrem Text verwenden – ausgenommen diejenigen, die man kennt. Auch wenn ich schon einmal an anderer Stelle darauf hingewiesen habe, wichtige Dinge darf man gern wiederholen. Folgende gängige Abkürzungen gehören nicht in das Abkürzungsverzeichnis: AG, EU, USA, i. H. v., u. a., u. Ä., z. B., etc., ggf., usw. Ins Abkürzungsverzeichnis gehören somit nur diejenigen, bei denen Sie nicht zwingend davon ausgehen können, dass sie der durchschnittliche Leser kennt.

5.3.3 Das Literaturverzeichnis

Nach dem Hauptteil schließt sich das Literaturverzeichnis an. Mit diesem Thema werden wir uns auch ausführlich im Kapitel »Formatierung« beschäftigen. Bitte merken Sie sich an dieser Stelle nur eines: Sie sollten genau wissen, welche Aufteilung in Ihrem Fach bzw. an Ihrem Lehrstuhl Usus ist oder was dort gewünscht wird.

Insgesamt gibt es drei Möglichkeiten. Zum Ersten: Sie packen alles in ein Verzeichnis. Zum Zweiten: Sie teilen das Literaturverzeichnis und sortieren die klassischen gedruckten Quellen (wie Bücher, Periodika etc.) in den einen Teil und Onlinequellen in den anderen Teil. Zum Dritten werden in manchen Fächern (wie Literaturwissenschaften, Geschichtswissenschaften) die klassischen gedruckten Quellen zusätzlich in Primär- und Sekundärliteratur unterteilt, aber wenn das bei Ihnen so wäre, dann wüssten Sie es wohl.

Wenn es bei Ihnen keine verbindliche Lösung gibt, empfehle ich Ihnen die Zweiteilung in klassische Quellen und Onlinequellen.

5.3.4 Der Anhang

Manchmal bekomme ich von meinen Kunden zu hören: »Ich weiß gar nicht, was ich in meinen Anhang packen soll. Hätten Sie da einen Tipp für mich?« Die Antwort lautet: Man muss keinen Anhang haben, und wenn man nicht genau weiß, was man dort einfügen möchte, dann ist auch keiner nötig.

Manche Experten empfehlen, einen Ausdruck ihrer Onlinequellen dort einzufügen, denn bei denen weiß man ja nicht genau, ob sie auch in einem halben Jahr immer noch unter dem angegebenen Link zu erreichen sind oder die Inhalte verändert wurden. Ich finde das eigenartig, aber es spricht nichts dagegen.

Dann kann man in einem Anhang noch ergänzende Informationen wie zum Beispiel weiterführende Grafiken oder Tabellen einfügen, die man aus Gründen des Umfangs nicht in den Text einbauen möchte.

Und selbstverständlich gehören bei empirischen Forschungsprojekten vor allem die Erhebungsinstrumente wie Fragebögen, Interview-Leitfäden oder Ähnliches in den Anhang. Auch hier wäre darüber nachzudenken, eventuell weitergehende Auswertungstabellen einzufügen, verpflichtend ist das nicht.

5.3.5 Eidesstattliche Erklärung

Nach dem Literaturverzeichnis sollten Sie nicht Ihre eidesstattliche Erklärung vergessen. Am besten übernehmen Sie den folgenden Text wortwörtlich, wenn Ihnen nicht andere verbindliche Vorgaben gemacht werden. Vermutlich werden die Unterschiede jedoch nur marginal ausfallen:

> *Hiermit erkläre ich an Eides statt, dass ich die vorliegende Arbeit selbst-ständig und ohne Benutzung anderer als der angegebenen Hilfsmittel verfasst habe. Alle aus fremden Quellen direkt oder indirekt übernommenen Gedanken sind ausnahmslos als solche kenntlich gemacht worden.*

Und manchmal wird noch folgender Zusatz verlangt:

Die Arbeit hat bisher weder im In- noch im Ausland in gleicher oder ähnlicher Form einer anderen Prüfungsbehörde vorgelegen.

Darunter setzen Sie Datum und Unterschrift.

Noch ein paar Anmerkungen zu diesem recht interessanten Thema. Die Frage ist, ab wann eine bestimmte Hilfestellung für eine Arbeit so entscheidend bzw. so wichtig war, dass man sie hier hätte aufführen müssen. Ein Beispiel: Sie haben von Statistik keine Ahnung, aber das Thema und die Prüfer erwarten von Ihnen eine analytische Auswertung. In dem Fall müssten Sie jemanden damit beauftragen, der sich damit auskennt. Und diese Einschaltung eines Experten sollten Sie besser an dieser Stelle aufführen. Ein anderes: Sie sind Zoologe und befassen sich in Ihrer Dissertation mit Primatenforschung. Wenn Sie nun andere Menschen damit beauftragen, einen Teil der Beobachtungen im Regenwald von Kamerun durchzuführen, und wenn die Ergebnisse dieser Feldforschung Eingang in Ihre Arbeit finden, dann sollte auch das in der eidesstattlichen Erklärung erwähnt sein.

Nicht erwähnt werden muss, wenn Ihnen Ihr Professor oder Ihr Betreuer bei der Arbeit hilft, Tipps gibt oder Ihnen sonst wie unter die Arme greift. Ebenso wenig, wenn irgendjemand Ihre Arbeit Korrektur liest.

5.3.6 Danksagung

Bitte merken Sie sich: Sie sind nicht Halle Berry[45] und bekommen auch nicht den Oscar. Deswegen sollten Sie sich gut überlegen, ob Sie sich bei Ihrer Diplomarbeit wirklich mit einer Danksagung ausbreiten möchten. Was ich da schon alles lesen musste … man glaubt es nicht, wenn man es nicht selbst gesehen hat. Einmal ging es wirklich runter bis zum Jack-Russel-Terrier Bobby, »der mir so wunderbar über diese schrecklichen Zeiten hinweggeholfen hat«.

---

[45] Und wenn doch: »Hello, Halle!«

Ganz ehrlich: Niemand möchte wissen, wie sehr Sie bei der Erstellung Ihrer Abschlussarbeit gelitten haben. Im Gegenteil: Man möchte Sie gern für einen professionellen Menschen halten, der so etwas auf einer Gesäßhälfte absitzt.

Darüber hinaus sollten Sie in Feinabstimmung mit der eidesstattlichen Erklärung unbedingt darauf achten, dass Sie nicht Hinz und Kunz wer weiß wofür danken. Einer hat doch tatsächlich seinem guten Freund Mike gedankt, ohne den er den Theorieteil in der Form niemals hinbekommen hätte ...

Also merken: Bei einer Dissertation kann eine Danksagung sinnvoll sein. Denn bei solch oft großen Forschungsprojekten kommt es beispielsweise vor, dass die Kooperation mit Doktorvater bzw. -mutter umfangreicher und deswegen auch in diesem Kontext erwähnenswerter ist. Auch ist hier – häufiger als bei Abschlussarbeiten – denkbar, dass externe Stellen die Arbeit unterstützt oder gefördert haben, die dann ebenfalls zu nennen wären. Aber dass Ihre Eltern Ihnen schon so früh das Lesen beigebracht haben und Tante Inge Ihnen Ihr neues Laptop finanziert hat, gehört auch hier nicht hin.

Kurzum: Da man hier sehr leicht in Privates abdriftet, besser ganz die Finger davon lassen.

5.4 Der korrekte Umgang mit Quellen

Ohne unser eigentliches Thema, besseres Deutsch, aus den Augen zu verlieren, möchte ich Ihnen jetzt noch ein paar Tipps zum richtigen Umgang mit Quellen geben.

5.4.1 Deutsch oder amerikanisch?

Welche Form der Zitierweise Sie wählen, bleibt Ihnen im Prinzip selbst überlassen, sofern es vom Lehrstuhl und vom Prüfungsamt keine entsprechenden Vorschriften gibt. Hier steht die amerikanische Zitierweise, also direkt die Quellen im Text in Klammern einzufügen, der deutschen gegenüber, bei der man die Quellen in Form von Fußnoten anfügt.

Ich bin absoluter Verfechter von Fußnoten, und zwar aus folgenden Gründen:

Erstens: Ich bin nicht unbedingt ein Freund von Anglizismen, und die Übernahme der amerikanischen Zitierweise ist für mich ebenso wie die Übernahme der amerikanischen Sprache eine aus meiner Sicht überflüssige Verbeugung vor der US-amerikanischen Kultur. Da bin ich konsequent. Und auch wenn diese Zitierweise so pseudo-elitär Harvard-Zitierweise genannt wird: Davon lasse ich mich nicht beeindrucken.

Zweitens: Wenn man in Fußnoten zitiert, hat man dort die Gelegenheit, noch ein paar ergänzende Anführungen einzustreuen.

Drittens: Wenn Autoren die amerikanische Zitierweise verwenden, verzichten sie gemeinhin gänzlich auf Fußnoten, also auch auf die andere und so wertvolle Funktion, aus dem normalen Text herausragende Kommentare oder Erklärungen dort aufzuführen.

Viertens: Häufig gewinnen Texte an Relevanz und Gehalt dadurch, dass man nicht nur eine Quelle, sondern mehrere Quellen aufführt. Und im Rahmen dieser etwas breiteren Vorstellung der Literaturlage kann man gegebenenfalls auch auf sich widersprechende Meinungen eingehen – übrigens ein Riesenplus für jede Arbeit. All das entfällt quasi von Natur aus bei der amerikanischen Zitierweise, weil man dort schlicht weniger Platz verschwenden möchte. Stellen Sie sich vor, es würde dort eine Literaturangabe über fünf oder sechs Zeilen als Klammereinschub im Fließtext erfolgen: Das würde doch wirklich stören, oder?

Fünftens: Ich mag es überhaupt nicht, wenn mein Lesefluss durch für das Verständnis vollkommen unwichtige Quellenangaben permanent unterbrochen wird. Quellenangaben möchte ich zur Verfügung haben, wenn mir danach ist, und ich möchte nicht ständig darüber hinweglesen müssen.

5.4.2 Das stand da so!

Bitte merken Sie sich: Für die Auswahl und Bedeutung der von Ihnen in Ihren Text eingebauten Quellen sind Sie selbst verantwortlich. Das sollte man nicht unterschätzen. Viele Studierende sind schon glücklich, wenn sie überhaupt eine Quelle gefunden haben. Und wenn die irgendwie passt, na, dann kann man ja prima mit der Suche aufhören und sich angenehmeren Dingen zuwenden.

Aber noch lange nicht alles, was zwischen zwei Buchdeckel gebunden wurde oder im Internet kursiert, muss auch gleichzeitig wissenschaftlich gehaltvoll sein. Daher sollten Sie sich immer im Klaren sein, wen genau Sie da zitieren. Wenn es sich um eine bekannte und vor allem anerkannte Persönlichkeit handelt, erledigt sich diese Fragen von selbst. Aber heutzutage ist das Zusammenklauben von Informationen im Internet überhaupt kein Problem mehr. Das bedeutet: Quellen zu finden auch nicht. Die besondere Herausforderung für eine valide wissenschaftliche Arbeit liegt darin, auch die Personen, die man zitiert, fein auszuloten.

Besonders bunt wird es, wenn wörtliche Zitate schon auf den ersten Blick fehlerbehaftet oder schlicht unsinnig sind. Fragt man dann den Autor, warum er das in seine Diplomarbeit hineingeschrieben hat, die ja schließlich in nicht unerheblichen Maße über seine Zukunft entscheiden wird, so bekommt man in der Regel die Antwort: »Das stand da so!« Bedeutet: Die Tatsache, dass das da (also genau genommen irgendwo) stand, genügt für viele vollkommen, um damit weiterzuarbeiten.

Machen Sie diesen Fehler bitte nicht, sondern setzen sie sich detailliert mit den zitierten Autoren auseinander, sofern die nicht ohnehin zum Inventar Ihres Faches gehören.

5.4.3 Was Sie besser nicht zitieren

Wie gesagt: Sie sollten sich bei jeder Quelle wirklich sicher sein, dass es sich auch um einen Text handelt, den man zitieren darf.

Hiervon sollten Sie besser die Finger lassen:

- Internetseiten ohne jeden Hinweis darauf, wer dahinter steckt, sind tabu.
- Wikipedia wird zwar sehr gern zitiert, aber das wird gar nicht gern gesehen. Denn schließlich kann nahezu jeder die Einträge bearbeiten, und das spricht eindeutig dagegen.
- Publikationen, die sich an das breite Publikum richten, sollte man auch besser ausklammern. Natürlich gibt es da Grenzbereiche. Wenn Sie beispielsweise die aktuelle öffentliche Diskussion beschreiben möchten, dann kann es sinnvoll sein, ein aktuelles Periodikum zu zitieren. Aber auch in dem Fall sollten Sie sich wirklich auf die Meinungsführermedien beschränken: DER SPIEGEL, FAZ, SZ, DIE ZEIT, und gegebenenfalls WELT und FOCUS.[46] Denn wenn man den Gerüchten glaubt, dann vertrauen sogar die führenden Geheimdienste dieser Welt auf diese Titel, weil die dortigen Autoren zum Teil besser vernetzt und verdrahtet sind als KGB, CIA und Mossad zusammen.

Nur folgen diese Publikationen, wie alle anderen auch, den Richtlinien des Herausgebers und sind somit eindeutig politisch orientiert. Welchem politischen Lager eine der oben genannten Publikationen nahesteht, ist für den routinierten Leser nun wirklich kein Geheimnis. Deswegen sollte man solche Quellen nur ausnahmsweise zitieren. Regionale Tageszeitungen wie die WAZ, der Münchner Merkur oder die Bielefelder »Glocke« sind natürlich völlig tabu. Zitieren sollten Sie diese Titel besser nicht, höchstens, wenn Sie ein regionales Thema bearbeiten und hier unverzichtbare Informationen finden. Auch FIT FOR FUN, GEO oder COSMOPOLITAN sind für Sie nicht vorhanden, so wie alle anderen Publikationen, die Sie an der Tankstelle finden.

Gängige gedruckte Lexika wie BROCKHAUS, MEYERS oder die ENCYCLOPAEDIA BRITANNICA sind selbstverständlich genehm.

---

[46] Manche zählen auch den RHEINISCHEN MERKUR, den BERLINER TAGES-SPIEGEL und die FRANKFURTER RUNDSCHAU dazu.

5.4.4 Indirekte und wörtliche Zitate

Grundsätzlich unterscheidet man in indirekte und in wörtliche Zitate. In einem indirekten Zitat greifen Sie Inhalte aus einer Quelle sinngemäß auf und bauen sie in Ihren Fließtext ein. Das bedeutet logischerweise auch eine Umformulierung, indem Sie dieses Gedankengut Ihrem Satzbau, Ihrem Stil und Ihrem Kontext entsprechend anpassen. Indirekte Zitate sind der Normalfall und müssen selbstverständlich mit einer Quellenangabe belegt werden. Wenn Sie ein indirektes Zitat mit einer Quelle belegen, dann schreiben Sie vor die Angabe »vgl.«. Dieses ist der explizite Hinweis darauf, dass das, dessen Sie sich bemächtigt haben, dort in ähnlicher Weise aufgeführt ist.

Mit wörtlichen Zitaten sollten Sie wirklich sehr bedacht umgehen. Es gibt sogar häufig die Vorschrift, dass wörtliche Zitate grundsätzlich verboten sind. Dafür spricht vieles. Vor allem: Sie sollen Ihre Arbeit selbst schreiben und sie nicht als Collage aus gesammelten Textstücken konzipieren. Wörtliche Zitate sollten auch keine vollständige Wiedergabe eines komplexen Textes sein, sondern kurz und pointiert in Ihren Text eingebaut sein. Sie sollten sich nicht der Pflicht, Zusammenhänge selbst darzustellen, dadurch entledigen, dass Sie Ihre Arbeit einfach großflächig mit wörtlichen Zitaten tapezieren.

Wörtliche Zitate sollten nicht unkommentiert vom Himmel fallen, sondern am besten in den Kontext verbal eingebettet sein. Das heißt: Sie schreiben die Wortmeldung nicht einfach nur so dahin und hoffen, dass das schon irgendwie wirken wird und der Leser ganz genau weiß, was Sie damit sagen wollen. Sondern Sie führen darauf hin, stellen einen Zusammenhang her und resümieren am Ende noch einmal kurz, was genau das Zitat für Sie und Ihr Thema bedeutet. Und dann sollten Sie darauf achten, dass Sie nur wirklich anerkannte und reputierte Experten wörtlich zitieren.

Ich fasse zusammen: Indirekte Zitate sind der Normalfall und wörtliche nur im begründeten Ausnahmefall zulässig. Dann erklären Sie bitte, warum Sie wörtlich zitieren, und binden diese Erklärung sinnvoll ein.

Wörtliche Zitate

Bei der korrekten Einbindung wörtlicher Zitate gilt es, einige wichtige formale Regeln zu beachten.

Zuvorderst steht: Sie müssen in jedem Fall wortwörtlich zitieren, auch, wenn das wörtliche Zitat offensichtliche Fehler enthält.

Ist das der Fall, so weisen Sie bitte direkt in dem wörtlichen Zitat darauf hin, dass Sie diesen Fehler erkannt und ihn nicht selbst verursacht haben. Das macht man, indem man direkt hinter den Fehler folgende Bemerkung eingefügt: [sic!]. Das kleine Wörtchen »sic« ist lateinisch und bedeutet auf Deutsch »siehe«. Dem erfahrenen Leser wird somit deutlich, dass Sie explizit auf diesen Fehler hinweisen. Macht übrigens wirklich etwas her, da diese Praxis bei Weitem nicht jedem Studierenden bekannt ist. Ein weiterer Vorteil: Wenn jemand Ihren Text Korrektur liest, glaubt der natürlich zuerst daran, Sie (und nicht der Zitierte) hätten sich verschrieben. Das könnte dann zu Verschlimmbesserungen führen, die da nicht hingehören.[47]

Auf einen Fehler, der vor der Rechtschreibreform noch keiner war, brauchen Sie nicht hinzuweisen.

Wenn in einem wörtlichen Zitat, das ja bekanntlich von Anführungszeichen eingerahmt ist, wiederum Anführungsstriche auftauchen, so werden diese durch halbe Anführungszeichen (‚‘), die Sie oben auf der Taste # finden, kenntlich gemacht.

Zur Quelle: Sie gehört – entweder als Fußnote oder in Klammern – unmittelbar hinter das schließende Anführungszeichen. Und nur dort hin.

Wann immer Hervorhebungen in einem wörtlichen Zitat stattfinden – sei es durch Anführungsstriche, durch Fett- oder Kursivdruck o. Ä. –, so weisen Sie bitte in der Quellenangabe mit der folgenden ergänzenden Bemerkung darauf hin: » …, Hervorhebung im Original«. Denn auch Sie

---

[47] Ein eigentlich überflüssiger, aber trotzdem nötiger Hinweis: Bitte geben Sie sich beim Abschreiben wörtlicher Zitate ganz besonders viel Mühe. Denn wenn Ihr Text in die Endbearbeitung übergeht, sind alle Bücher meistens wieder in der großen Bibliothek einsortiert. Und wenn man dann keine Kopien der Originaltextstelle hat, kann man nur vermuten, wer nun diesen Fehler verursacht hat. Natürlich deutet in dem Fall alles auf Sie hin, man sollte aber trotzdem keinen Fehler, der im Original aufgeführt ist, versehentlich korrigieren.

können in wörtlichen Zitaten entsprechende Hervorhebungen vornehmen, dann würde die Bemerkung selbstverständlich lauten: » ..., Hervorhebung vom Verfasser«.

Um darauf hinzuweisen, dass man innerhalb eines wörtlichen Zitats Teile des Textes weggelassen hat, verwendet man die drei Auslassungspunkte in eckigen Klammern: [...]. Wichtig: Am Beginn und am Ende eines Zitats verzichtet man darauf, denn bei einem wörtlichen Zitat ist es selbstverständlich, dass davor und danach noch Text steht.

Wenn Sie erklärende Einschübe in ein wörtliches Zitat einfügen, so tun Sie das bitte auch innerhalb von eckigen Klammern und ergänzen diese Erklärung nach einem Komma mit dem Hinweis: [..., Anm. d. Verf.].

Sollten nun in einem wörtlichen Zitat Klammern enthalten sein, so weisen Sie bitte auch darauf in der Quellenangabe hin: » ..., Klammersetzung im Original«. Und sollten in das Zitat tatsächlich eckige Klammern eingebaut worden sein, so müssen Sie erst recht explizit darauf hinweisen, denn sonst denkt der Leser, dass der Einschub von Ihnen stammt: » ..., eckige Klammern im Original«.

Und schließlich ist auch der Fall denkbar, dass der Mensch, den Sie zitieren, in seinem Zitat wiederum jemand anderen zitiert. Auch darauf müssen Sie in Ihrer Quellenangabe hinweisen und auch die Quelle dieses Zitats im Zitat aufführen.

Geht ein wörtliches Zitat über drei Zeilen oder reicht es darüber hinaus, so rückt man es aus dem eigenen Text heraus und wählt eine andere Formatierung. In diesem Fall entfallen die Anführungsstriche zu Beginn und am Ende, da durch die gesonderte Formatierung und natürlich durch die verbale Einführung deutlich wird, dass es sich hier um ein wörtliches Zitat handelt.[48]

Und bitte denken Sie daran, dass Sie wörtliche Zitate an die Grammatik anpassen. Insoweit dürfen, müssen Sie sie sogar verändern, aber diese Modifikationen[49] bitte in eckigen Klammern darstellen. Ein Bei-

---

[48] Hier empfiehlt sich beispielsweise folgende Musterformatierung: fett und 2 Pkt. kleiner (also von 12 auf 10 Pkt. reduzieren). Dann würde ich links und rechts mittels Absatzformatierung 0,7 bis 1 cm große Einzüge definieren. Bitte arbeiten Sie da nicht mit Leerzeichen oder Tabulatoren.

[49] Merke: »Veränderungen« ging nicht, Redundanz!

spiel: Nehmen wir einmal an, Sie würden mich zitieren, und zwar den Satz, der zu Beginn dieses kleinen Absatzes steht. Aber Sie mögen dieses blöde »Und« nicht, mit dem ich diesen Satz begonnen habe. Ihr wörtliches Zitat würde also so aussehen:

Kruck formuliert seinen Appell zur Einbindung so: »[B]itte denken Sie daran, dass Sie wörtliche Zitate an die Grammatik anpassen.«

Folgendes ist also geschehen: Sie haben das »Und« gekappt, und dann geht der Originalsatz ja klein weiter. Da aber die Regel beachtet werden muss, dass man nach einem Doppelpunkt das erste Wort großschreibt, wenn ein ganzer Satz folgt, lösen Sie diesen Umstand, indem Sie das entsprechend anpassen und mit eckigen Klammern darauf hinweisen, dass diese Veränderung von Ihnen stammt.

5.4.5 Sekundärzitate

Für die Verwendung von Sekundärzitaten gilt folgende Regel: so gut wie nie, besser nie, auf keinen Fall regelmäßig verwenden. Sekundärzitate, also das Aufgreifen eines Zitats einer bestimmten Person aus einer anderen Arbeit, ist meistens, besser gesagt fast immer ein Indiz dafür, dass Sie keine Lust gehabt haben, sich die Originalquelle zu beschaffen. Das sieht nicht gut aus. Es gibt wirklich nur eine einzige Möglichkeit, dass Ihnen das nicht zum Nachteil gereicht: Das letzte Exemplar muss definitiv für immer und alle Zeiten vom Erdboden getilgt sein (beispielsweise durch den Brand der Bibliothek von Alexandria) UND (und das ist kumulativ gemeint, also beide Bedingungen müssen zutreffen) die Textstelle sollte wirklich existenziell wichtig sein, also für Ihre Arbeit so bedeutend, dass Sie ohne dieses Zitat aufgeschmissen wären.

Wenn Sie also nun ein wirklich interessantes Sekundärzitat finden, haben Sie drei Möglichkeiten. Zwei nenne ich Ihnen jetzt hier im Text, weil es die beiden einzig korrekten sind: Die beste Lösung ist, Sie setzen alles daran, die Originalquelle einsehen zu können. Sollte das nicht klappen, können Sie es eben nicht verwenden.

Und dann können Sie im Notfall, also wenn das Originaldokument mit vertretbarem Aufwand beim besten Willen nicht erreichbar ist, das Sekundärzitat ausweisen. Das sollten Sie aber besser nur ein einziges Mal in Ihrer Arbeit machen. Wenn Sie also in einem Buch von Schulze (2009) ein Zitat von Fischer (1912) gefunden haben, dann sieht die Quellenangabe in der Fußnote so aus:

---

[1] Fischer (1912), S. 27, zitiert nach Schulze (2009), S. 96.

In dem Fall gehören selbstverständlich beide Titel ins Literaturverzeichnis. Aber, wie gesagt, das ist ein Blindflug, und Sie müssen darauf vertrauen, dass der Kollege Schulze wirklich das Original in Händen gehalten hat. Denn sonst können sich Phantomzitate nicht nur immer weiter fortpflanzen, sondern sich auch nach dem Stille-Post-Effekt unbemerkt verändern. Ganz nebenbei stellt sich natürlich die Frage, was Schulze angestellt hat, um die Originalquelle von Fischer zu bekommen, und warum Sie das nicht geschafft haben.[50]

5.5 Alles über Fußnoten

Glauben Sie mir: Es ist nötig. Sie ahnen nicht, was für ein Elend ich da schon reparieren musste. Aber bevor ich Ihnen genau sage, wie eine perfekte Fußnote auszusehen hat, vielleicht erstmal ein bisschen was zur Bedeutung von Fußnoten insgesamt.

---

[50] Und es gibt noch eine absolut indiskutable, unzulässige und schon fast illegale Methode: Sie klauen einfach dieses Zitat und tun so, als hätten Sie die Originalquelle tatsächlich in Händen gehalten. Entsetzlich, abstoßend, fast schon menschenverachtend, aber es soll Individuen geben, die so etwas Verwerfliches tun. Das würde ich Ihnen selbstverständlich niemals empfehlen. Nur wenn Sie es trotzdem tun sollten, denken Sie daran: Wenn das nächste verfügbare Exemplar an der Universität von Berkeley in der Präsenzbibliothek steht, dann wäre ich gern dabei, wenn Sie Ihrem Professor in der mündlichen Prüfung erklären, wer Ihnen den Flug nach Kalifornien gesponsert hat.

Die Fußnote spielt in den Geisteswissenschaften eine ganz herausragende Rolle. Wichtig ist sie natürlich auch in den Ingenieurs- oder Naturwissenschaften, aber die Geisteswissenschaften sind da noch ein bisschen strenger.

Holen wir doch ein bisschen aus. Wenn man wissenschaftliche Texte verfassen möchte (oder muss), dann gilt es zunächst, ein paar grundlegende Regeln zu beachten. Die wichtigste lautet: Sie müssen einen Plan von dem haben, was Sie da tun. Und das darf man ruhig sowohl wörtlich als auch im umgangssprachlich übertragenen Sinne verstehen. »Einen Plan haben« bedeutet also, zielgerichtet ein Problem anzugehen und es auch zu lösen. Und »Plan haben« im übertragenen Sinne meint, man sollte am besten auch Bescheid wissen über das, was man da schreibt.

Sie müssen sich also ins Thema einarbeiten und im Optimalfall so vollumfänglich auf der Höhe sein, dass Sie den aktuellen Stand der Wissenschaft wiedergeben können.

Das tun Sie, indem Sie beschreiben, wer sich sonst noch mit dem Thema beschäftigt hat und mit welchem Ergebnis. Und diese Recherche dokumentieren Sie mit einer ordentlichen Anzahl von Fußnoten.

Darüber hinaus dienen sie nicht nur dazu zu beweisen, dass Sie auch fleißig waren, sondern auch, um die Stellen zu dokumentieren, die nicht von Ihnen stammen.

Und nun zu den Geisteswissenschaften: Hier nimmt das geschriebene Wort einen ganz besonderen Stellenwert ein. Mediziner haben Organe, an denen sie herumdoktern, und Blutwerte, mit denen man rechnen kann; Geologen haben Steine und die Richterskala; Ingenieure Stahlplatten und die Thermo-Dynamik – Geisteswissenschaftler haben, abgesehen von ein paar Statistiken, nur Worte. Daher behandeln sie diese auch mit ganz besonderer Sorgfalt, und dazu gehört eben auch, denjenigen, die sich schon einmal mit unserem Thema beschäftigt haben, auch den adäquaten Tribut zu zollen. Dazu sollte man mit deren Gedankengut sorgsam umgehen, und das geschieht unter anderem durch korrekte Fußnoten.

Das bedeutet: Wenn Sie mit Ihren Fußnoten schlampig – und das bedeutet vor allem unvollständig, uneinheitlich und nicht den Vorgaben gemäß – umgehen, dann dürfen Sie sicher sein, dass Sie dafür bei der Beurteilung die Quittung bekommen werden.

Deswegen sollten Sie sich das, was nun folgt, ganz genau anschauen.

Eigentlich ist es gar nicht so schwer. Schauen Sie mal hier, so sieht eine perfekte Fußnote aus:

[1] Vgl. Kruck (2006), S. 17 f.

Ganz einfach. Dabei ist es nicht wirklich wichtig, ob die Jahreszahl nun in Klammern steht oder mit Kommas abgetrennt wird. Denkbar ist auch:

[1] Vgl. Kruck 2006, S. 17 f.

Wenn Sie sich nicht entscheiden können: Ich rate zur Klammerlösung. Manche setzen auch den Namen des Autors kursiv, das gilt in den Augen vieler als besondere Wertschätzung der Person. Daher sollte darauf verzichtet werden, wenn eine mehr oder weniger anonyme Quelle wie eine Zeitschrift ohne Nennung des jeweiligen Verfassers zitiert wird.

Sie können auch mit Initialen oder mit Vornamen zitieren, das ist aber unnötig.

Eine ganz wichtige Frage in diesem Zusammenhang ist, ob man nun in die Fußnote die gesamten bibliografischen Merkmale einführt oder ob man ein Schlagwort des Buchtitels einfügt:

---

[1] Vgl. *Kruck*, Nah- / Fernbildhypothese, 2006, S. 17 f.

Man kann bei der ersten Nennung die kompletten bibliografischen Angaben einfügen und erst bei der zweiten Nennung zur Kurzzitierweise übergehen. Und ganz wichtig: Das kann von Ihrem Professor auch vorausgesetzt werden. Vollkommen unüblich ist die Unsitte, die komplette Bibliografie bei jeder Verwendung einzufügen. Insgesamt empfehle ich Ihnen (vorausgesetzt, dass es für Sie keine anderslautenden Vorschriften gibt), immer die platzsparendste Variante zu wählen: immer die Kurzzitierweise ohne Titelschlagwort, und immer mit »ebd.« arbeiten.

Für die Kurzzitierweise spricht: Jeder Mensch, der eine wissenschaftliche Arbeit liest, sollte in der Lage sein, sich im Literaturverzeichnis die vollständigen Angaben herauszusuchen. Daher reicht es aus, den Namen und die Jahreszahl zu erwähnen. Es sei denn, ein Autor ist mit zwei oder mehreren Publikationen aus einem Jahr in Ihrem Literaturverzeichnis vertreten. Dann hängt man an die erste zitierte Quelle aus dem jeweiligen Jahr ein a an (2006a), an die zweite ein b (2006b) usw.

Bitte beachten Sie: Eine Fußnote beginnt immer groß und endet immer mit einem Punkt. Verstehen Sie? Mit *einem* Punkt. Manche glauben, wenn die Fußnote mit einem f. endet, müsse man noch einen weiteren Punkt setzen, also ungefähr so: Vgl. Kruck (2006), S. 17 f.. Das ist natürlich falsch.

Ganz wichtig: die Leerzeichen. Bitte setzen Sie immer eines nach dem Fußnotenzeichen zu Beginn, nach jedem Komma, Semikolon und Satzschlusszeichen und, besonders wichtig, weil es so gern vergessen wird, auch eines zwischen dem »S.« und der Seitenzahl. Aber niemals zwei.

Auch die Stelle, an der das Fußnotenzeichen eingefügt wird, ist nicht immer ganz einfach zu finden. Hier kommen die wichtigsten Regeln. Für die indirekten Zitate gilt: Wird nur ein Satzteil belegt, der beispielsweise durch ein Komma abgetrennt ist, dann steht das Fußnotenzeichen direkt hinter dem letzten Wort und *vor* dem Komma – ohne Leerzeichen. Am Ende eines Satzes steht es immer direkt *hinter* dem Punkt, und zwar ebenfalls ohne Leerzeichen.[51]

Man kann auch mit einer Quellenangabe einen ganzen Absatz be-

---

[51] Es gibt auch Stimmen, die sagen, dass die Fußnote vor dem Punkt nur den letzten Teilsatz belegt. Wenn Sie das so gelernt haben, dann sollten Sie das auch so einsetzen, aber sonst ist das eher unüblich und sieht im Zweifel wie ein Platzierungsfehler aus.

legen. Das sollte man aber mit einem entsprechenden einleitenden Text zu Beginn des Absatzes schon verdeutlichen. Vorn würde dann beispielsweise stehen: »Maier (2006) verweist auf einen Zusammenhang zwischen …« Und dann würden ein paar Sätze kommen, und am Ende des Absatzes würde dann die Fußnote eingefügt.

Und noch einmal: Vor einem Fußnotenzeichen steht nie ein Leerzeichen.

Wenn man in zwei unmittelbar aufeinanderfolgenden Fußnoten dieselbe Quelle zitiert, kann beziehungsweise sollte man dieses kenntlich machen. Das geschieht, indem man anstelle des Namens und der Jahreszahl ein »ebd.« (bedeutet »ebenda«), ein »ibd.« (bedeutet »ibidem«, und das wiederum nichts anderes als auf Lateinisch »ebenda«) oder ein »a. a. O.« (steht für »am angegebenen Ort«) schreibt. Üblich ist »ebd.«

Wird nun exakt dieselbe Seite desselben Werks erneut zitiert, reduziert man sich allein auf »ebd.« Wird aus demselben Werk eine andere Seite zitiert, fügt man diese an:

[1] Vgl. Kruck (2006), S. 17 f.

[2] Vgl. ebd.

[3] Vgl. ebd., S. 29.

Hierbei ist allerdings Vorsicht geboten, denn viele Gutachter mögen es nicht, wenn die erste Fußnote auf einer Seite mit einem »ebd.« beginnt. Bedeutet: In dem Fall müsste man auch bei der Wiederholung einer Quelle zu Beginn einer jeden Seite auf das »ebd.« verzichten und dafür erneut Name und Erscheinungsjahr aufführen. Wenn das gefragt ist, dann können Sie diesen Arbeitsschritt logischerweise erst dann durchführen, wenn alle sonstigen Änderungen und Formatierungen beendet sind, wenn sich also der Seitenumbruch nicht mehr ändern wird.

Zu f. und ff.: Das »f.« steht für die folgende Seitenzahl: S. 17 f. meint also S. 17 – 18. Das »ff.« steht für mindestens zwei weitere Seitenzahlen. Es wird also sowohl für den Bereich S. 17 – 19 als auch z. B. für den Bereich S. 17 – 26 verwendet.

Haben mehrere Autoren eine Quelle verfasst, so verbindet man die Namen mit einem Schrägstrich (/). Und wie es die deutsche Typografie vorschreibt, verwenden Sie bitte keine Leerstellen vor und nach dem /:

[1] Vgl. Kruck/Rimkus (2004), S. 26 ff.

Wenn mehr als drei Menschen ein Buch geschrieben haben, werden natürlich nicht alle namentlich genannt, sondern nur derjenige, der in der Nennung der Autoren als Erster auftaucht. Dann ergänzt man ergänzt mit »et al.«. Das ist lateinisch, wird ausgeschrieben »et aliter« und bedeutet auf Deutsch »und andere«. Bitte Obacht: Der Punkt gehört nur hinter das »al.«, weil nur das eine Abkürzung ist. Das »et« ist lateinisch für »und« und somit keine Abkürzung. Deswegen kommt hinter das »et« auch kein Punkt:

[1] Vgl. Kruck et al. (2006), S. 17 f.

Wenn man mehrere Textstellen zitiert, trennt man sie am besten durch ein Semikolon:

[1] Vgl. Kruck (2006), S. 17 f.; Meier (2007), S. 31.

Und jetzt kommt das Allerwichtigste: Sie müssen penibel darauf achten, dass immer alles einheitlich gestaltet ist. Also: nicht einmal »ebd.« und dann »a. a. O.«; nicht einmal »Kruck (2006)« und dann »Meier, 2007«; nicht einmal »S. 17–19« und dann »S. 33 ff.«; nicht einmal »Kruck (2006)« und dann »Meier, G. (2002)«.

Ich erkläre Ihnen auch, warum diese Einheitlichkeit so wichtig ist. Ihr Professor möchte glauben, dass Sie alle von Ihnen zitierten Werke tatsächlich in der Hand gehalten und sich nicht Ihre Literaturangaben irgendwo zusammengeklaubt haben. Und damit er diesen Eindruck auch wirklich bekommt, sollten die Fußnoten nicht so aussehen, als seien sie per »Kopieren« und »Einfügen« gesammelt worden, sondern so, als hätten Sie sie wirklich selbst geschrieben.

Noch ein Hinweis zu den Seitenzahlen. Ab und an findet man auch Fußnoten, in denen sie fehlen. Dafür gibt es mehrere mögliche Gründe. Der einfachste: Der Verfasser hat die Angabe vergessen. Das ist nicht gut. Die nächste mögliche Begründung: In dem Dokument sind keine Seitenzahlen vorhanden. Dann wäre das Weglassen auch nicht gut, denn in dem Fall tritt an die Stelle der Seitenzahl der Hinweis »o. S.« (ohne Seitenzahl). Schließlich ist es aber auch möglich, dass der Verfasser auf einen Aufsatz oder ein Buch als Ganzes hinweisen möchte. Dann wäre das Weglassen der Seitenzahl streng genommen nicht wirklich falsch. Da aber der Leser in dem Falle auch die beiden zuvor angeführten Fehler vermuten kann, empfehle ich folgende Lösung: Weisen Sie in dem Fall doch ein bisschen deutlicher darauf hin, dass Sie die gesamte Quelle meinen:

[1] Vgl. dazu insgesamt Kruck (2006).

Nun stellt sich die Frage, wie denn die Kurzzitierweise für Internetquellen aussieht, denn Sie wollen ja auf keinen Fall immer mit dem gesamten Link arbeiten, nicht wahr? Für diese Zitate hat sich bislang noch kein wirklicher Standard herausgebildet.

Folgendes Vorgehen möchte ich Ihnen empfehlen. Nehmen wir einmal an, Sie zitieren einen Eintrag auf einer Internetseite. Die Domain möge lauten www.dr-peter-kruck.de, und dann folgen nach einem Schrägstrich die einzelnen Seiten mit ihren Links. Folgendes sei obendrein angenommen: Sie haben diese gesamte Internetpräsenz nur einmal zitiert, den Eintrag im Jahr 2010 abgerufen und die Seite habe unter dem jeweiligen Link, so wie es üblich ist, keine Seitenzahlen. Dann lautet die Kurzzitierweise in der Fußnote:

[1] Vgl. Dr-peter-kruck.de (2010), o. S.

Und im Literaturverzeichnis wäre folgender Eintrag zu finden:

Dr-peter-kruck.de (2010), im Internet abrufbar unter www.dr-peter-kruck.de/uuffft_%&&___=?/-erp_sack_uebersicht_lmaa.html (letzter Abruf am 28. 3. 2010, 23.59 Uhr).

Wenn Sie nun von einer einzigen First-level-Domain mehrere unterschiedliche Seiten über unterschiedliche Links zitieren, dann erweitern Sie die Jahreszahl einfach um ein a, b, c usw. und hinterlegen für jeden einzelnen Link einen Eintrag im Literaturverzeichnis.

Das ist so ungefähr die Essenz aus allem, was man zurzeit an unterschiedlichen Varianten beziehungsweise Vorschriften vorfindet. Und wenn Ihnen keine anderen Vorgaben gemacht werden, dann sind Sie damit sicher auf der richtigen Seite.

5.6 Grafiken und Tabellen: Inhalt, Optik, Formatierung, Benennung, Quellen

Häufig werden in eine wissenschaftliche Arbeit ergänzende Informationen in Form von Tabellen und Grafiken oder sonstige Abbildungen eingefügt. Auch hierbei gilt es, einiges zu berücksichtigen.

Ein solches Element sollte niemals vom Himmel fallen. Das bedeutet: Wann immer Sie es einbauen, sollten Sie kurz in Ihrem Text einleitend darauf eingehen und es nicht völlig unkommentiert und zusammenhangslos einfügen.

Standardformulierungen sind: »In der nachstehenden Tabelle sind …« oder »Die folgende Grafik zeigt …«, und dann beschreiben Sie ganz kurz, was genau dort abgebildet oder aufgeführt ist.

Wenn Sie nun beispielsweise eine empirische Arbeit mit vielen Tabellen und Grafiken erstellen, dann sollten Sie sich Folgendes merken: Bitte geben Sie im Text nach der Grafik nicht noch einmal exakt alles das wieder, was ohnehin darin visualisiert ist. Denn es ist ja dort zu sehen, und wenn Sie vernünftig gearbeitet haben, auch eindeutig und verständlich. Nichts ist lähmender, als sich immer wieder durch eine fünf- bis zehnzeilige Wiederholung zu arbeiten, in der nichts anderes steht als das, was ohnehin in der Grafik aufgearbeitet ist.

Sofern Sie also auf die Grafik eingehen, dann sollten Sie auf Besonderheiten aufmerksam machen – also Ihre Kernaussage zusammenfassen und den Grund aufführen, warum Sie sie eingefügt haben – und sich nicht in endlosen verbalen Wiederholungen ergießen.

In einer Grafik oder Tabelle können gar nicht genug Details enthalten sein. Stellen Sie sich Folgendes vor: Irgendjemand möchte gern mit Ihrer Grafik weiterarbeiten und diese in seine Arbeit einfügen. In dem Fall wäre es doch schön, wenn dieses Element vollständig selbsterklärend wäre, wenn man also, ohne den Text zuvor oder danach gelesen zu haben, verstehen kann, was in dieser Grafik oder Tabelle aufgearbeitet ist. Dazu gehören folgende Elemente:

In jeder Grafik oder Tabelle (und nicht als Überschrift darüber) sollte der Titel enthalten sein, und der sollte das Dargestellte präzise und prägnant ausformuliert wiedergeben. »Vergleich Männer Frauen« beispielsweise ist nicht mehr als ein unverständliches Stakkato.

Apropos in einer Grafik: Damit Innen und Außen besser unterscheidbar sind, sollte jede Grafik von einem Rahmen umgeben sein. Das ist nicht nur eindeutiger, sondern sieht auch wesentlich besser aus.

Dann sollten die Informationen, die darin enthalten sind, vollständig nachvollziehbar sein. Für eine Grafik bedeutet dies, dass vor allem die dargestellten Werte beziehungsweise Prozentzahlen eindeutig und unmissverständlich beschrieben sind. Bitte glauben Sie mir: Das ist schwerer, als man gemeinhin glaubt, und da kann man gar nicht penibel genug vorgehen. Die sogenannte Legende, also das genaue Erklären dessen, was die einzelnen Elemente der Grafik genau bedeuten, kann gar nicht ausführlich genug gestaltet sein.

Zusammenfassend gilt somit: Jede Grafik sollte unabhängig von dem sie umgebenden Text vollständig verständlich sein. Selbiges gilt im Umkehrschluss für den Text: Dort sollten Sie besser nicht auf »die gelben Balken ganz links« verweisen, sondern so präzise formulieren, dass der Text auch ohne Grafik verständlich ist.

Die Tabellen und Grafiken einer jeden wissenschaftlichen Arbeit werden jeweils fortlaufend durchnummeriert und mit einem entsprechenden Titel versehen[52]. Haben Sie hier bitte keine Angst vor Re-

---

[52] In der Regel fügt man diese Bezeichnungen unter dem jeweiligen Element ein. Es gibt aber auch Formatvorlagen, die davon abweichen. So habe ich zum Beispiel schon häufig gesehen, dass vonseiten der Fakultät verlangt wird, die Nummerierungen der Abbildungen unterhalb und die der Tabellen oberhalb einzufügen. Sollte Ihnen keine entsprechende Vorgabe gemacht werden, so fügen Sie die Ziffer mit dem Text bitte immer unten ein. Auch hier empfiehlt sich eine vom normalen Fließtext abgehobene Formatierung.

dundanzen. Auch wenn Sie in der Grafik oder in der Tabelle bereits eine Überschrift eingebaut haben: Hier gehört ein ähnlicher oder im Zweifel sogar derselbe Text noch einmal hin. Der Grund: Die Durchnummerierung mit dem Titel der Grafik (oder der Tabelle) wird genau so in das jeweilige Verzeichnis am Beginn der Arbeit aufgenommen. Nummer und Titel müssen daher an der betreffenden Stelle im Text ebenso aufgeführt sein – und machen die Überschrift in der Grafik oder Tabelle nicht überflüssig.

In diesem Zusammenhang sollten Sie auch Informationen über die Quelle ergänzen, also anfügen, woher die Grafik oder Tabelle (oder die Information darin) stammt. Das können Sie zum einen in Form einer Fußnote tun, zum anderen, indem Sie sie direkt hinter die Beschreibung der Grafik platzieren. Aber bitte merken Sie sich: Die Quellenangaben gehören nicht in das jeweilige Verzeichnis.

5.7 Bitte nichts Buntes

Ebenso wie bei der Gestaltung Ihrer Arbeit insgesamt sollten Sie auch bei der Auswahl Ihrer Grafiken unbedingt auf ein Höchstmaß an Sachlichkeit achten. Manchmal neigen Studierende dazu, hier ein gesteigertes Maß an Kreativität an den Tag zu legen. Das sollten Sie tunlichst vermeiden, denn eine wissenschaftliche Arbeit zeichnet sich vor allem dadurch aus, dass sie spaßfrei und unbunt ist. Sie soll nicht schön aussehen, sondern inhaltlich gehaltvoll sein. Wenn Sie einen Überschuss an Kreativität verspüren, so leben Sie den bitte bei der inhaltlichen Aufarbeitung Ihres Themas aus.

Sollten Sie eine empirische Arbeit beispielsweise in Form einer Befragung durchgeführt haben und nun Ihre Ergebnisse grafisch umsetzen, bleiben Sie Ihrer Linie treu. Selbstverständlich dürfen Sie für unterschiedliche Fragetypen auch unterschiedliche Grafiken entwerfen. Aber bitte bedenken Sie: Mit den gängigen Tools ist es heute überhaupt kein Problem mehr, zahlreiche unterschiedliche Diagramme zu entwerfen. Den am Inhalt interessierten, routinierten Leser werden Sie damit kaum beeindrucken. Er interessiert sich für Fakten und nicht für Farben. Also bitte merken Sie sich: Drei oder vier unterschiedliche Grafiktypen sind o. k., aber bitte variieren Sie nicht jeden einzelnen immer wieder so, dass man einen inhaltlichen Zusammenhang zu einer ähnlich angelegten Grafik nicht mehr hinbekommt. Denn wann immer ein neuer Grafiktyp auftaucht, so glaubt der Leser, es würde sich auch inhaltlich Wesentliches ändern.

Vor allem Grafiken, also Abbildungen, sollten Sie grundsätzlich auf ihre Unverzichtbarkeit hin abklopfen. Wenn Sie also beispielsweise eine Reihe von hochkarätigen Experten Ihres Fachs zitieren, dann sollten Sie nicht dazu übergehen, Porträts von diesen einzubauen. So etwas würde zwar gut in einen Zeitschriftenartikel passen, aber nicht in eine wissenschaftliche Arbeit. Auch bei der Formatierung Ihrer Überschriften, bei der Wahl der Schriftarten, bei der gesamten optischen Gestaltung Ihrer Arbeit sollten Sie so sachlich wie möglich ans Werk gehen. Daher sollten Sie sich bei jeder Grafik, die Sie einbauen, bei jedem Bild gut überlegen, ob dieses Element wirklich nötig ist oder ob es sich nur um eine bunte und letztlich überflüssige Illustration handelt. Letztere hat in einer wissenschaftlichen Arbeit nichts zu suchen.

Und wenn wir schon beim Thema Grafik, Tabellen und somit Statistik gelandet sind: Bitte überfrachten Sie Ihren Text nicht mit interessanten Diagrammen, nur weil Sie sie gerade gefunden haben. Weniger ist oft mehr. Wenn Sie beispielsweise eine Arbeit schreiben, in der Sie sich am Rande auch mit der Rohstoffpolitik Chinas auseinandersetzen, dann ist es nicht erforderlich, auf acht Seiten Text vierzehn Grafiken zu bringen, die allesamt zeigen, wie sehr sich der Rohstoffbedarf in China in den vergangenen Jahren erhöht hat. Ein, zwei aussagekräftige Tabellen oder Diagramme, die zeigen, dass er sich erhöht hat, genügen völlig, auch wenn das bedeutet, dass Sie sich von zwölf mindestens genauso schönen am Ende verabschieden müssen. Es kurz und prägnant auf den Punkt zu bringen, das ist die Kunst, vor allem auch bei der Verwendung von ergänzenden Materialien wie Grafiken oder Tabellen.

5.8 Die sieben sprachlichen Todsünden

Die sprachliche Grundlage für wissenschaftliches Arbeiten ist schon ziemlich oft angeklungen: Sachlichkeit. So einfach, wie sich dieses kleine Wörtchen liest und schreibt, so schwierig scheint es doch in der Praxis umzusetzen zu sein. Denn nur wirklich wenige wissenschaftliche Arbeiten sind so verfasst, dass sie diesem Grundsatz in vollem Umfang entsprechen. Viel zu oft ist mindestens eine der folgenden sieben sprachlichen Todsünden für wissenschaftliches Arbeiten enthalten.

Hier gilt übrigens dasselbe Prinzip, das schon beim Unterschied zwischen gutem und schlechtem Stil angesprochen wurde: Gut beziehungsweise richtig ist oft schon allein die Abwesenheit von schlecht beziehungsweise falsch. Schauen Sie sich also die folgenden sieben Punkte an und versuchen Sie, sie in sich aufzunehmen und zukünftig zu meiden. Dann kann Ihnen in puncto (Un-)Sachlichkeit eigentlich nicht mehr viel passieren.

5.8.1 Mangelnde Objektivität

Der Wissenschaftler an sich sollte von einem Höchstmaß an Objektivität beseelt sein. Das ist offenbar nicht immer ganz einfach, denn mit schöner Regelmäßigkeit kommt es vor, dass auch Koryphäen nicht nur mangelnde Objektivität, sondern ab und an sogar die Fälschung ihrer eigenen Forschungsergebnisse zur Last gelegt wird.

Wenn man sich nun einem bestimmten Thema widmet, dann bringt man häufig auch eine gewisse Erwartungshaltung mit. Wir alle möchten natürlich gern bahnbrechende Erfolge erzielen, Ergebnisse ableiten, die die Welt verändern und aufgrund derer wir Eingang in den Reigen der viel zitierten und reputierten Experten finden.

Da ist es oft nicht ganz leicht, so zu tun, als wäre einem das Ergebnis der eigenen Forschungsarbeit völlig egal, als wäre es nicht wichtig, ob die eigenen Annahmen nun belegt werden können oder nicht. Ob Sie so denken, ist Ihre Privatsache. Aber man sollte es Ihrem Text nicht anmerken, dass Sie ihn in eine bestimmte Tendenz drängen.

Oft suchen Studierende und Promovierende ihre Themen in ihrem unmittelbaren beruflichen oder privaten Umfeld. Das hat den Vorteil, dass man sich gut auskennt und ein Thema auch aus der Innensicht heraus beurteilen kann. Der Nachteil, der diesen Vorteil häufig deutlich überstrahlt, liegt auf der Hand: Man ist involviert und hat deswegen nicht die erforderliche Distanz zum Thema.

Ein gutes Beispiel sind Migranten, die sich eben häufig auch mit Themen rund um die Migration befassen. Dann fällt es nicht leicht, eigene Erfahrungen, Antizipationen und Gewohnheiten abzustreifen. Nichtsdestotrotz ist dies aber Ihre Aufgabe.

Man sollte Ihrer Arbeit an keiner einzigen Stelle anmerken, in welche Richtung Sie tendieren. Es gibt ein schönes Beispiel: Wenn Sie die Hitler-Biografie von Ian Kershaw lesen, so wird Ihnen auffallen, dass er es hinbekommt, sich dieser Unperson tatsächlich mit der gebotenen Neutralität zu nähern. Das mag vielleicht für die einen befremdlich wirken, für die anderen ist es aber das höchste Gut, das ein Wissenschaftler mitbringen kann. Und deswegen verdient er es auch, beispielsweise hier erwähnt zu werden.

Also konzentrieren Sie sich bitte darauf, wenigstens so zu tun, als wären Sie objektiv. Und verzichten Sie darauf, Ihre Arbeit unangemessen zu beeinflussen. So sollten Sie, wenn Sie auf einen bestimmten Punkt abzielen, Argumente und vor allen Dingen anerkannte Experten suchen, die sich dafür aussprechen. Dann versuchen Sie, auch solche zu finden, die konträrer Meinung sind. Und am Ende entscheiden Sie sich für eine der beiden Bewertungen und begründen dies. So funktioniert wissenschaftlicher Diskurs.

5. 8. 2 Ich-Perspektive und Selbstbezug

Ich habe in meinem Textverarbeitungsprogramm ein paar feste Bausteine definiert, die regelmäßig als Kommentare eingefügt werden. Denn ich war es leid, dieselben Inhalte immer wieder neu zu formulieren. Und einer der am häufigsten verwendeten Standardtexte ist dieser hier:

Genereller Hinweis zu Beginn: Wissenschaftliche Arbeiten aus der Ich-Perspektive gibt es, sind aber eher unüblich. Ich rate grundsätzlich davon ab und empfehle die indirekte, passivische Schreibweise.

Fällt Ihnen etwas auf? Interessant sind schon die ersten vier Worte. Denn wenn dieser spezielle Fehler auftaucht, dann meistens zum ersten Mal bereits in den ersten drei Sätzen.

Dabei ist es doch ganz einfach, und Sie sind mir nicht böse, wenn ich Sie jetzt ein bisschen abqualifiziere: Sie, Ihre Meinung, Ihre Erfahrungen interessieren schlichtweg niemanden. Bitte finden Sie sich damit ab. Sie sind nur ein Instrument, um diese Arbeit zu verfassen, Sie sind als Person quasi nicht existent.

Und deswegen sind sämtliche Formulierungen in der ersten Person Singular und Plural für eine wissenschaftliche Arbeit tabu. »Ich fasse zusammen: …« gibt es nicht, ebenso wenig wie »Meiner Meinung nach …« oder auch die Abkürzung »m. E.« (für »meines Erachtens«). Sehr schnell landet man nämlich in einer Erzählstruktur, die an einen Schulaufsatz erinnert mit dem Titel »Mein schönster Ferientag«. Dieser Unterpunkt verträgt sich auch ganz wunderbar mit der zuvor diskutierten Forderung nach Objektivität: Wenn Sie selbst als Figur in der eigenen Arbeit niemals auftauchen, sind Sie diesem Ziel schon wesentlich näher.

Deswegen sollten Sie auch nie so etwas formulieren: »Wir Menschen leben ja in einer Welt …« oder »Wie wir bereits zuvor festgestellt haben …« Und ja, Sie haben recht, an anderer Stelle habe ich Ihnen dringend nahegelegt, Formulierungen im Aktiv denen im Passiv vorzuziehen. Aber hier gilt das genaue Gegenteil. Wenn Sie Ihre

Perspektive hineinbringen wollen, beispielsweise um zu erwähnen, dass Sie bei der Bearbeitung Ihres Themas von bestimmten beruflichen Erfahrungen profitieren können, so sprechen Sie bitte von sich als »der Verfasser« oder »die Verfasserin«.

Es gibt aber auch Ausnahmen von dieser Regel. Manchmal sind Fälle zu beobachten, auch wenn sie in der Minderheit sind, bei denen die Professoren oder ihre Assistenten solcherlei Formulierungen ausdrücklich gutheißen. Nur dann, nur bei einer ausdrücklichen Aufforderung dazu, dürfen Sie dieses Verbot ignorieren, aber auch dann können Sie es trotzdem beachten.

Am Ende Ihrer Arbeit müssen beziehungsweise sollten Sie dazu übergehen, Stellung zu beziehen. In diesem Fall und bei der zuvor dargestellten Abwägung zweier sich widersprechender Meinungen treten Sie als Person, als der agierende Wissenschaftler in Erscheinung. Aber auch dann erwartet das akademische Ritual von Ihnen, wenigstens in der Formulierung ein gebotenes Maß an Objektivität zu berücksichtigen. Wenn Sie also bei den konkurrierenden Meinungen die von Müller ablehnen und der von Schmidt folgen, so formulieren Sie dies so: »… folgt die vorliegende Arbeit den Ausführungen von Schmidt.« Nicht Sie, sondern Ihre Arbeit steht im Mittelpunkt. Und wenn Sie die Ergebnisse Ihrer Arbeit vorstellen, sagen Sie nicht »… und so habe ich herausgefunden, dass …«, sondern Sie formulieren es so: »Die Ergebnisse dieser Arbeit deuten darauf hin, dass …«

5. 8. 3 Andeutungen, Ironie, Wortspiele, Metaphern

Ihre Sprache hat also präzise zu sein, eindeutig, unmissverständlich. Das steht unzweifelhaft nicht nur für wissenschaftliche Texte, sondern für jede Art sachlicher Texte im Vordergrund. Deswegen sollten Sie sich grundsätzlich jeglicher Verwendung humoristischer Elemente enthalten. So wunderbare Stilelemente wie Andeutungen, Wortspiele, Metaphern oder auch die unheilige Dreifaltigkeit Ironie, Sarkasmus, Zynismus haben in einer wissenschaftlichen Arbeit absolut nichts zu suchen, und das unter keinen Umständen.

Deswegen noch einmal der Hinweis aus dem schon längst abgehandelten Kapitel »Anführungszeichen«: Denken Sie immer daran, diese am besten ausschließlich zur Kennzeichnung von wörtlichen Zitaten oder zur Hervorhebung besonderer Begriffe zu verwenden. Zur Ironisierung oder zur Darstellung der Untauglichkeit gewählter Begriffe sollten Sie sie niemals einsetzen.

Auch Wortspiele sind tabu, sogar Textstellen, bei denen man lediglich vermuten könnte, dass es sich darum handelt. Da habe ich ein passables Beispiel für Sie im Gepäck: Kürzlich legte mir eine junge Deutsch-Türkin einen Text vor, sehr eloquent, sehr geschliffene Sprache. Aber einmal baute sie einen Haken zu viel ein. Und zwar sprach sie von »ethischen und ethnischen Regeln«. Der Witz ist: Es passte. Aber diese Formulierung ist so nah am Rand zum Wortspiel gebaut, dass wir uns trotzdem dazu entschlossen haben, sie zu eliminieren. Sie verstehen? Allein die Tatsache, dass man glauben könnte, hier wäre auch nur etwas Ähnliches wie unangebrachter Wortwitz im Spiel, entkräftet die eigentliche Bedeutung zu sehr. Deswegen gilt hier analog zu dem Verbot der zu bunten optischen Gestaltung für die Sprache: Schillernde Wortkapriolen gelten als viel zu unsachlich für einen wissenschaftlichen Text.

5.8.4 Umgangssprache

Umgangssprachliche Formulierungen sind Gift für einen sachlichen Text. Die Ernsthaftigkeit, mit der Sie sich Ihrem Thema widmen, sollte sich auch in der Sprache wiederfinden. Deswegen verzichten Sie bitte konsequent auf Redewendungen, Jugendsprache und alle Formulierungen, die man als Umgangssprache bezeichnet. Ihr Ziel ist die Standardsprache, und aus diesem Grund sollte man streng auf die Einhaltung dieser Regel achten. »Wenn alle Stricke reißen« heißt dann »im Zweifelsfall«, »nach dem Motto« formulieren Sie auch nicht, ebenso wenig wie Sie etwas »unter die Lupe nehmen«, sondern es »einer detaillierten Analyse unterziehen«. Konsequenzen sind nicht »vorprogrammiert«, sondern »abzusehen«, man kommt nicht »mit einem blauen Auge davon«, sondern »hat sich mit leichten Defiziten einer Problemstellung entledigt«. Bitte schauen Sie sich zum Unterschied zwischen Umgangs- und Standardsprache doch noch einmal genau die Ausführungen unter der Überschrift »Das richtige Sprachniveau« an.

5.8.5 Unbelegte Behauptungen

»Das weiß man doch!« Das antworten meine Kunden gern, wenn ich sie frage, wie sie auf eine unbelegte Behauptung in ihrem Text kommen. Bedenken Sie: Für jede Art von Behauptung müssen Sie in Ihrem Text eine fundierte Quelle angeben. Keine Behauptung, kein Umstand ist banal genug, als dass Sie ihn einfach voraussetzen dürfen.

Lassen Sie uns das Thema einmal an einem Beispiel beleuchten. »Die Hauptstadt der Bundesrepublik Deutschland ist Berlin.« Darüber gibt es nichts zu diskutieren, und einen Beleg dafür anzuführen wäre tatsächlich irgendwie komisch. Aber trotzdem findet sich hier eine unbelegte Tatsache. Wenn man die Fußnoten ernst nimmt, kann man hier folgende Erklärung formulieren:

---

[1] Erst seit dem Jahre 1990 ist Berlin Hauptstadt der Bundesrepublik Deutschland, vorher war die Stadt Bonn seit der Gründung des Staates im Jahre 1949 Hauptstadt. Im Rahmen des Einigungsvertrags wurde dieser Beschluss gefasst. Mit dem sogenannten Hauptstadtbeschluss vom 20. Juni 1991 fiel die Entscheidung, auch den Regierungssitz nach Berlin zu verlegen (vgl. Salz, Andreas (2006): Bonn – Berlin: Die Debatte um Parlaments- und Regierungssitz im Deutschen Bundestag und die Folgen, S. 11ff.).

Sehen Sie? Mit ein bisschen Fantasie wurde das Problem gelöst, eine intelligente Fußnote mit Zusatzinformationen reingebastelt und eine valide Quelle gefunden. Die gesamte Bibliografie habe ich hier nur aus Anschaulichkeitsgründen eingefügt, in einem echten Text würde hier natürlich die Kurzzitierweise stehen, und die vollständigen Angaben wären im Literaturverzeichnis zu finden.

Nun verstehen Sie auch, warum ich so ein ausgesprochener Freund von Fußnoten bin: Damit hat man einfach ein bisschen mehr Luft, ein bisschen mehr Handlungsspielraum. Bei der amerikanischen Zitierweise würde man so eher nicht arbeiten. Und das ist auch der Grund dafür, warum Fußnoten so überaus populär und deswegen auch so wichtig sind. Es gibt tatsächlich Fächer, in denen Hausarbeiten und Abschlussarbeiten erst gar nicht angenommen werden, wenn nicht auf jeder Seite mindestens drei bis fünf Fußnoten zu finden sind. Und auch wenn diese Regel so deutlich ausformuliert nur selten auftritt: Sie existiert im Kopf eines jeden guten Wissenschaftlers.

Ergo: Sie können gar nicht zu viel belegen, je mehr sich am Ende »unter dem Strich« abspielt, umso besser für Ihre Arbeit. Sie sollten also nichts einfach mal so hinschreiben, sondern alles mit entsprechenden Quellen belegen. Ausgenommen hiervon sind Teile der Einleitung und des Fazits, aber sonst gewinnt tatsächlich der Text analog zur Anzahl der aufgeführten Fußnoten an Qualität. Das ist kein Spruch, sondern simple Mathematik.

5.8.6 Plädoyers und rhetorische Floskeln

»Wie kann es nur sein, dass dieses Thema bislang noch nicht wissenschaftlich bearbeitet wurde?« Diesen Satz musste ich kürzlich in der Einleitung einer Magisterarbeit lesen. Ich hoffe, Ihnen graut davor genauso wie mir. Wenn nicht, dann sollten Sie jetzt gut aufpassen.

Rhetorische Floskeln haben in einer wissenschaftlichen Arbeit nichts zu suchen. Bevor ich Ihnen ein paar Beispiele nenne, kurz die Begründung: Rhetorik ist dazu da, Menschen zu überzeugen, zu manipulieren, durch geschickte Redekunst zu beeinflussen. Und solch ein verbales Kasperle-Theater gehört zwar existenziell in Vertriebsschulungen hinein, sollte in einer wissenschaftlichen Arbeit aber nicht stattfinden, ganz im Gegenteil. Hier wird durch analytisch abgeleitete Argumentation und Fakten überzeugt und nicht durch gehaltlose Phrasen.

Zuvorderst auf der Tabuliste steht die Effekthascherei durch rhetorische Fragen. Das sind Fragen, die emporgereckt in den Raum hineinragen wie ein verbales Mahnmal, ohne dort allen Ernstes mit einer Antwort zu rechnen.

Weiter versteht man unter rhetorischen Floskeln: »Wie man weiß ...«, »Es ist kein Geheimnis, dass ...« oder »Experten sind sich einig, dass ...«. Hier blendet man durch wortgewaltige Einleitungen, die pauschal Konsens über ein bestimmtes Thema andeuten oder sogar voraussetzen. Das ist nicht zulässig.

Und schließlich sollte man – und das ist die Feinabstimmung zur gebotenen Objektivität – nicht für etwas plädieren. Denken Sie bitte an das berühmte Zitat des legendären Journalisten Hanns-Joachim Friedrichs. Er sagte: »Ein guter Journalist macht sich nicht mit einer Sache gemein, auch nicht mit einer guten.« Und wenn das schon für Journalisten vorausgesetzt wird, dann gilt dieses für den Wissenschaftler erst recht.

Also lassen Sie niemals durchblicken, dass Sie wirklich von irgendetwas vollkommen überzeugt sind, dass Sie es unglaublich wichtig finden, wenn etwas getan oder unterlassen wird und dass Sie andere Menschen mit Überschwang davon überzeugen wollen, Ihrer Meinung zu folgen. Sachlichkeit hat auch hier Vorrang. Mit der Rhetorik in wissenschaftlichen Texten ist es wie im richtigen Leben: Sie wird fast immer von denen eingesetzt, die sich unterlegen fühlen, oder von solchen, die über Leichen gehen, um ihre Ziele zu erreichen. Rhetorik deutet immer (mindestens) ein wenig Unaufrichtigkeit an. Wer im Recht ist, braucht keine Rhetorik.

5.8.7 Übertreibungen

»Das ist ein wirklich ganz hervorragender Ansatz, um die beschriebene Problematik zu lösen.« Um Himmels willen: nein! Solche Formulierungen sind zwei- bis dreifach überspannt, um noch sachlich zu wirken. Erst wenn man diese zwei bis drei Stufen wieder zurückrudert, ist man – im Zweifel nahe am Understatement – auf der richtigen Seite.

Der Ansatz ist also nicht »ganz hervorragend«, sondern »tauglich«. Und Vokabeln wie außergewöhnlich, außerordentlich, besonders, extrem, gänzlich, höchst, maßlos, radikal, sehr, überaus, unsagbar, völlig, zutiefst etc. meiden Sie bitte. Ich bin mir sicher: Sie finden nicht ein Beispiel, wo eine solche Übertreibung wirklich angemessen wäre.

6 FORMATIERUNG

Nun kommen wir zur letzten großen Hürde auf dem Weg zu einem wirklich guten, sauberen, den höchsten Anforderungen genügenden Text: Nun geht es um den optischen Eindruck. Die moderne Computertechnik hat dem Verfasser eines anspruchsvollen Textes viel Gutes gebracht. Wir können uns heutzutage kaum noch vorstellen, wie es früher in der grauen und tristen Zeit vor der Erfindung des PCs war, also in *unserer* schlechten Zeit, als man noch handgeschriebene Manuskripte zum Abtippen bei einem Schreibbüro einreichte. Unvorstellbar, dass man nicht einfach Änderungen per Überschreibmodus vornehmen konnte, sondern dass gleich ganze Textteile erneut abgeschrieben werden mussten.

Aber: Jedes Ding hat zwei Seiten. Und die technischen Angebote, die die modernen Bearbeitungsprogramme bereithalten, beinhalten auch einen nicht unerheblichen Zwang: nämlich dass man sie beherrscht und auch in Anspruch nimmt. Letztendlich ist von einer guten wissenschaftlichen Arbeit nichts anderes zu erwarten als ein Layout, das nahezu vollständig professionellen Ansprüchen genügt.

Und so kommt es auch, dass folgende Faustformel gilt: Ihre Arbeit kann inhaltlich absolut perfekt sein – wenn sie bei der Formatierung nachlässig gestaltet ist, wird das mit an Sicherheit grenzender Wahrscheinlichkeit zu spürbaren Abzügen bei der Beurteilung führen. Andersherum formuliert: Ist Ihre Arbeit formal, also nicht nur in Rechtschreibung und Zeichensetzung, sondern auch hinsichtlich der Formatierung perfekt, so werden Ihnen wesentlich leichter inhaltliche Schwächen verziehen.

Der Grund ist folgender: Wenn Ihre Arbeit schon bei so elementaren Voraussetzungen wie der äußeren Gestaltung auf den ersten Blick Defizite aufweist, so geht der Leser zwangsläufig davon aus, dass Sie auch inhaltlich schlampig gearbeitet haben.

Und damit Ihnen das niemals passieren wird, werden wir uns nun in der gebotenen Ausführlichkeit mit dem Thema der korrekten Formatierung befassen. Hinzu kommt: Wenn Sie sich diese Tipps hier aneignen und vor allem auf die korrekte Reihenfolge ihrer Anwendung achten – Sie glauben gar nicht, wie viel Arbeit Sie dadurch einsparen können.

6.1 Optische Rahmenbedingungen

All das, was nun an Ausführungen folgt, ist natürlich nur »guter Durchschnitt«. Das bedeutet: Wahrscheinlich werden Ihnen von Ihrem Prüfungsamt oder Ihrem Lehrstuhl entsprechende Vorgaben gemacht. Mit einer gewissen Wahrscheinlichkeit werden die ähnlich formuliert sein, aber unabhängig davon sollte selbstverständlich sein, dass sämtliche Empfehlungen, so wie sie hier niedergeschrieben sind, dann an Bedeutung verlieren.

Als Schrift empfiehlt sich eine Standardschrift wie beispielsweise »Arial« oder »Times New Roman«, und die Schriftgröße setzt man auf 12 Punkt (Pkt.) fest. Zur Wahl der Schrift Folgendes: Erstens sollten Sie nicht dem Hang erliegen, sich durch die Wahl einer ausgefallenen Sorte vom Rest der Welt abheben zu wollen. Denn es hat einen Grund, warum sich bestimmte Schriftarten durchgesetzt haben. Grundsätzlich gilt: Mit einer Schrift mit Serifen (das sind die kleinen Häkchen an den Enden von Buchstaben) sind Sie immer besser bedient, nicht zuletzt, weil Sie dann ein kleines »l« und ein großes »I« besser unterscheiden können. Denn das hat die Leserforschung ergeben: Schriften mit Serifen sind schlicht leichter zu lesen. Nehmen Sie einfach mal Bücher Ihrer Wahl zur Hand: Es ist sehr wahrscheinlich, dass Sie darunter nicht ein einziges finden, das in einer Schrift ohne Serifen gedruckt ist. Aus diesem Grund deutet einfach alles auf die zwar etwas fantasielose, aber trotzdem etablierte Schrift Times New Roman hin. Und bitte verwenden Sie in Ihrem

Fließtext[53] grundsätzlich nur eine Schrift, Hervorhebungen in einer anderen sind dringend zu meiden.

Häufig liest man in den verbindlichen Vorgaben für wissenschaftliche Arbeiten, dass beispielsweise eine Diplomarbeit einen Umfang von 55–60 Seiten haben muss. Witzigerweise steht dann meistens direkt im nächsten Satz, dass die Schriftart Arial oder Times New Roman sein soll. Witzig ist dies deswegen, weil Sie durch die Wahl der Schriftart natürlich noch einen gewissen Gestaltungsspielraum haben. Dieser Text hier – vom ersten Wort bis zu dieser Stelle – umfasst in meinem Textverarbeitungsprogramm in der Schriftart Times New Roman 183, in der Schriftart Arial hingegen 194 Seiten. Merke: Wenn Sie wenig Text haben, sollten Sie Ihren Text in Arial formatieren, wenn es mit dem Platz knapp wird, in Times New Roman. Selbstverständlich nur, wenn Ihnen diese Alternativen auch offiziell eingeräumt werden.

Kommen wir zu den Rändern und zu der Absatzformatierung. Grundsätzlich – und das nehmen Sie bitte wirklich wörtlich, denn es bedeutet »ohne Ausnahme« – sollte ein wissenschaftlicher Text in 1,5-fachem Zeilenabstand (einzustellen unter FORMAT – ABSATZ) formatiert sein. Ebenso grundsätzlich sollte man oben, unten und rechts 2,5 cm Rand einrichten und auf der linken Seite circa 5 cm.

Als weitere Grundeinstellung sollten Sie bei der Absatzformatierung den Blocksatz einrichten, das hat sich als Standard etabliert. Ebenso gilt die automatische Silbentrennung als unbedingtes Muss. Denn wenn Sie diese nicht aktiviert haben, kann das im Blocksatz zu sehr unschönen, weil zu sehr auseinandergezogenen Zeilen führen.

Vielleicht noch zwei, drei Hinweise zur Silbentrennung. Bitte kommen Sie niemals auf die Idee – ich betone niemals –, lange Wörter manuell durch die Einfügung eines Bindestrichs zu trennen. Das mündet zwangsläufig in der Katastrophe. Denn wenn sich der Inhalt Ih-

---

[53] Fußnoten und Überschriften können durchaus in einer anderen Schriftart formatiert sein, aber auch das ist eigentlich unnötig.

res Textes verschiebt und das Wort, das Sie so aufgeteilt haben, nicht mehr am Zeilenende steht, finden Sie dann dort trotzdem noch den dann vollkommen überflüssigen Bindestrich.

Folglich sollten Sie, bevor Sie eine Datei einrichten, grundsätzlich die Funktion der automatischen Silbentrennung aktivieren (in Word 2003: EXTRAS – SPRACHE, in Word 2007: SEITENLAYOUT).

In Ihrem Text sollten Sie so zurückhaltend wie möglich mit besonderen Formatierungen umgehen. Vor allem sollten Sie nicht auf wichtige Begriffe oder Betonungen in Form von Fettdruck hinweisen. Hier gilt die Faustregel: Wenn Sie präzise genug formuliert haben, brauchen Sie keine optische Betonung. Benötigen Sie die, so haben Sie nicht präzise genug formuliert.

Jede Formatierung sollten Sie daher wirklich gut überdenken und auch immer nur für denselben Umstand verwenden. Wenn Sie sich also dazu entscheiden, beispielsweise englischsprachige Begriffe, die nicht in die deutsche Sprache integriert sind, kursiv zu setzen, dann sollten Sie die kursive Formatierung auch wirklich ausschließlich dafür verwenden.

Besondere Begriffe, die beispielsweise zum Bestandteil einer Definition werden, brauchen Sie nicht hervorzuheben.

Verfasser, die innerhalb eines Textes genannt werden, kann man in VERSALIEN formatieren, muss man aber nicht.

Apropos Versalien: Im Laufe dieses Kapitels werden Sie sehen, dass ich diese Formatierung für die Bezeichnungen von Menüeinträgen gewählt habe. In dem Fall ist es wirklich sinnvoll, denn eine derartige Hervorhebung ist nötig, damit man die Begriffe auch gleich als entsprechende Einschübe erkennen kann und sie nicht irrtümlich für Bestandteile des Fließtextes hält.

Ich fasse zusammen: Solche Hervorhebungen können Sie einrichten, aber wenn Sie sie verwenden, sollten Sie sich darüber im Klaren sein, dass sie wirklich erforderlich sind.

Dateimanagement

Bevor Sie sich mit dem Verfassen eines wichtigen und umfangreichen Textes befassen, sollten Sie sich ein paar Gedanken über die Grundzüge des korrekten Dateimanagements machen.

Im Prinzip ist dieses Thema in wenigen Sätzen abzuhandeln.

Erstens: Arbeiten Sie ohne jede Ausnahme immer nur mit einem Dokument. Sobald Sie beginnen, unterschiedliche Kapitel in unterschiedlichen Dateiversionen abzuspeichern, nimmt das Drama seinen Lauf. Dann wird es für Sie nicht nur zunehmend schwieriger, mit der korrekten Version weiterzuarbeiten, auch wenn dieses Problem schon Argument genug für nur eine einzige Version ist. Das zweite und mindestens genauso wichtige Problem ist die Formatierung. Wann immer Sie in einer Datei wichtige Voreinstellungen treffen (und das bezieht sich auf die Silbentrennung genauso wie auf die später noch zu thematisierenden Formatvorlagen), laufen Sie Gefahr, bei konkurrierenden Dateieinstellungen am Ende die gesamte Formatierung noch einmal wiederholen zu müssen.

Zweitens sollten Sie sich unnötiger Dateiversionen und Sicherungskopien möglichst schnell und möglichst transparent entledigen. Häufig reicht da schon ein gesonderter Ordner, in dem nicht mehr benötigtes Dateimaterial abgelegt wird. Aber auch hier sollten Sie immer überlegen, ob Sie diese Dateien wirklich irgendwann brauchen.

Ich habe an meinem Laptop einen kleinen Schlitz für Speicherkarten. Auf dem dort befindlichen Medium wird jeden Tag einmal eine Sicherungskopie per automatischer Back-up-Funktion abgelegt.

Drittens habe ich mir für solche Zwecke bei einem Internetdienstleister (natürlich bei einem, der ausreichend Speichervolumen anbietet) eine extra E-Mail-Adresse eingerichtet. Und dorthin übersende ich, wann immer ich es für notwendig erachte, per E-Mail eine Dateiversion. Problem gelöst, mir ist noch nie Text abhandengekommen.

Selbstverständlich sollten Sie in Ihrem Textverarbeitungsprogramm auch eine automatische Speicherungsfunktion eingerichtet haben, sodass im Falle eines Stromausfalls oder eines Absturzes Ihres Rechners die Daten nicht verloren gehen.

Und dann sollten Sie natürlich auch regelmäßig Ihren Text ausdrucken und – ganz wichtig – alte und somit überholte Ausdrucke wegwerfen, damit Sie nicht durcheinanderkommen.

Wenn in Ihrem Word-Dokument nichts mehr geht, und Sie wissen nicht warum, auch dann gibt es eine Lösung. Sie besorgen sich diesen fantastischen kostenlosen MS-Office-Ersatz »Open Office«. Dieses Software-Paket bekommen Sie kostenlos im Internet.[54] Dann öffnen Sie Ihr Word-Dokument dort und speichern es im programmeigenen Format ».odt« ab. Anschließend öffnen Sie es wieder und speichern es erneut als ».doc«. In 95 % der Fälle sind die Probleme gelöst.

6. 2 Die Arbeit mit Formatvorlagen

Die Arbeit mit Formatvorlagen ist tatsächlich nicht ganz einfach, aber es lohnt ungemein, sich dieses Wissen anzueignen – nicht nur, weil man dadurch enorm viel Zeit einsparen kann, sondern auch, weil der Text dann einfach besser aussieht.

Beginnen wir erst einmal mit dem Begriff, der trägt schon sehr viel seiner Bedeutung in sich: Hier handelt es sich um eine Vorlage, die Sie bei Bedarf einem Textelement zuweisen, um ihm vordefinierte und somit einheitliche Eigenschaften zu verpassen.

Insgesamt weist ein durchschnittlicher Text oft mehr als ein halbes Dutzend unterschiedlicher Elemente mit unterschiedlichen Formatierungen auf. Und wenn man sich rechtzeitig darum kümmert, die richtigen Formatvorlagen zu verwenden, hat man enorme Vorteile.

Der wichtigste: Alle gleichen Textelemente sehen auch immer gleich aus, und alle Einzüge und Abstände sind ebenfalls einheitlich ausgerichtet. Ein weiterer Pluspunkt: Möchte man die Formatierung eines bestimmten Textteils verändern, so kann man dies über die Formatvorlagen in einem Arbeitsschritt tun. Das bedeutet: Alle Textteile, die mit derselben Formatvorlage belegt sind, werden dann auch einheitlich geändert. Hinzu kommt, dass bei der richtigen Verwendung

---

[54] Und wenn Sie dann auch nicht begreifen, warum Microsoft mit einem Produkt Milliarden verdient, das man an anderer Stelle umsonst bekommt – und das in einigen Bereichen sogar deutlich besser ist: Da sind Sie nicht allein. Das geht vielen so.

nicht nur mit einigen wenigen Mausklicks automatisch die richtigen Verzeichnisse zu Beginn des Textes (Inhalts-, Abbildungs- und Tabellenverzeichnis) erstellt werden. Auch übernimmt bei den Überschriften das Textverarbeitungsprogramm die automatische Gliederung. Wenn Sie also eine Änderung der Gliederung veranlassen – indem Sie zum Beispiel eine Überschrift eine Ebene höher oder niedriger platzieren oder einen Gliederungspunkt einfügen oder entfernen –, dann aktualisiert Ihre Software automatisch alle anderen folgenden Nummerierungen.

Dasselbe gilt für Abbildungen und Tabellen: Wenn Sie diese über die vorgesehene Funktion automatisch durchnummerieren, so wird, wenn Sie beispielsweise eine Grafik einfügen, die Durchnummerierung aller anderen nachfolgenden Abbildungen automatisch angepasst. Und auf den Vorteil, dass all das natürlich Fehlerquellen eliminiert, muss ich ja wohl nicht ausdrücklich hinweisen, oder?

Also lassen Sie uns zu Beginn überlegen, welche unterschiedlichen Teile Ihres Manuskripts mit jeweils dafür vorgesehenen Formatvorlagen belegt werden sollten. Hier kommen die wichtigsten:

- Überschriften (je Gliederungsebene selbstverständlich eine)
- Abbildungen
- Abbildungsbeschriftungen
- Tabellen
- Tabellenbeschriftung
- wörtliche Zitate, die aus dem Text herausgerückt sind
- Fußnoten
- Spiegelstrichaufzählungen
- und natürlich der Standardtext

Ihr Textverarbeitungsprogramm hält ein Angebot von zahlreichen Formatvorlagen für Sie bereit. Das mag für den einen oder anderen genügen, aber ich habe mir angewöhnt, grundsätzlich die Formatvorlagen selbst festzulegen. Und das spielen wir jetzt einmal durch, der Einfachheit halber mit Word 2007.

6.2.1 Die Formatvorlage STANDARD

Wenn Sie eine neue Datei öffnen und dort Text eingeben, so geschieht Folgendes: Word denkt mit und verpasst Ihrem Text sofort die Formatvorlage STANDARD. In meinem Fall (und vielleicht auch in Ihrem) bedeutet das die Verwendung der voreingestellten Standardschriftart »Calibri« in der Größe 11 Pkt. Nun nehmen wir einmal an, Sie hätten sich meine Ausführungen zum Thema Schriftwahl zu Herzen genommen (oder Ihre Vorgaben wären entsprechend), und Sie möchten nun diese Einstellung auf Times New Roman 12 Pkt. ändern. Tun Sie das bitte nicht, indem Sie einfach den Text markieren und entsprechende Änderungen vornehmen. Das machen nur Anfänger. Der geschickte und wenigstens semiprofessionelle Anwender ändert sofort die Formatvorlage.

Und das geht so: Unter dem Menüpunkt START sehen Sie (wahrscheinlich rechts der Mitte) über dem passenden Schlagwort die großen Kästchen mit den jeweiligen Formatvorlagen. Nun klicken Sie dort mit der rechten Maustaste auf das Kästchen mit der Bezeichnung STANDARD und wählen dann ÄNDERN. Es öffnet sich ein Fenster, über das Sie alle gewünschten Modifizierungen vornehmen können.

Neben der Schrift sollten Sie auch noch darüber nachdenken, ob Sie Ihre Absatzformatierung richtig einstellen möchten. Folgendes empfiehlt sich dort. Wenn man nicht tagtäglich professionell Texte bearbeitet, neigt man dazu, die Abstände in einem Text mit Leerzeichen zu gestalten oder mit Leerzeilen, indem man einfach auf ENTER tippt. Das ist unpraktisch, denn wenn zum Beispiel eine solche Leerzeile am Beginn einer neuen Seite steht, dann sieht das nicht gut aus. Denn der Text sollte immer an derselben Stelle oben auf der Seite beginnen.

Sie machen nun bitte Folgendes: Sie klicken in diesem geöffneten Fenster (ÄNDERN) links unten auf Format. Dort wählen Sie ABSATZ. Und unter diesem Menüpunkt stellen Sie zum einen den 1,5-fachen ZEILENABSTAND ein. Und zum anderen legen Sie unter

ABSTAND fest, dass *nach* jedem Absatz, den Sie einfügen, ein Abstand von beispielsweise 12 Pkt. eingerichtet wird. Wenn das funktioniert hat (und ich bin sicher, das hat es), sollten Sie sich auch unbedingt angewöhnen, keine leeren Zeilen mehr durch ein ENTER zu setzen. Ab jetzt regeln wir die Abstände (oben und unten) und die Einzüge (rechts und links) ausschließlich über die Formatvorlagen.

6.2.2 Die Überschriften

Und nun kommen wir schon zu dem kompliziertesten Punkt: zur Formatierung der Überschriften. Aber das Schöne daran ist: Wenn Sie das verinnerlicht haben und auch alles klappt, dann haben Sie das Gröbste schon hinter sich. Übrigens an dieser Stelle ein kleiner Hinweis. Sie sollten das selbstverständlich erst einmal mit einem Probetext ausprobieren, und auch wenn das vielleicht nicht auf Anhieb funktioniert, so denken Sie daran: Alles, was Sie in diesem Bereich an Zeit investieren, ist eine Investition fürs Leben.

Los geht's.

Die Standard-Einstellungen von Word 2007, herzlichen Dank dafür an die Strategen von Microsoft, gehen davon aus, dass Sie gern mit bunten, beispielsweise taubenblauen Überschriften arbeiten und dass Sie keinerlei Interesse an einer funktionierenden Gliederung haben. Aus diesem Grund nähern wir uns besser dem Thema Formatvorlagen manuell und richten uns einfach unsere eigenen ein.

Wir beginnen also nun mit der Detailarbeit, die ich Ihnen in einer relativ übersichtlichen Kette von einfachen Arbeitsschritten deutlich mache. In zwei Sätzen: Wir richten uns jetzt eine beliebige Zeile als Überschrift genau so ein, wie wir sie gerne hätten. Und wenn das fertig ist, speichern wir das Ergebnis einfach als neue Formatvorlage ab.

Wir beginnen mit der Überschrift der ersten Ebene:
- Sie markieren eine Zeile Ihrer Wahl.
- Dann überlegen Sie sich, wie die Überschrift aussehen soll. Da haben Sie zwei Möglichkeiten. Zum einen können alle Überschrif-

ten gleich aussehen (z. B. fett und Schriftgröße 14), zum anderen kann aber auch jede Ebene unterschiedlich gestaltet sein. In diesem Fall, den ich Ihnen empfehle, könnte man beispielsweise mit 16 Pkt. in der ersten Ebene und Fettdruck beginnen.

- Wenn Sie das eingerichtet haben, geht es an die Auswahl der richtigen Gliederungsform. Sie wählen unter dem Menü START im Bereich ABSATZ die Schaltfläche GLIEDERUNG. Dort entscheiden Sie sich für die Variante, in der 1/1.1./1.1.1/ etc. steht und daneben ÜBERSCHRIFT.

- Sollte Windows wieder auf die voreingestellte Formatierung (taubenblau, Sie wissen schon) zurückspringen, müssen Sie den Formatierungsschritt noch einmal wiederholen.

- Nun speichern Sie Ihre eigene Formatvorlage ab: rechter Mausklick, ganz unten FORMATVORLAGE wählen, und dann AUSWAHL ALS NEUE FORMATVORLAGE SPEICHERN. Und die nennen Sie dann am besten ÜB 1 oder wie auch immer Sie möchten.

- Dann kommen die Feinheiten, da sollten Sie drei zusätzliche Änderungen einrichten.

  – Abstand: Wie beim Standardtext auch können Sie hier einrichten, welcher Abstand automatisch zum nächsten Textabschnitt eingerichtet wird. Da wir beim normalen Standardtext 12 Pkt. eingerichtet haben, nehmen Sie bei den Überschriften mehr, beispielsweise 18 Pkt.

  – Und dann sollten Sie unbedingt festlegen, dass als FORMATVORLAGE für den folgenden Absatz STANDARD eingerichtet ist. Sonst würde, nachdem Sie mittels ENTER einen Absatz einfügen, automatisch die nächste Überschrift auf der Gliederungsebene eingerichtet. Das ist lästig, denn das kommt natürlich niemals vor.

  – Schließlich möchten Sie doch, dass eine Überschrift nicht unten allein auf der Seite steht und der Text oben auf der folgenden, nicht wahr? Dazu verknüpfen wir nun diese Überschrift fest mit der Zeile danach. Das geht so: Überschrift markieren, dann START – ABSATZ – ZEILEN- UND SEITENUMBRUCH. Und dort setzen Sie bitte ein Häkchen bei NICHT VOM FOLGENDEN ABSATZ TRENNEN. Und genau das geschieht dann auch (nicht).[55]

Damit wäre ÜB 1 fertig. Und wir richten ÜB 2 ein, also die zweite Überschriftenebene. Das geht so:

- Sie gehen zur nächsten oder übernächsten Zeile.
- Diese formatieren Sie erst einmal mit ÜB 1.
- Dann kommen die Änderungen. Um zur nächsten Ebene zu gelangen, tippen Sie einfach auf die TAB-Taste (die etwas größere links neben dem Q[56]).
- Nun zeigt Ihnen die Gliederung nicht mehr 1, sondern 1.1.
- Ändern Sie die Formatierung wie folgt: Wenn Sie ÜB 1 auf 16 Pkt. formatiert haben, könnte nun 14 Pkt. kommen.
- Und dann verhält sich Word nicht immer ganz einheitlich; es kann passieren, dass Ihnen die Überschrift ein bisschen nach rechts gerückt wurde – kann, muss aber nicht. Wenn das der Fall ist, sollten Sie das wieder rückgängig machen, denn alle Überschriften sollten einheitlich linksbündig stehen – ohne Einzug. Sollte also die Überschrift ein wenig nach rechts gerückt sein, setzen Sie unter START – ABSATZ den linken Einzug wieder auf null.
- Fertig. Jetzt können Sie wieder mit einem Klick rechts die neue Überschrift der zweiten Ebene unter dem Namen ÜB 2 speichern.

Und diese Arbeitsschritte wiederholen Sie so lange, bis Sie so viele Ebenen erzeugt haben, wie Sie für Ihren Text benötigen.

---

[55] Wenn Sie jetzt einmal genau nachdenken, dann verstehen Sie, warum Sie niemals mit leeren Zeilen zur Abstandsregelung arbeiten. Denn in dem Beispiel würden Sie dann die Überschrift mit einer leeren Zeile verknüpfen – und hätten nichts gewonnen.

[56] Natürlich weiß ich, dass Sie diese Taste kennen, ich hab das nur für die anderen hier so genau aufgeführt.

6.2.3 Weitere Formatvorlagen

Folgenden Reflex sollten Sie sich antrainieren: Wann immer Sie damit beginnen, in beziehungsweise an Ihrem Text herumzuformatieren, denken Sie immer gleichzeitig daran, ob es sich vielleicht lohnt, dafür eine Formatvorlage einzurichten.

Über ein Beispiel hatten wir uns ja bereits ausgetauscht: wörtliche Zitate, die über mindestens drei Zeilen reichen. Wenn dieser Fall eintritt und Sie diesen Abschnitt so formatiert haben, wie Sie ihn darstellen möchten (also beispielsweise Schriftgröße 10, fett, links und rechts je 0,8 cm Einzug), dann klicken Sie einfach rechts und speichern diese Formatierung über den Menüpunkt FORMATVORLAGEN als neue Formatvorlage.

Wann immer Sie (wenigstens erst einmal) fertig sind mit Ihren Vorlagen, dann setzen Sie die für alle Ihre Texte als Standard. Bedeutet: Ab diesem Zeitpunkt wird Ihnen bei jedem neuen Dokument dieser Formatvorlagensatz angeboten. Das schaffen Sie, indem Sie unter START das Menü FORMATVORLAGEN aufrufen und dort unter OPTIONEN – NEUE AUF DIESER VORLAGE BASIERENDE DOKUMENTE aktivieren.

6.3 Fußnoten

Die Fußnote darf ruhig eine andere Schrift als der Standardtext haben, das muss aber nicht sein. Die Schriftgröße sollte unbedingt kleiner sein, 2 Pkt. weniger ist ein gutes Maß. Und am besten formatieren Sie die Fußnoten nicht im Blocksatz, sondern linksbündig.

Darüber hinaus empfehle ich, einen einfachen Zeilenabstand und bei der Absatzformatierung 4 bis 6 Pkt. Abstand nach dem Absatz einzurichten.

In manchen Fächern ist ein hängender Einzug vorgeschrieben, beispielsweise von 0,7 cm. Das sieht dann ungefähr so aus:

[1] Wenn eine Fußnote mit hängendem Einzug formatiert wurde (was man unter der Absatzformatierung einrichten kann), dann sieht das ungefähr so aus wie dieser Text hier.

Das finde ich persönlich aber nicht so gut. Keinen Einzug aber auch nicht:

[1] Wenn eine Fußnote ohne Einzug formatiert wurde, dann ist das nicht unbedingt besonders schick und sieht dann ungefähr so aus wie dieser Text hier.

Viele behelfen sich, indem sie am Ende der Zeile ein ENTER eingeben beziehungsweise einen Absatz setzen und dann in der zweiten Zeile einfach so viele Leerzeichen eintippen, dass die jeweils ersten Buchstaben der Zeile wenigstens ungefähr untereinander stehen. Das ist aber auch nicht gut, weil Sie dann den soeben eingestellten festen Abstand von 4 bis 6 Pkt. einfügen.

Wenn Sie es wirklich hundertprozentig richtig machen wollen, dann folgt jetzt für Sie die Lösung de luxe.

Wenn man es wirklich absolut perfekt haben möchte, ist es angeraten, mit Tabstopps zu arbeiten. Das bedeutet: Nach dem Fußnotenzeichen vor dem ersten Wort setzt man einen Tabstopp. Da der allerdings in der Regel auf 1,25 Zentimeter eingestellt ist, muss man das erst umstellen. Das kann man unter dem Menüpunkt ABSATZ – TABSTOPP einrichten; ich schlage 0,3 oder 0,4 cm vor (wenn nötig, bitte die bereits definierten Tabstopps vorher löschen).

Dann setzen Sie einen Tabstopp nach dem Fußnotenzeichen und einen zu Beginn der zweiten Zeile. Und das sollte dabei herauskommen:

[1]   Mit Tabulatoren sieht eine Fußnote, die von einer Zeile in die nächste führt, dann genau so elegant aus wie dieser Text hier.

Diese Lösung ist die aufwendigste, aber dafür sieht es dann auch wirklich korrekt aus.

6.4 Das Literaturverzeichnis

Genauso wichtig wie die korrekte Fußnote ist eine regelgerechte und vor allem einheitliche Darstellung der zitierten Literatur im Literaturverzeichnis.

Ein Tipp gleich zu Beginn: Da das Literaturverzeichnis selbstverständlich alphabetisch sortiert wird, empfehle ich Ihnen, es als Tabelle anzulegen. Das bedeutet: Sie fügen eine Tabelle mit einer Spalte und so vielen Zeilen ein, wie Sie brauchen. Selbstverständlich formatieren Sie die Tabelle so, dass der Rahmen nicht angezeigt wird. Nun können Sie nach Herzenslust Ihre Einträge formulieren und am Ende ganz einfach die Tabelle automatisch alphabetisch sortieren.

Eine Tabelle hat einen weiteren Vorteil: Sie können über die Grundeinstellungen festlegen, dass einzelne Zellen am Zeilenende nicht getrennt werden. Und das sollten Sie auch tun, denn dann werden mehrzeilige Einträge am Seitenende nicht getrennt.

Grundsätzlich gilt hier als oberstes Diktat – wie bei den Fußnoten auch – Einheitlichkeit. Bedeutet: Wenn Sie einen Aufsatz in einem Sammelwerk zitieren, dann sollten Sie nicht einmal

[Name des Verfassers, Aufsatztitel], in: [Name des Herausgebers: ...]

und einmal

[Name des Verfassers, Aufsatztitel]. In: [Name des Herausgebers: ...]

schreiben. Oder: Sie sollten nicht einmal den Vornamen mit Initial und ein anderes Mal ausgeschrieben zitieren. Bitte verwenden Sie immer den vollständigen Namen. Diese Methode hat nicht nur den Vorteil, dass sie vollständiger und anerkannter ist als das Abkürzen der Vornamen, sondern auch den folgenden: Die Initiale allein verrät nicht das Geschlecht. Wenn Sie nun aber Schulze zitiert haben und dann in Ihren weiteren Ausführungen über ihn sprechen, er aber in Wirklichkeit eine »Sie« ist, und Sie das mittlerweile vergessen haben, dann sieht das ziemlich blöd aus.

Die nächste Regel, die Sie konsequent beachten sollten: Innerhalb eines Eintrags steht kein Punkt, der steht immer und ausschließlich am Ende. Die einzelnen Bestandteile der Einträge werden also durch ein Komma oder Semikolon verbunden.

Und so sieht ein vollständiger Eintrag eines Aufsatzes zweier Autoren in einem Sammelwerk im Literaturverzeichnis aus:

Name, Vorname; Name, Vorname: Titel – Subtitel, in: Vorname Name (Hrsg.): Titel – Subtitel, Auflage, Ort: Verlag, Jahr.

Müller, Horst; Schulze, Jupp: Die Lust an gutem Deutsch – Grundlagen – Methoden – Praxisbeispiele, in: Günther Fischer (Hrsg.): Noch besseres Deutsch, 94. erweiterte Aufl., Bad Salzuflen, Mombasa: Verlagius, 2010.

- Den Namen des Verfassers (nicht den des Herausgebers) können Sie kursiv oder fett hervorheben.
- Die zwei Verfasser können Sie auch mit einem / trennen, dann aber ohne Leerzeichen.
- Bitte achten Sie immer auf die korrekte Verwendung des Gedankenstrichs.
- Hinten setzt man immer einen Punkt.
- Die Auflage ist immer möglichst präzise zu beschreiben, wenn es sich nicht um die erste Auflage handelt. Und natürlich wird immer die aktuellste zitiert.
- Herausgeber wird immer »Hrsg.« abgekürzt und sein Name richtig herum, also »Vorname Name« geschrieben.
- Jedes Sammelwerk eines Herausgebers, das in einer Literaturangabe als »…, in: …« genannt wird, wird immer auch ein eigener Eintrag im Literaturverzeichnis, dann wird daraus natürlich »Name, Vorname«.
- Meine persönliche Meinung: Der Verlag muss nicht sein, denn es geht hier darum, das zitierte Werk eindeutig zu lokalisieren. Und dass in der genannten Stadt in zwei unterschiedlichen Verlagen zwei unterschiedliche Autoren desselben Namens zwei unterschiedliche Bücher mit demselben Titel im selben Jahr veröf-

fentlicht haben, ist nicht sehr wahrscheinlich. Das sehen aber nicht alle so.

- Immer alles absolut einheitlich. Heißt: Bringen Sie einmal den Verlag, dann sollten Sie das immer tun.

Bei elektronischen Quellen, die Sie ja, wie bereits erwähnt, besser in einem eigenen Verzeichnis ausweisen, geben Sie bitte den gesamten Link an und den Hinweis, wann Sie zum letzten Mal die Seite oder das Dokument aufgerufen haben: letzter Abruf am 31.3.2010.

6.5   Kopfzeilen und Seitenzahlen

»Herr Kru-huk?[57] Ich hätte gerne Kopfzeilen in meinem Text, aber ich krieg das nicht hin … Können Sie das für mich machen?« Das höre ich mit schöner Regelmäßigkeit, und natürlich mache ich das dann.

Aber bevor ich Ihnen erkläre, wie Sie das auch selbst bewältigen können, lassen Sie uns vielleicht besser mit den Seitenzahlen beginnen. Denn auch hier muss man mit Abschnittswechseln arbeiten.

Grundsätzlich gilt: Hat man Kopfzeilen eingerichtet, gehören die Seitenzahlen dort hinein; wenn man keine hat, positioniert man sie besser unten rechts.

Zu den Seitenzahlen sollte man Folgendes wissen: Bei einer wissenschaftlichen Arbeit werden unterschiedliche Nummerierungen verwendet. Auf dem Deckblatt steht keine Seitenzahl, und der Teil der Arbeit vor dem eigentlichen Text, bestehend aus den Verzeichnissen, wird in römischen Zahlen durchnummeriert. Auf der Seite nach

---

[57] Aufpassen: Dieser Kommentar ist nicht sexistisch gemeint. Fakt ist aber: Wenn mein Nachname, der eigentlich aus einer Silbe besteht, zu einem zweisilbigen Konstrukt erweitert wird und wenn dabei gleichzeitig die Stimme angehoben wird, so handelt es sich meist um junge Frauen, die mich um diesen Gefallen bitten. Männer sind da im Tonfall wesentlich sachlicher, aber unterm Strich natürlich mindestens genauso hilflos.

dem Deckblatt beginnt also die Paginierung mit II und läuft so weiter, bis der Haupttext kommt. Dort beginnt dann die Seitenzählung in arabischen Lettern wieder neu mit der I.

Zuerst fügen Sie bitte die Seitenzahlen ein. Und das geschieht – das ist wahrlich keine Überraschung – unter dem Menüpunkt EINFÜGEN – SEITENZAHLEN.

Damit man die unterschiedliche Formatierung der Seitenzahlen hinbekommt, muss man den Text zuerst in unterschiedliche Abschnitte aufteilen: Sie klicken in die letzte Zeile vor Ihrem eigentlichen Text, wahrscheinlich wird das die Stelle nach dem letzten Eintrag im Abkürzungsverzeichnis sein. Dort fügen Sie einen manuellen Abschnittsumbruch ein, indem Sie unter dem Menüpunkt SEITENLAYOUT auf die Schaltfläche UMBRÜCHE klicken und dort ABSCHNITTSUMBRÜCHE – NÄCHSTE SEITE wählen. Wenn Ihnen das gelungen ist, endet an der Stelle Ihre Seite, und der Text wird auf der nächsten fortgesetzt. Unten links in der Fußzeile Ihres Programms sehen Sie dann auch angezeigt, in welchem Abschnitt Sie sich gerade befinden. Und wenn Sie die Sonderzeichen aktiviert haben, wird Ihnen an der Stelle der eingefügte Abschnittswechsel auch angezeigt.

Nun können Sie in den jeweiligen Abschnitten die Seitenzahlen wie gewünscht formatieren (EINFÜGEN – SEITENZAHLEN – SEITENZAHLEN FORMATIEREN). In dem Teil der Verzeichnisse verwenden Sie römische Zahlen (beginnend auf Seite II), und im Hauptteil der Arbeit beginnt die Nummerierung wieder mit der arabischen I.

Kleiner Hinweis zum Abschnittswechsel: Manchmal kommt es vor, dass eine Grafik oder Tabelle so umfangreich ist, dass man sie auf einer Seite im Querformat platzieren möchte. Das bekommen Sie hin, indem Sie aus einer Seite einen eigenen Abschnitt machen, also davor und danach einen Abschnittswechsel einfügen. Wenn Sie das eingerichtet haben, können Sie die Seiteneinrichtung für diese einzelne Seite auf Querformat ändern.

Zurück zu Seitenzahlen und Kopfzeilen. Bitte beachten Sie, im

Menü zur Formatierung der Fußnoten dafür zu sorgen, dass die ERS-TE SEITE ANDERS formatiert wird. Dann sind auf dem Deckblatt weder eine Seitenzahl noch Kopfzeilen aufgeführt.

Apropos Kopfzeilen. Zu denen kommen wir nun. In einem Satz geschieht nun Folgendes: Sie richten für jedes Kapitel einen eigenen Abschnitt ein und lösen die Verknüpfung der Kopfzeile mit der des vorherigen Abschnitts.

Im Detail hört sich das so an: Sie bewegen sich jeweils mit dem Cursor an das Ende eines jeden Kapitels. Dort fügen Sie wie zuvor besprochen einen manuellen Abschnittswechsel ein. Bitte kontrollieren Sie, dass die nachfolgende Überschrift tatsächlich auf der folgenden Seite oben in der ersten Zeile steht und dass Sie sich nicht Ihre automatische Formatierung zerschossen haben, das kann schon einmal passieren. In dem Fall formatieren Sie sie einfach neu.

Nun lösen Sie die Verknüpfung der einzelnen Kopfzeilen. Denn bislang sind die noch so miteinander verbunden, dass keine individuelle Bearbeitung in jedem einzelnen Kapitel möglich ist. Sie begeben sich in das noch jungfräuliche Feld der Kopfzeilen einfach mit einem Doppelklick hinein (Sie können natürlich auch den konventionellen Weg gehen über die Schaltflächen EINFÜGEN – KOPFZEILEN – KOPFZEILEN BEARBEITEN). Ist nun dieser Menüpunkt geöffnet, so sehen Sie dort eine Schaltfläche, deren Name lautet: MIT VORHERIGER VERKNÜPFEN. Diese Auswahl sollten Sie unbedingt deaktivieren, denn nur dann können Sie in jedem Kapitel eine eigene Kopfzeile definieren. Diesen Arbeitsschritt wiederholen Sie bitte in jedem einzelnen Abschnitt. Das war es auch schon. Zugegeben – es handelt sich hier zweifellos nicht um eine Geheimwissenschaft. Wenn man jedoch versucht, das allein hinzubekommen, kann man sich schon mal die Finger brechen. Wenn man hingegen weiß, wie es geht, dauert es nur ein paar Minuten.

6.6 Grafiken und Tabellen

Wenn Sie Grafiken oder Tabellen einfügen, sollten Sie auch diese möglichst sinnvoll und einheitlich formatieren. Dabei ist Folgendes zu beachten: Wenn Sie nun eine Grafik importiert oder erstellt haben, dann ergibt sich zuvorderst die Frage, wie genau Sie sie eingefügt haben, denn es gibt unterschiedliche Möglichkeiten. Die schlimmste ist, dass die Grafik über dem Text liegt. Das ist ungünstig, denn dann ist sie logischerweise nicht verankert, und der Text rutscht darunter hindurch. Damit Sie immer an derselben Stelle steht, empfehle ich Ihnen die folgende Formatierung: rechter Mausklick, GRAFIK FORMATIEREN, und dort stellen Sie beim TEXTUMBRUCH oder beim LAYOUT die Variante MIT TEXT IN ZEILE ein. Bitte kommen Sie nicht auf die Idee und lassen beispielsweise die Grafik von Text umfließen. Das machen stern, Brigitte und GEO etc., Sie aber bitte nicht.

Außerdem sollte eine Grafik grundsätzlich zentriert sein. Auch hier können Sie die Abstände so einstellen, dass Sie weder davor noch danach Leerzeilen als Abstandhalter verwenden müssen. Und natürlich bietet sich an, für alle Grafiken eine einheitliche Formatvorlage einzurichten. Dabei achten Sie bitte auf Folgendes: Wie wir gleich noch näher besprechen werden, gehört unter jede Abbildung und unter jede Tabelle eine entsprechende Beschriftung. Und damit nun nicht bei einem Seitenumbruch die Grafik unten auf der einen und die Beschriftung oben auf der folgenden Seite steht, sollten Sie bei der Einrichtung der Formatvorlage diese beiden Elemente dauerhaft verbinden. Das geschieht genauso wie bei den Überschriften: Unter dem Menüpunkt START – ABSATZ wählen Sie den Menüpunkt ZEILEN- UND SEITENUMBRÜCHE. Und dort stellen Sie ein: NICHT VOM NÄCHSTEN ABSATZ TRENNEN. Auch hier berücksichtigen Sie bitte wieder, dass Sie die gewünschten Abstände nicht durch Einfügen einer Leerzeile einrichten, sondern über die Absatzformatierung.

Bei der Formatierung von Tabellen beachten Sie bitte Folgendes: Sie können die Schriftgröße im Vergleich zum Standardtext verändern. Normalerweise setzt man die Schrift in einer Tabelle, in der oft Platzmangel herrscht, 2 Pkt. kleiner als den Standardtext. Es empfiehlt sich ebenso, dort den ZEILENABSTAND auf EINFACH zu stellen, und zwar immer einheitlich.

Zur Groß- und Kleinschreibung: Tabelleneinträge werden vorn immer dann großgeschrieben, wenn ein ganzer Satz vorliegt. Dieser endet dann auch mit einem Punkt. Hat man in einer Tabelle nur Stichworte eingetragen oder nur einzelne Wörter, so schreibt man klein, wenn das die üblichen Regeln erfordern. Achten Sie bitte darauf, dass Ihnen da die Autokorrektur nicht zwischenfunkt und Einträge großschreibt, die eigentlich kleingeschrieben werden. Das kommt nämlich vor und muss dann wieder manuell geändert werden.[58]

6.7 Beschriftungen und automatisierte Verweise

Unterhalb einer Grafik oder Tabelle fügt man die Beschriftung und Durchnummerierung ein. Mustertext:

Abbildung 1: Altersverteilung aller Befragten

Auch hierbei sollten Sie unbedingt und von Beginn an auf die automatische Durchnummerierung zurückgreifen. In Word 2007 finden Sie diese Funktion unter VERWEISE – BESCHRIFTUNG EINFÜGEN. Und bitte trennen Sie unbedingt zwischen Abbildungen und

---

[58] Und noch ein kleiner, aber feiner Tipp: Jede Änderung, die Word automatisch vornimmt, können Sie über die entsprechende Funktion wieder rückgängig machen. Denn jede Autokorrektur ist in dieser Funktion als letzter Eintrag gespeichert. Das gilt auch für ein anderes Ärgernis: Auch wenn Word Ihnen automatische Aufzählungen einrichtet, wenn Sie beispielsweise eine 1) eingegeben haben, Sie das aber nicht wollen, oder unerwünschte Einzüge spendiert, genügt ein Klick auf RÜCKGÄNGIG.

Tabellen. Bedeutet: Beide unterschiedlichen Formen der Elemente werden dann auch gesondert durchnummeriert. Und das beinhaltet in logischer Konsequenz natürlich auch, dass Sie das sauber trennen: Tabellen sind keine Abbildungen.

Übrigens: An dieser Stelle können Sie nicht nur weitere automatische Beschriftungen (wie FORMEL für Mathe-Experten) wählen, sondern auch eigene Kategorien festlegen. Wenn Sie beispielsweise einen Fragebogen entwerfen und möchten, dass sich die Fragenummerierung automatisch aktualisiert, können Sie hier den Begriff »Frage« als eigene Kategorie einrichten, wenn es nicht ohnehin schon in Ihrem System vorgesehen ist.

Einzig bei der Formatierung kann es aufgrund der Voreinstellungen schon einmal etwas ungewöhnlich aussehen, aber das soll Sie nicht unnötig belasten. Denn wir machen einfach das, was wir jetzt schon einige Male besprochen haben: Wir definieren eine eigene – richtig – Formatvorlage. Die benennen Sie »Beschriftung« oder wie immer Sie wollen, und dann gestalten Sie sie so, wie Sie sie gerne haben möchten. Folgendes schlage ich vor: Wenn Sie die Grafiken zentriert eingefügt haben, sollten Sie auch die Beschriftung zentrieren. Ebenso empfiehlt sich hier eine 2 Pkt. kleinere Schriftgröße als der Standardtext, und fett ist auch o. k.

Fügen Sie nun ein Element ein oder entfernen eines, so müssen Sie die automatischen Funktionen manuell aktualisieren.[59] Und das geht so: Sie markieren den ganzen Text, klicken dann mit rechts auf die (als aktives Element eingefügte) Zahl irgendeiner Nummerierung und wählen dann FELDER AKTUALISIEREN. Voilà!

Nun kommt es in einem umfangreichen Text regelmäßig vor, dass man sich auf den eigenen Text bezieht und entsprechende Verweise eingefügt. Dumm nur: Wenn man beispielsweise auf eine Fußnote, einen bestimmten Gliederungspunkt oder auf eine konkrete Seite hin-

---

[59] Richtig. Dem ausgewiesenen Sprachfreund fällt bei genauerer Beschau an dieser Stelle auf: Besonders logisch ist das nicht. »Halbautomatisch« wäre wohl richtiger, aber ... was soll's ...

weist, dann verschieben sich diese Positionen in der Regel im Laufe des Arbeitsprozesses. Was mal auf Seite 56 stand, wird – spätestens nach der Endformatierung – sicher ganz woanders stehen. Deswegen findet man in vielen Manuskripten an dieser Stelle gelbe Markierungen, die den Verfasser darauf hinweisen, dass hier am Ende noch etwas aktualisiert werden muss. Nur: Diesen Schritt kann man, wenn es dem Ende zugeht, getrost mehrfach wiederholen, denn nur ganz selten gelingt es einem, diese Bearbeitung wirklich als allerletzten Schritt vor dem Ausdruck der Arbeit vorzunehmen. Sie können solche Verweise aber glücklicherweise auch so gestalten, dass sie sich bei entsprechenden Veränderungen automatisch anpassen. Eigentlich genügt es, Ihnen hier die Schaltfläche VERWEISE – QUERVERWEISE ans Herz zu legen. Probieren Sie es einfach mal aus, es ist wirklich nicht schwer, dort entsprechende Bezüge anzulegen.

6. 8 Die Verzeichnisse

Nachdem wir nun besprochen haben, wie Sie solche aktiven Elemente anlegen können, fahren wir nun die Ernte ein. Die Arbeit mit Formatvorlagen hat den enormen Vorteil, dass man die Verzeichnisse, die an den Beginn der Arbeit gehören, mit ein paar Mausklicks einfügen kann. Und das Schöne daran ist: Ändern sich die Seitenzahlen, so kann man sie mit zwei, drei Mausklicks aktualisieren.

Wir beginnen mit dem Inhaltsverzeichnis. Sie bewegen sich also auf die zweite Seite der Arbeit, auf die, die auf das Deckblatt folgt.

Unter dem Menüpunkt VERWEISE finden Sie die Schaltfläche INHALTSVERZEICHNIS EINFÜGEN. Dort nehmen Sie die wichtigsten Einstellungen vor. Die Seitenzahlen sollen natürlich angezeigt werden, und ja, auch rechtsbündig, und ja, Sie möchten auch Punkte als Füllzeichen haben.

Und natürlich möchten Sie auch sämtliche Gliederungsebenen angezeigt haben. Wenn Sie also fünf Ebenen eingerichtet haben, dann sollten Sie auch hier einstellen, dass alle diese fünf Ebenen angezeigt werden.

Aber nun geht es ans Eingemachte, denn es ist nicht ganz klar, ob ihre Software auch genau weiß, welche Formatvorlagen als welche Gliederungsebenen angezeigt werden sollen. Deswegen richten Sie das bitte am besten manuell ein. Sie klicken unter dem Menüpunkt VER-WEISE – INHALTSVERZEICHNIS – INHALTSVERZEICHNIS EINFÜGEN auf OPTIONEN, und dort löschen Sie alle Einträge aus dem Inhaltsverzeichnis, die Word automatisch festgelegt hat. Dafür aktivieren Sie Ihre selbst eingerichteten Formatvorlagen. Wenn Sie also beispielsweise Ihre erste Überschriftenebene ÜB 1 genannt haben, dann sollten Sie auch dafür sorgen, dass neben der Bezeichnung ÜB 1 eine 1 eingetragen ist. Dasselbe wiederholen Sie bitte für sämtliche Ebenen entsprechend.

Und hier kommt wieder der mahnende Zeigefinger: Word liefert Ihnen für das Inhaltsverzeichnis einige mögliche Entwürfe unter dem Menüpunkt FORMATE, und schon die Bezeichnungen lassen einiges vermuten. Aber da wir ja schon besprochen haben, dass Sie sich bei der Gestaltung Ihrer Arbeit an einem Maximum an Tristesse und Farblosigkeit orientieren, meiden Sie selbstverständlich Entwürfe wie ELEGANT, AUSGEFALLEN oder MODERN – EINFACH ist das richtige Stichwort.

Sie können Ihr Inhaltsverzeichnis, wenn es denn erstellt ist, wie ganz normalen Text formatieren und bearbeiten. Dabei gilt es aber, Folgendes zu berücksichtigen. Wenn Ihr Text noch im Entstehen ist, können Sie gern ein Inhaltsverzeichnis zu Beginn Ihres Textes einfügen. Das hat den Vorteil, dass Sie direkt zu den einzelnen Einträgen springen können, wenn Sie die Taste STEUERUNG gedrückt halten und auf die Seitenzahl klicken.

Und so wie alle anderen aktiven Elemente, so können Sie auch Ihr Verzeichnis regelmäßig automatisch aktualisieren: rechter Mausklick in das Verzeichnis, und dann VERZEICHNIS AKTUALISIEREN. Aber jetzt kommt's: Word bietet Ihnen zwei Optionen an, und zwar können Sie sich zum einen dafür entscheiden, ausschließlich die Seitenzahlen zu aktualisieren. Und zum anderen können Sie das gesamte Verzeichnis aktualisieren.

Mit der letzteren Option sollten Sie allerdings bedacht umgehen.

Denn, wie gesagt, Sie können das Verzeichnis, wenn es Ihnen so nicht gefällt, wie es ist, wie ganz normalen Text bearbeiten, also formatieren, korrigieren, überschreiben. Aber dabei sollten Sie dringend berücksichtigen: Diesen Schritt führen Sie bitte immer erst dann durch, wenn Sie sicher sind, dass sich an den Einträgen im Verzeichnis nichts mehr ändert.

Das bedeutet: Die manuelle Anpassung des Verzeichnisses an Ihre Vorstellungen ist einer der allerletzten Arbeitsschritte, die Sie vor dem Druck erledigen. Denn wenn Sie das gesamte Verzeichnis aktualisieren, was während der Entstehung der Arbeit zwangsläufig nötig ist, sind logischerweise alle Ihre bis dahin manuell eingearbeiteten Änderungen wieder verschwunden, eben weil sich dann ja das gesamte Verzeichnis neu bildet.

Nehmen wir einmal an, dieser Punkt sei erreicht. Die Arbeit ist fertig, Sie möchten sie ausdrucken, und nun geht es beim Inhaltsverzeichnis an die Endbearbeitung. Was manchmal eigenartig aussieht, sind die Zeilenumbrüche. Wenn also eine Überschrift so lang ist, dass sie in die zweite Zeile springt, dann sieht das manchmal nicht schön aus, weil die Einzüge nicht stimmen. In dem Fall arbeiten Sie bitte wie folgt: Sie fügen einen besonderen Zeilenwechsel ein, indem Sie gleichzeitig STEUERUNG und ENTER drücken. Dann fügen Sie so viele Tabs oder Leerzeichen ein, bis die zweite Zeile bündig unter der ersten steht.

6.9   Wie man Texte richtig überarbeitet

Wir befinden uns nun kurz vor Ihrem Abgabetag. Ihre Nerven sind völlig ruiniert, und Sie sehen auch nicht gesund aus; Kunststück:

Sie haben ja auch in der letzten Woche nur dreizehn Stunden geschlafen.

Aber nichtsdestotrotz: Auch wenn die Arbeit jetzt stramm durchformatiert ist, einen letzten Check sollten Sie trotzdem durchführen. Gleich folgt eine Aufstellung der wichtigsten Punkte, auf die man bei der letzten Überarbeitung achten sollte.

Bevor Sie sich an diesen Teil der Endbearbeitung machen, lassen Sie uns aus gegebenem Anlass ein wenig über die Funktion ÄNDERUNGEN VERFOLGEN plaudern.

Die Hersteller von Textverarbeitungssoftware haben diese so sinnvolle wie bedienerfreundliche Anwendung ins Leben gerufen, um die Überarbeitung von Texten komfortabler und vor allem sicherer zu machen. Wenn Sie sie aktivieren[60], werden alle Änderungen, die Sie von da an einfügen, farblich kenntlich gemacht. Und dann haben Sie die Möglichkeit, diese Änderungen noch einmal zu kontrollieren und sie dann entweder mit einem Klick auf das blaue Häkchen anzunehmen oder mit einem Klick auf das rote X zu verwerfen. Sie können entweder alle Änderungen in einem Schritt annehmen oder ablehnen oder einen bestimmten Abschnitt des Textes markieren und dann mit einem Klick über alle Änderungen, die diese Markierung beinhaltet, befinden.

Wenn Sie nun Ihre Arbeit Ihrem Kumpel Mike oder Ihrer besten Freundin Vanessa zur Überarbeitung geben, kann diese Person ihre Änderungsvorschläge direkt in den Text einbauen, und Sie können diese kontrollieren.

Ebenso haben Sie über die entsprechende Schaltfläche im Bedienmenü die Möglichkeit, sich den Text in seiner endgültigen Fassung anzeigen zu lassen oder auch in seiner Urfassung. Sie können dabei wahlweise hin und her springen, ohne dass die Änderungen verloren gehen.

Selbstverständlich dürfen Sie nicht vergessen, diese Funktion wieder zu deaktivieren, wenn Sie sie nicht mehr benötigen.

[60] Word 2003: EXTRAS, Word 2007: ÜBERPRÜFEN.

Bevor Sie zu der Art der Überarbeitung übergehen, die wir im folgenden Kapitel besprechen, kann es sinnvoll sein, eben diese Funktion zu aktivieren. Sie werden schon sehen, warum.

6.10 Tipps und Tricks zu SUCHEN UND ERSETZEN

Nahezu jede Software, in der man mit Text arbeitet, bietet eine Funktion mit dem Namen SUCHEN UND ERSETZEN an. Erfahrungsgemäß ist es für den durchschnittlichen Anwender bei Weitem nicht so selbstverständlich, ein Maximum aus dieser Funktion herauszukitzeln, wie für einen Profi. Dabei kann man sich damit viel Arbeit sparen. Und deswegen erkläre ich Ihnen jetzt genau, wie das funktioniert.

Beginnen wir mit einer kleinen, aber feinen Optimierung: mit der Bekämpfung von doppelten Leerzeichen. Es passiert regelmäßig, dass man bei der Bearbeitung eines Textes diesen Fehler begeht. Aber dagegen sollte man unbedingt vorgehen, denn glauben Sie mir: Es gibt viele Pedanten, die darauf achten, ob in einem Text diese typografischen Schnitzer enthalten sind oder nicht. Und da Sie ja alles richtig machen wollen, geht's denen nun an den Kragen. Für Sie ist eine diesbezügliche Überarbeitung ab jetzt kein Problem, denn nun erfahren Sie, wie Sie alle doppelten Leerzeichen in Ihrem Text in einem Arbeitsschritt eliminieren.

Sie öffnen die Funktion SUCHEN UND ERSETZEN und geben in das Feld SUCHEN NACH zwei Leerzeichen ein. Und in das Feld ERSETZEN DURCH fügen Sie, Sie ahnen es schon, nur ein Leerzeichen ein.

Dabei können allerdings Probleme auftauchen. Denn manchmal benutzt man eine Vielzahl von Leerzeichen dazu, Abstände oder Einzüge manuell zu regeln. Das sollte man zwar nicht unbedingt tun, es kommt aber immer wieder vor.

Wenn Sie nun die Funktion ÄNDERUNGEN VERFOLGEN aktiviert haben, so können Sie alle doppelten Leerzeichen über die entsprechende Schaltfläche in einem einzigen Arbeitsschritt ersetzen. Und dann scrollen Sie einfach mal durch Ihr Dokument und schauen, was passiert ist. Wenn Sie zu viele eigentlich erwünschte doppelte Leerzeichen ersetzt haben, dann machen Sie einfach den Arbeitsschritt rückgängig und kontrollieren die einzelnen Stellen über die Funktion WEITER SUCHEN – ERSETZEN manuell. Dann können Sie nämlich von Fall zu Fall entscheiden, ob Sie das doppelte Leerzeichen ersetzen möchten oder nicht.

Ein anderes Beispiel: Ihnen fällt auf, dass Sie kontinuierlich bei der Verwendung der Abkürzungen »d. h.« und »z. B.« mehr oder weniger konsequent auf die Verwendung eines Leerzeichens verzichtet haben. Nun haben Sie zwei Möglichkeiten: Sie können die gesamte Arbeit noch einmal durchschauen und entsprechende Änderungen einarbeiten. Das würde aber weder Ihrer Intelligenz gerecht noch dem Anspruch, den das Buch, das Sie gerade in Händen halten, an seinen geschätzten Leser hegt. Deswegen machen Sie einfach Folgendes:

Rufen Sie den Menüpunkt START – ERSETZEN auf. In das Feld SUCHEN NACH geben Sie die falsche Schreibweise ein, also die, die Sie korrigieren möchten. In unserem Beispiel wäre das »d.h.« ohne Leerzeichen. In das Feld ERSETZEN DURCH schreiben Sie die richtige Schreibweise: »d. h.«, also mit einem Leerzeichen.

Und da man in solche Abkürzungen ein geschütztes Leerzeichen einfügt, damit dieser Ausdruck am Zeilenende nicht getrennt wird, führen Sie den Schritt gleich noch einmal durch. Nun tragen Sie in das Feld SUCHEN NACH »d. h.« mit Leerzeichen ein. Und in dem Feld ERSETZEN DURCH tragen Sie »d. h.« ein, aber dieses Mal mit dem geschützten Leerzeichen, indem Sie STEUERUNG und UMSCHALTEN gedrückt halten und dann die Leertaste betätigen.

Bei unsachgemäßer Anwendung kann diese Funktion allerdings auch ungewünschte Änderungen mit sich bringen. Ein Beispiel: Ihnen fällt auf, dass Sie in Ihren Fußnoten ab und an das Leerzeichen zwischen »S.« und der folgenden Ziffer vergessen haben. Kein Problem, denken Sie sich, Sie ersetzen einfach »S.« durch »S._«, also mit einem Leerzeichen dahinter.

Doch weit gefehlt: Wenn Sie nicht unter der Schaltfläche ERWEITERN aktiviert haben, dass in Groß- und Kleinschreibung unterschieden werden soll, wird Ihnen das Programm jedes Mal, wenn ein Wort an einem Satzende auf einem s endet und danach ein Punkt folgt, dieses »s.« durch ein »S._« ersetzen. Und das möchten Sie nicht. Deswegen gibt es bei diesem Arbeitsschritt folgende Details zu beachten:

- Eben jene Schaltfläche in den erweiterten Optionen zum Unterscheiden von Groß- und Kleinschreibung aktivieren,
- zur Sicherheit in beiden Feldern vor dem »S.« auch ein Leerzeichen eingeben und
- nach diesem Arbeitsschritt den Arbeitsschritt zum Austausch der doppelten Leerzeichen wiederholen. Denn wenn Sie zuvor schon korrekterweise dieses Leerzeichen gesetzt hatten, dann hätten Sie dort nun zwei.
- Dann haben Sie nach jedem »S.« ein einziges Leerzeichen. Und das ersetzen Sie jetzt bitte in einem weiteren SUCHEN-UND-ERSETZEN-Arbeitsschritt durch ein geschütztes (s. o.).

Nachdem wir nun in aller Ausführlichkeit besprochen haben, wie hilfreich die Funktion ERSETZEN bei der finalen Bearbeitung des Textes sein kann, gebe ich Ihnen nun noch ein paar Tipps, wie Sie besonders kreativ mit dieser Funktion umgehen können.

Stellen Sie sich vor, Sie haben sich angewöhnt, »Potential« konsequent mit t zu schreiben, möchten aber nun korrekterweise auf z umstellen. Wenn Sie nun als Suchbegriff »Potential« eingeben, so würde Ihnen Ihr Programm immer nur Änderungen einfügen, in denen Sie dieses Wort alleinstehend und vorn großschreiben. Aber Sie möchten natürlich auch kombinierte Begriffe wie »Entwicklungspotential« korrigieren. Aus diesem Grund verzichten Sie auf das vordere »P« und geben nur ein: ERSETZEN »otential« durch »otenzial«.

Sie erinnern sich an die festen Fügungen, die man laut Duden-

Empfehlung neuerdings zusammenschreibt? Lassen Sie sich doch einfach mal jedes »so dass«, jedes »mit Hilfe«, jedes »in Frage«, jedes »auf Seiten« (und welche Sie sonst noch gern verwenden) zur Verbesserung anzeigen.

Wenn Sie beispielsweise mit Akronymen arbeiten, wie IFRS oder EFQM, dann können Sie auch hier einen kreativen Check durchlaufen lassen, indem Sie nach möglichen falschen Schreibweisen à la Wechstaben-Verbuchselung suchen.

Auch dem erfahrenen Profi rutscht immer wieder die Verwechslung von »dass« und »das« durch. Nun wäre es tatsächlich sehr viel Arbeit, jedes einzelne dieser Wörter zu kontrollieren. Etwas gestraffter können Sie vorgehen, indem Sie als Suchbegriff »,_das_« eingeben, also »Komma – Leerzeichen – das – Leerzeichen«. So müssen Sie nicht das ganze Dokument durcharbeiten, sondern können im konkreten Fall noch einmal überprüfen, ob Ihnen ein Fehler bei der Schreibung unterlaufen ist. Denn die bevorzugte Stelle, an der man bei der Verwendung von »das« und »dass« einen Fehler macht, ist die hinterm Komma.

Bei »umso« und »um so« oder »indem« und »in dem« vertut man sich ebenfalls häufig. Daher empfehle ich Ihnen, auch diese vier Begriffe am Ende noch einmal per Suchbegriff zu kontrollieren.

Das Gleiche gilt für Fußnoten, auch da kann Ihnen dieses Vorgehen viel Arbeit ersparen. Manchmal passiert beim Schreiben nämlich Folgendes: Wenn Sie zu Beginn »Vgl. ebd.« schreiben möchten, dann kann Ihnen Ihre Autokorrektur einen Streich spielen. Denn die Software ist dahingehend programmiert, dass nach einem Punkt großgeschrieben werden muss, und erkennt »Vgl.« nicht als Abkürzung. Und dann steht da: »Vgl. Ebd.« Jetzt wissen Sie ja, wie Sie das in einem Abwasch korrigieren. Oder »et al.«: Manchmal fehlt der Punkt hinter dem »al«, und manchmal steht einer nach dem »et«, wo er nicht hingehört. Finden Sie diesen Fehler einmal, so »erlassen« Sie doch besser gleich einen entsprechenden Suchbefehl.

Ab und an wechselt man bei der Darstellung von Aufsätzen in Sammelwerken im Literaturverzeichnis von [*Name des Verfassers*, Aufsatztitel], in: [Name des Herausgebers: ...] aus Versehen zu [*Name des Verfassers*, Aufsatztitel]. In: [Name des Herausgebers: ...].

Wenn Ihnen das einmal auffällt, dann lassen Sie sich per Suchbefehl »Punkt – Leerzeichen – In:« anzeigen.

Stellen Sie sich vor, Sie schreiben in Ihrer Arbeit immer wieder von der amerikanischen Börse, der amerikanischen Wirtschaft, der amerikanischen Gesellschaft. Und plötzlich geht Ihnen auf: Verflixt, Amerika, also der Kontinent, besteht ja aus vielen Staaten, und nur einer davon sind die USA. Also beschließen Sie, amerikanisch durch US-amerikanisch auszutauschen. Das wäre richtig so und somit gut. Was ich Ihnen nun aber im übertragenen Sinne damit erklären möchte: Wann immer Sie einen besonderen Fehler bemerken, versuchen Sie doch einmal, das gesamte Dokument per Suchfunktion daraufhin abzuklopfen. Das dauert nur ein paar Sekunden und kann richtig was einbringen. Manchmal gibt es Menschen, die setzen beispielsweise nach einer öffnenden Klammer ein Leerzeichen. Das ist falsch. Wenn Sie also nun als Suchbefehl eben jene öffnende Klammer plus Leerzeichen eingeben, finden Sie automatisch alle Stellen, die es zu korrigieren gilt.

Wenn Ihnen schließlich nichts mehr einfällt, was Sie noch kontrollieren können, dann aktualisieren Sie in Ihren Verzeichnissen die Seitenzahlen, drucken Ihre Arbeit aus[61], lassen sie binden, geben sie ab und kassieren nun mit an Sicherheit grenzender Wahrscheinlichkeit eine wesentlich bessere Note, als wenn Sie dieses Buch nicht gelesen hätten.

Auftrag erfüllt.

---

[61] Und wenn Sie nicht noch den 9-Nadel-Drucker Ihres Großvaters aufbrauchen, sondern ein aktuelles, handelsübliches Gerät haben, dann erledigen Sie das natürlich allein und lassen das um Himmels willen nicht im Copyshop machen, das macht alles nur noch wesentlich komplizierter. Viele denken: »Das ist doch jetzt meine Abschlussarbeit, da muss ich doch alles rausholen«, das ist natürlich Quatsch. Den Unterschied, so es ihn überhaupt gibt, sieht kein Mensch.

7 ANSTELLE EINES NACHWORTS: DER FINALE TIPP

Jetzt haben Sie es hinter sich, und nun ist es an der Zeit, Ihnen einen allerletzten Tipp mit auf den Weg zu geben, wie Sie bei wichtigen Texten wirklich auf Nummer sicher gehen können.

Es gibt zahlreiche Profis, genannt Lektoren, die sich mit der professionellen Veredelung von Texten befassen. Und auch wenn der Verfasser dieser Zeilen selbst in diesem Bereich tätig ist, so steckt doch ein aufrichtig gut gemeinter Rat dahinter: Wenn Sie es mit Ihrem Text wirklich ernst meinen, dann sollten Sie einen Profi einmal drüberschauen lassen. Denn jeder Autor, jeder Schriftsteller, selbst ein Bastian Sick oder ein Günter Grass, hat einen Lektor. Und nicht nur das: An einem wirklich guten Buch kommt nach der Arbeit des Verfassers nicht nur ein Lektor ins Spiel, sondern sogar noch ein Korrektor.

Der Grund: Je mehr man sich inhaltlich mit einem Text auseinandersetzt, umso betriebsblinder ist man für formale Fehler. Jeder Satz ist nicht länger eine Aneinanderreihung von Elementen nach festen Regeln, sondern Ausdruck von komplexen Gedanken, Ideen, Kreativität. Ergebnis: Wenn die kreative linke Gehirnhälfte mit Vollgas arbeitet, gerät die rationale, rechte ins Dämmern. Und da bei einem Buchprojekt der Lektor in der Regel den gesamten Entstehungsprozess begleitet, ist der links im Schädel so aktiv, dass man noch eine rechte Gehirnhälfte, sprich den Korrektor, hinzubucht.

Was das für Sie bedeutet? Ganz einfach. Jede Bewerbung, jedes Exposé, jedes Konzept – erst recht jede wissenschaftliche Arbeit, deren Note wichtig ist, sollte von einem Profi durchgesehen werden. Die Kosten halten sich i. d. R. im Rahmen, und wenn man bedenkt, was der Erfolg eines wichtigen Textes à la longue bedeuten kann, sind hier ein paar Hundert Euro in der Regel ganz hervorragend angelegt.

■DUMONT TASCHENBÜCHER

Wiktionary

S. 165